PARA LER O SEMINÁRIO 11 DE LACAN

Campo Freudiano no Brasil

Coleção dirigida por Jacques-Alain e Judith Miller
Assessoria brasileira: Angelina Harari

Richard Feldstein Bruce Fink
Maire Jaanus
(organizadores)

PARA LER O SEMINÁRIO 11 DE LACAN

Os quatro conceitos fundamentais da psicanálise

Tradução:
DULCE DUQUE ESTRADA
psicanalista

Revisão:
SANDRA GROSTEIN
psicanalista

Jorge Zahar Editor
Rio de Janeiro

Título original:
Reading Seminar XI
(Lacan's Four Fundamental Concepts of Psychoanalysis)

Tradução autorizada da primeira edição norte-americana, publicada em 1995 por State of New York Press, de Albany, Estados Unidos

Jorge Zahar Editor Ltda.
rua México 31 sobreloja
20031-144 Rio de Janeiro, RJ
tel: (021) 240-0226 / fax: (021) 262-5123

CIP-Brasil. Catalogação-na-fonte
Sindicato Nacional dos Editores de Livros, RJ.

P237 Para ler o Seminário 11 de Lacan: os quatro conceitos fundamentais da psicanálise/Richard Feldstein, Bruce Fink, Maire Jaanus (orgs.); tradução: Dulce Duque Estrada; revisão técnica: Sandra Grostein. — Rio de Janeiro: Jorge Zahar Ed., 1997
— (Campo freudiano no Brasil)

Tradução de: Reading Seminar XI: (Lacan's four fundamental concepts of psychoanalysis)
ISBN 85-7110-432-8

1. Lacan, Jacques, 1901-1981. 2. Psicanálise. I. Feldstein, Richard. II. Fink, Bruce. III. Jaanus, Maire. IV. Série

97-1649 CDD 150.195
CDU 159.964.2

Sumário

Prefácio

Bruce Fink

A psicanálise não é uma ciência. Ao menos, por ora, no sentido em que se entende a "ciência", atualmente. Diferente das ciências "exatas", ela é uma práxis constituída por certos objetivos, finalidades e desejos. Com o fim da alquimia, o desejo foi excluído das ciências, apesar da aguda consciência, por parte do historiador e do biógrafo, da importância da personalidade e motivações do cientista individual.

Algumas pessoas tentaram tornar científica a psicologia, pedindo aos pacientes que preenchessem questionários e se submetessem a testes padronizados antes, durante e depois da terapia, a fim de fornecer critérios "objetivos" para a avaliação do processo psicoterapêutico. Para além da importância que o fato de os analisandos sentirem que foram ou não foram ajudados possa assumir para publicações do tipo "informe ao consumidor", nada fica estabelecido quanto ao estatuto epistemológico da própria psicanálise. Ao contrário, a psicanálise fica relegada ao estatuto de pesquisa de opinião pública.

Enquanto qualquer campo de estudos pode produzir dados estatísticos (Seja o efeito de propaganda sobre telespectadores, a popularidade dos candidatos à presidência, as reações dos visitantes à mostra do zoológico etc.), o tipo de especificidade própria da psicanálise deriva da formulação do processo psicanalítico em termos genéricos, isto é, abstratos, teóricos. Cada momento ou movimento no tratamento analítico pode ser compreendido em termos de identificação, alienação, separação, fantasia, e assim por diante, cada um desses termos sendo formulado e desenvolvido no interior da teoria psicanalítica.

Esse tipo de formalização — que Lacan leva até o ponto de prover uma espécie de álgebra com a qual formula certos aspectos da experiência analítica (S_1 e S_2 representando a matriz mais elementar da linguagem, $\$$ o sujeito dividido entre consciente e inconsciente, *a* a causa do desejo, e assim por diante), constituindo uma forma de matematização que não é quantificável, mas provê "fórmulas" ou formulações restritivas que reduzem a experiência a um mínimo essencial psicanalítico — permite comparar as diversas formas de psicoterapia e psicanálise, predizer seus resultados e criticar seus métodos.

Uma crítica dos métodos, no entanto, requer uma teoria bem desenvolvida dos objetivos da análise. A física e a química dispensam objetivos. A teoria dos jogos — a "ciência conjectural" com que Lacan associa mais intimamente a psicanálise — começa com um objetivo, mas simples e inalterável: vencer. A psicanálise é uma prática, e como tal requer uma práxis onde objetivos e teoria estejam em constante interação. É isso que Lacan oferece, e que é muito raro na história da psicanálise: uma tentativa fundamentada de examinar ainda mais os objetivos da psicanálise com base nos avanços da teoria, e desenvolver ainda mais a teorização com base na revisão dos objetivos da análise.

Os objetivos da psicanálise desapareceram no horizonte: são considerados por demais óbvios e bem conhecidos para serem discutidos. Para a maioria dos analistas, a psicanálise busca aliviar os sintomas do paciente e readaptá-lo à realidade social. Entretanto, nem Freud nem Lacan jamais adotaram ou endossaram quaisquer desses objetivos. As finalidades da psicanálise, na opinião de Lacan, têm mais a ver com a própria teoria psicanalítica e com a *condição* do paciente. Se o analisando afirma que nunca consegue o que quer, porque sempre faz algo para sabotar seus planos, o nó do seu desejo precisa ser desfeito. Se isso não leva à satisfação, talvez indique algo sobre a própria natureza do desejo — ou seja, que o desejo não tem objeto, buscando em vez disso sua própria manutenção e prolongamento: mais desejo, desejo cada vez maior. Na fantasia, porém, o analisando está fixado num objeto específico que desperta seu desejo. Como pode ser transformada essa fixação? O que deve ser visado pelo analista, no que se refere a este objeto que causa o desejo do analisando: colocar um novo objeto em seu lugar (ele é até mesmo substituível?), isto é, manter a estrutura básica da fantasia ao mesmo tempo em que desloca seu objeto, deixando intacta a fixação? Alterar por completo a relação sujeito-objeto, isto é, dar nova configuração à fantasia? A que conduz a transformação ou a "travessia" da fantasia, que põe o sujeito no lugar do objeto? A um sujeito desejante. E não é esse estado de puro desejo que se requer do analista a fim de evitar a armadilha da identificação pela qual o analisando se identifica com o analista e tenta tornar-se com ele?

Formulando a fantasia como uma relação (◊) entre o sujeito ($) e aquele objeto (*a*) que causa seu desejo ($ ◊ *a*), Lacan é capaz de indicar como o analista pode evitar o papel do Outro onisciente, que julga, *repositório* de todos os valores sociais; e vir, em vez disso, desempenhar o papel de objeto *a*, orquestrando dessa forma uma mudança na fantasia do sujeito. Definindo as três ordens do simbólico, imaginário e real, Lacan é capaz de discernir três posições correspondentes, possíveis ao analista na relação analítica — Outro, outro, ou objeto *a* — e indicar os tipos de perigo envolvidos pelas duas primeiras, analisando casos da literatura clínica onde tais posições foram claramente adotadas. Esse avanço conceitual, por sua vez, esclarece o objetivo do analista, e lhe permite manobrar melhor na posição de objeto *a* — causa de desejo.

Na obra de Lacan, a teoria informa os objetivos e a prática da análise e vice-versa. A análise não é pragmática em suas finalidades, se entendermos por pragmatismo a obediência a normas e realidades sociais, econômicas e políticas. É a práxis do gozo e gozo pode ser qualquer coisa menos prático. Ela ignora as necessidades do capital, das empresas de seguro-saúde, do atendimento pela previdência social, da ordem pública e das "relações adultas maduras". As técnicas que os psicanalistas devem empregar para lidar com ela subvertem o princípio segundo o qual "tempo é dinheiro", e as noções aceitas de "conduta profissional". Enquanto se espera dos terapeutas em nossa sociedade que interajam com seus pacientes de maneira claramente orientada para o próprio *bem* destes (sempre compreendido em termos daquilo que é socialmente aceitável num momento histórico particular), os analistas, em vez disso, agem visando o *Eros* do analisando.

Em 1963, Lacan foi muito pressionado a mudar sua prática ou parar de exercer a análise didática se quisesse continuar pertencendo ao instituto psicanalítico francês, a Societé Française de Psychanalyse, da qual fora membro por muitos anos. Ele recusou, e o Seminário 11 é um produto dessa recusa. Ele marca um ponto de virada na vida de Lacan, e também em seu ensinamento. Embora apresente muitos pontos de continuidade com o trabalho anterior, o Seminário 11 também representa uma ruptura: uma ruptura com Freud, de modo algum antifreudiana em suas intenções — com a dependência do uso de um dos artigos ou livros de Freud como centro de cada um dos seminários, e com tamanha dependência dos conceitos freudianos, Lacan se permitindo daí por diante uma latitude teórica cada vez mais ampla — e uma ruptura com a associação formada por Freud, a International Psychoanalytical Association (IPA). Em 1964, Lacan fundou sua própria escola, a École

Freudienne de Paris (EEP), iniciando sua busca de novas formas e procedimentos institucionais. Sua preocupação com o ensino ou "transmissão" e "transmissibilidade" da psicanálise tornou-se uma prioridade, resultando, por exemplo, numa formalização cada vez maior e num procedimento para a avaliação da transmissão analítica conhecido como o "passe".

Cada um dos autores cujos trabalhos estão reunidos neste volume apresenta este ponto de virada da obra de Lacan à sua própria maneira, enfatizando aspectos teóricos e/ou clínicos da "ruptura" de Lacan com Freud, e também com o Lacan originário. Em vez de apresentar aqui um sumário desses trabalhos, prefiro deixá-los expor seus próprios argumentos. Antes, deixem-me fornecer um certo *background* para esta coleção.

Richard Feldstein, professor de inglês no Rhode Island College, redator do jornal *Literature and Psychology* e autor de numerosos livros sobre psicanálise e teoria cultural, teve a idéia de realizar diversos seminários com a duração de uma semana em inglês, em Paris, com os membros da École de la Cause Freudienne I (ECF, a escola de psicanálise que Lacan fundou pouco antes de sua morte), dando a maior parte das conferências. Aproximou-se de Jacques-Alain Miller — diretor da ECF, e do Departamento de Psicanálise da Universidade de Paris VIII e editor de todos os seminários de Lacan — que o pôs em contato comigo (na época, eu concluía minha formação analítica na ECF). Com a assistência de Ellie Ragland, professora de Inglês na Universidade de Missouri-Columbia e autora de dois livros sobre Lacan, da instrutora da Universidade Roger Williams, Kate Mele, cujo entusiasmo e energia organizacional foram indispensáveis, e do apoio moral e organizativo de muitos membros da ECF, realizamos dois "Seminários de Lacan em inglês", o primeiro em junho de 1989, sobre os Seminários 1 e 2, e o segundo em julho de 1990, sobre o Seminário 11.

Os membros da ECF que generosamente doaram seu tempo falando aos participantes, e cujas contribuições estão reunidas aqui, incluem Jacques-Alain Miller, Colette Soler, Éric Laurent, François Regnault, Marie-Hélène Brousse, Pierre-Gilles Gueguen, Jean-Pierre Klotz, Antonio Quinet e Anne Durand; os cinco primeiros são também professores do Departamento de Psicanálise da Universidade de Paris VIII, Saint-Denis. As contribuições dos membros da ECF Vincent Palomera, Dominique Miller, Claude Léger, Françoise Koehler e Françoise Gorog vão aparecer no outro volume. As conferências de muitos outros membros da ECF e outros palestrantes dos seminários de Lacan não puderam ser incluídas neste volume devido a gravações inadequadas; nossas sinceras desculpas a Dominique Laurent, Michael Turnheim,

Henry Sullivan, Silvia Rodriguez, Darian Leader, Mark Bracher, Leonardo Rodríguez e Russell Grigg.

Maire Jaanus é professor de inglês no Barnard College, autor de *Literature and Negation*, e um dos editores deste volume. Robert Samuels é um analista lacaniano que pratica e leciona em Nova York, e autor de *Between Philosophy and Psychoanalysis: Lacan's Reconstruction of Freud*. Hanjo Berressem é professor de inglês na Universidade de Aachen, na Alemanha, e autor de *Pynchon's Poetics*. Slavoj Žižek é pesquisador no Instituto de Sociologia em Ljubljana, na Eslovênia, e autor de numerosos livros sobre Lacan, política e cinema.

Em nome dos três editores deste volume, gostaria de agradecer a todos os conferencistas por sua generosidade em se apresentarem para nós, numa língua que para muito deles era estrangeira, e por terem nos formulado de maneira tão clara e elegante as posições de Lacan. Agradecemos em especial à dra. Françoise Gorog, que organizou um dia inteiro de palestras e apresentações de casos no Hospital Sainte-Anne e a toda a sua equipe pelo caloroso acolhimento que nos proporcionou durante dois anos seguidos. Judith Miller nos ajudou a encontrar espaço em salas de aula no Collège Freudien e na ECF, além de nos receber em sua casa, como fizeram Françoise Gorog, Colette Soler e Jean-Jacques Gorog. Jacques-Alain Miller, além de proferir palestras e de nos receber em sua casa, tornou todo este seminário possível, apoiando sua idéia e sua realização em todas as etapas.

Muitas pessoas assessoraram de diversas maneiras a preparação deste manuscrito: Héloïse Fink, Ashley Hoffman, Tom Ratekin, Arielle Jarmuth, Jennifer Rutherford (que transcreveu as palestras de Jacques-Alain Miller), Craig Saper, Beatriz Sanchez-Guadarrama, Yan Shen, Suzette Thibeault, Sara Williams, Paula Delfiore, Ling Xiao Hong, Susan Beller, Ann Murphy, e Rituja Mehta. Em nome de todos os editores, gostaria de expressar sinceros agradecimentos pelo que foi, muitas vezes, uma tarefa extremamente fastidiosa, pois este volume não representa uma coleção comum de trabalhos. À diferença da maioria das conferências e convenções, onde pelo menos a maior parte dos participantes têm como língua materna aquela em que a conferência é realizada, ou onde os intérpretes transpõem da língua materna do conferencista para a dos ouvintes, decidimos convidar principalmente oradores franceses para se dirigirem a uma audiência de língua inglesa (a maioria não falava francês). Isso deu margem a um contato maior entre oradores e participantes, mas complicou muito o trabalho dos editores deste volume.

A transcrição das fitas das conferências foi uma tarefa proporcionalmente formidável. Cada conferência foi então extensamente editada, nosso objetivo sendo menos o de preservar a "letra" das palestras do que assegurar sua compreensibilidade. Em caso algum tentamos fazer com que o texto dissesse algo diverso do que seu orador pretendia dizer; entretanto, procuramos eliminar galicismos, formulações gramaticais baseadas na estrutura francesa, repetições e imprecisões. Perdeu-se, assim, um pouco da informalidade, mas sentimos que os ganhos em compreensão compensam em muito as perdas. Embora a essência da comunicação continue a ser a falta de comunicação, ainda assim conseguimos remover alguns dos obstáculos mais óbvios.

PARTE I

EXCOMUNHÃO

Contexto e conceitos

Jacques-Alain Miller

O Seminário 11, que vocês estão estudando este ano, foi o primeiro dos Seminários de Lacan de que participei, e o primeiro que editei. Lacan chegou em 15 de janeiro de 1964 à École Normale Supérieure naquela que era chamada de Salle Dussane, o auditório da École Normale batizado com o nome de uma famosa atriz francesa da Comédie Française e disse: "Senhoras e senhores, nesta série de conferências que fui convidado a lhes dar pela École Pratique des Hautes Études, vou falar a vocês sobre os fundamentos da psicanálise."

Foi esta a primeira vez em que o vi e o ouvi falar. Quando terminou a conferência naquele dia, pediu aos estudantes da École Normale que viessem até ele e se apresentassem. Fui junto com meus amigos, e ele perguntou nossos nomes. Depois pediu que os escrevêssemos, com nossos endereços, e apertamos as mãos. Se bem me lembro, fiz-lhe uma pergunta sobre um erro em um de seus esquemas, que fora reproduzido num jornal de psicologia, e ele respondeu afirmativamente. Duas ou três vezes naquele ano, entre janeiro e junho de 1964, ele se reuniu particularmente com três ou quatro dentre nós na École Normale para pequenas sessões de perguntas e respostas. Por exemplo, quando ele diz, na página 143, no começo do capítulo 12 do Seminário 11, "Terminei da última vez, com uma fórmula da qual tive a oportunidade de me aperceber que ela agradou", estava aludindo a um desses encontros particulares nos quais questionamos sobre sua formulação de que "a transferência é a atualização da realidade do inconsciente".

Dez anos depois editei o Seminário 11. Não o fiz para o público. Fiz isso, realmente, para ele, em resposta a um desafio. Por favor, desculpem-me por essas reminiscências. Muitos dos alunos de Lacan lhe perguntaram se podiam editar seus seminários quando eu comecei a fazê-lo em 1973, mas sempre tentavam adaptar a estenografia ou entremear o que ele dizia com suas próprias considerações e ele nunca ficava realmente satisfeito. Estava sempre resmungando que aquilo não servia, mesmo quando permitia que alguns sumários aparecessem aqui e ali. Ele tinha acabado de rejeitar o manuscrito completo de um de seus seminários, editado por um antigo aluno da École Normale (que passara um ano trabalhando nele), quando eu lhe disse que aquilo deveria ser feito passo a passo. Era preciso, eu disse, editar sentença por sentença, cada conferência constituindo um capítulo, nada sendo excluído ou trocado de lugar. Hoje em dia isso parece muito natural, mas naquela época ainda não havia ocorrido às pessoas que tudo o que Lacan dizia era digno de ser escrito e estudado.

Quando disse de que maneira se deveria fazê-lo, ele me encarou. Todos vocês, imagino, já leram algo a respeito desse olhar. Olhou-me fixamente, o que tinha um certo peso, e tudo o que disse foi: "prove". Antes que dissesse "prove", eu nem mesmo tinha uma idéia do que queria fazer. Descobri isso naquele momento. "Prove!" é a formulação de um desafio. Acredito que ele reconheceu aquele desejo em mim, e ao mesmo tempo prová-lo era um convite a que eu pusesse a mim mesmo à prova. Mais ainda, ele foi astuto o bastante para dizê-lo na língua da lógica, pois era um desafio formulado naquela língua. Assim, reconhecia também meu lado lógico. Tomou-se na minha palavra e pediu um compromisso: "não fale, apenas faça". Na verdade, eu só podia provar fazendo.

Tratava-se também de provar que eu podia satisfazê-lo, ele que era tão conhecido por sua insatisfação. Lancei-me ao desafio, sem saber que o que estava decidindo ali era o meu próprio destino. Sem saber o que dizia, prometi que terminaria num mês. Trabalhei dia e noite durante um mês e acabei a tempo. Dei a ele o primeiro esboço dos vinte capítulos do seminário, que eu transcrevera da estenografia. Ele leu e ficou satisfeito. Pouco depois, comecei a rever a primeira versão, discutindo alguns pontos com ele antes de completá-la. Então, ofereceu-me deixar fazer toda a série dos seminários, trabalho que eu não sabia se gostaria de realizar. Como sabem, ainda não terminei isso, e sou às vezes censurado por não ser rápido o bastante.

Sempre volto a este seminário, que sob alguns aspectos me é muito caro, mas sob outros não, porque o compromisso que então assumi ainda pesa sobre mim. Seja como for, volto com freqüência a este seminário. Foi só quando dei um curso em 1981-82, muitos anos depois de ter assistido e reescrito o Seminário 11 que fiquei satisfeito com minha compreensão dos processos de alienação e separação, que vocês irão encontrar nos capítulos 16 e 17, intitulados "O sujeito e o outro". E foi só por ocasião do meu curso de 1982-83 que fiquei satisfeito com meu entendimento dos capítulos sobre a pulsão. No meu curso "Do sintoma à fantasia, e de volta", tentei reconstruir várias partes do Seminário 11. A cada ano, num momento ou outro, tornava a olhar para o seminário sob uma nova perspectiva. Freqüentei-o como estudante, editei-o como professor e comentei-o publicamente como psicanalista. Portanto, ele esteve comigo durante vários períodos de minha vida.

No ano passado, falei sobre ele no meu curso, enfatizando o sentido em que se constitui um debate com Freud. Muito mais que isso, uma disputa com Freud se desenvolve secretamente no texto. Acredito ter captado este aspecto melhor agora, pois temos tido ultimamente alguns problemas institucionais na École de la Cause Freudienne; essas circunstâncias me fizeram ver o quanto Lacan estava aguerrido em 1964, quando deu este seminário. Não era apenas o seminário de um pensador — Lacan era também um lutador na época. Estava tentando provar-se a si mesmo, e vemos isso logo no começo, quando pergunta: "Estou qualificado (para dar este seminário)?" Ele se expande quanto a suas qualificações, mencionando o fato de ter dado seminários durante dez anos, para em seguida dizer, "Considero este problema adiado por ora".

É o seminário de alguém que está começando de novo. Há um corte entre seus dez seminários anteriores e este aqui. Os dez anteriores foram dados no Hospital de Sainte-Anne, num auditório onde se reuniam cinqüenta, e mais tarde cem pessoas. No Seminário 11, ele deixou o hospital psiquiátrico por um salão de conferências na École Normale, no número 45 da Rua Ulm, bem perto do Panthéon. Seu auditório se abria agora diretamente para a rua, e enquanto, nos dez anos anteriores, era preciso se registrar para ter acesso ao hospital psiquiátrico, neste seminário as coisas eram bem diferentes. Qualquer pessoa no Quartier Latin podia entrar e escutar. Não eram apenas cinqüenta ou cem pessoas selecionadas; o número cresceu para trezentos. Alguns anos mais tarde, na Faculdade de Direito próxima ao Panthéon, seiscentas pessoas vinham escutá-lo falar.

Mas não se tratava somente de uma mudança de lugar; era também uma questão de mudança de audiência. Os seminários anteriores eram dados a uma platéia de clínicos, ao passo que este seminário era o primeiro a se dirigir ao público em geral: não apenas clínicos, mas estudantes, professores e outros da área de Humanas. Havia também uma audiência específica: os estudantes da École Normale. Quando

Lacan começa perguntando se a psicanálise é ou não uma ciência, dirige-se claramente a alguns de nós que éramos, naquela época, alunos de Althusser. Althusser sugeria a Lacan que viesse para a École Normale, e os dois haviam tido algumas discussões. Lacan estava sempre muito atento àqueles que se manifestavam no auditório e assim, ao menos no começo, tentou se relacionar conosco.

O seminário daquele ano havia sido anunciado como "Os Nomes-do-Pai", mas depois da primeira aula Lacan decidiu não dar aquele seminário devido aos problemas institucionais do grupo analítico de que fazia parte na época. Uma cisão ocorrera, e pressionados pela International Psychoanalytical Association (IPA), alguns de seus antigos companheiros decidiram proibi-lo de ser analista didata. Não vou mencioná-los aqui; acredito que todos estão esquecidos, ou desconhecidos. Seja como for, ele resolveu cancelar seu seminário e nunca mais fazer outro sobre o mesmo tema. Nos anos seguintes, reiterou por diversas vezes que não havia dado seu seminário sobre os nomes-do-pai e que nunca o daria, porque acreditava que as pessoas não estavam preparadas para ouvir o que ele tinha a dizer, ou talvez porque ninguém merecesse freqüentar tal seminário. No começo de meu curso em novembro, porém, propus que ele desse aquele seminário de maneira disfarçada, e que, em vez dos nomes-do-pai, tivéssemos os conceitos fundamentais de Freud. Secretamente, ele *foi enunciado.*

Lacan fundou sua própria escola em 1964. Anteriormente, queria apenas ser readmitido na IPA. Deixem-me lembrá-los de que Lacan não foi expulso da IPA. Em 1953, ele decidiu, juntamente com alguns colegas, deixar o instituto francês, a Société Psychanalytique de Paris, porque este caminhava numa direção autoritária que lhe era inaceitável. Eles deixaram o instituto francês e pediram que o novo fosse reconhecido pela IPA. Uma situação semelhante surgiu em Nova York, por exemplo, quando em seguida a uma cisão um segundo grupo foi reconhecido pela IPA e, mais tarde, até mesmo um terceiro grupo. Em muitas cidades dos Estados Unidos existem duas instituições diferentes, ambas reconhecidas pela IPA. Mas em 1963, Marie Bonaparte, que fazia parte do comitê central e era amiga de Anna Freud, Hartmann e outros, convenceu o comitê a enviar uma carta a Lacan dizendo que lamentavam muito, mas uma vez que este tinha deixado o instituto francês não era mais membro da IPA. Lacan e seus colegas ficaram muito surpresos com essa resposta. Encontrei essa carta nos arquivos de Lacan e publiquei uma foto dela. Estava assinada por Ruth Eissler, a esposa de Kurt Eissler, que teve grande influência na história da psicanálise. Mas, durante dez anos a partir de 1953, Lacan e seus amigos tentaram provar que eram dignos de ser chamados de volta. Em 1963, receberam um "não" definitivo da IPA e romperam com o grupo. Àquela altura Lacan, que nunca desejara criar sua própria escola, o fez, e chamou-a de École Freudienne, para provar que não era um dissidente. Apesar de não ser aceito de volta na IPA, ele não tinha intenções de seguir o caminho de Jung ou de Adler, e permaneceu fiel a Freud. A École Freudienne de Lacan foi fundada em 21 de junho, que cai textualmente entre os capítulos 19 e 20 do Seminário 11.

Era este, pois, o contexto da batalha institucional de Lacan. Em suas conferências, ele é muito discreto a respeito disso. É somente no primeiro capítulo que nos é dado um contexto de disputa; nele Lacan levanta uma questão fundamental referente à responsabilidade de Freud pelo que ocorrera na IPA. Esta última fora criada por Freud, e a opinião de Lacan era de que Freud queria a IPA tal como é hoje, que o próprio Freud desejava uma instituição que preservasse fielmente sua obra, que preservasse a letra de sua obra, mesmo ao risco de condenar a experiência analítica a um estancamento. Não temos provas de que Sigmund Freud tenha sido traído pela IPA. Sabemos, por exemplo, que ele tentou desesperadamente fazer com que seus discípulos americanos aceitassem não-médicos como analistas, e discutiu isso em "A questão da análise leiga". A correspondência de Freud atesta seu desespero por ter sido frustrado por seus alunos americanos, que prefeririam romper com ele antes de aceitar analistas leigos. Nesse sentido, podemos dizer que Freud foi traído e que desistiu, porque não tinha poderes. Ou que teve de escolher entre aquilo que queria, isto é, a verdade da experiência analítica, e a difusão mundial da psicanálise. Escolheu a difusão mundial em vez da verdade. Como escreveu a um de seus fiéis, "prefiro ter um movimento internacional, porque podemos ser forçados a nos exilar". Tinha uma capacidade impressionante de previsão.

Assim, Lacan não segue a abordagem habitual de dizer que Freud foi traído pela IPA. Ao contrário, diz que a IPA corresponde a algo de Freud: uma preferência pelo que Lacan chama de preservação formal de sua mensagem, mais que pelo espírito vivo da psicanálise. O que se questiona neste seminário é a maneira pela qual o próprio Freud organizou o culto ao pai morto. Por exemplo, quando Lacan explica que Freud se orientou na descoberta do campo do inconsciente pela sua auto-análise, ele pergunta: "E o que é sua auto-análise — senão o mapeamento genial da lei do desejo suspensa ao Nome-do-Pai?" (50) Esta sentença enfatiza uma ligação entre a auto-análise de Freud e o complexo de Édipo, que é a relação entre a lei do desejo e o Nome-do-Pai. Não pensem que, ao dizer isso, Lacan esteja afirmando que isso é tudo. Ele enfatiza este ponto no seminário precisamente porque está tentando ir além da ligação entre a lei do desejo e o Nome-do-Pai.

Sublinha o fato de que o resultado da auto-análise de Freud é uma limitação na perspectiva freudiana. Lacan lança o Nome-do-Pai em questão, e este questionamento de Freud é apresentado como "Vou falar sobre os quatro conceitos fundamentais da psicanálise".

Ele anunciou o título do seminário como "Os fundamentos da psicanálise" (vão encontrar isso nas primeiras páginas). Mas, como apresentou imediatamente os quatro conceitos, nós da audiência costumávamos nos referir ao seminário como "Os quatro conceitos fundamentais". Mais tarde, Lacan aceitou este título dado por seus ouvintes.

Os quatro conceitos fundamentais da psicanálise parece ser um tributo a Freud, uma vez que os quatro conceitos são tirados diretamente de sua obra. Assim como Lacan, na época, chama sua instituição de Escola Freudiana, em seu seminário utiliza o termo "conceitos freudianos" apenas para provar que não é um dissidente. Mas, dentro deste "tributo", ele tenta ir além de Freud. Não um além que deixe Freud para trás: trata-se de um além de Freud que mesmo assim está em Freud. Lacan está à procura de alguma coisa na obra de Freud de que o próprio Freud não se deu conta. Algo que podemos chamar de "extimidade", já que é tão íntimo que Freud mesmo não o percebeu. Tão íntimo que essa intimidade é extimidade. É um mais-além interno.

Em alguns pontos do texto vocês irão achar elementos de uma reanálise de Freud, um questionamento das limitações da auto-análise de Freud. Fazendo isso, Lacan tenta compreender sua própria posição como alguém desligado do movimento psicanalítico internacional. Ele não luta apenas em seu próprio nome, porque acredita que sua rejeição pela IPA faz parte de um movimento mais amplo. Ele diz: "Refiro-me a alguma coisa que só posso chamar de recusa do conceito." (24) Recusa talvez não seja a melhor tradução. Em francês é *le refus du concept* (talvez "rejeição" do conceito seja melhor que "recusa"). Isso significa algo da ordem de pôr alguma coisa para fora, como recalque. Ele identifica o que apresenta no primeiro capítulo como uma excomunhão, e vai teorizá-la como uma rejeição do conceito. É por isso que enfatiza os conceitos freudianos, mas ao mesmo tempo, aqui e ali, podemos escutar algo diverso de uma celebração desses conceitos. Por exemplo, no primeiro capítulo, quando faz aquelas perguntas aparentemente retóricas, podemos escutar algo mais. "A que dizem respeito as fórmulas na psicanálise? O que é que motiva e modula esse deslizamento do objeto? Existem conceitos analíticos de uma vez por todas formados? A manutenção quase religiosa dos termos dados por Freud para estruturar a experiência analítica, a que te remete ela? Tratar-se-ia de um fato muito surpreendente na história das ciências — o de que Freud seria o primeiro, e permaneceria o único, nesta suposta ciência, a ter introduzido conceitos fundamentais?" (17-18)

Lacan levanta questões epistemológicas sobre os conceitos psicanalíticos, mas ao fazer isso ele está realmente perguntando se os conceitos de Freud devem permanecer os únicos válidos em psicanálise. Fica claro — como é o caso de seminário de Lacan sobre "A carta roubada" — que ao dar um seminário sobre os quatro conceitos fundamentais da psicanálise ele está introduzido outros conceitos que, estritamente falando, não estão na obra de Freud, e que Lacan considera como seus próprios. Ao passo que, durante os primeiros dez anos de seu seminário, Lacan sempre adotou um texto de Freud (no primeiro ano foram os escritos técnicos de Freud, no terceiro ano o caso Schreber, em *A ética da psicanálise* foi "O mal-estar na civilização"), desta vez ele não faz isso. Ele toma Freud como tal, e nos anos seguintes de seu seminário nunca mais adota um texto de Freud da mesma maneira. De vez em quando discute um texto, mas não constrói seu seminário inteiramente em torno dos livros ou artigos de Freud. Em vez disso, a cada ano elabora um de seus próprios esquemas ou conceitos.

No interior dessas questões epistemológicas e dessa celebração de Freud, vemos assim não um desprestígio de Freud, mas o que poderíamos chamar de uma substituição. Uma espécie de reescrita de Freud, uma versão de Freud que Lacan adota; mas isso é feito em segredo, ou ao menos discretamente, porque ao mesmo tempo ele tem de provar que é o verdadeiro herdeiro de Freud. A isso se poderia chamar de estratégia do seminário.

De certo modo, eu sabia disso desde o início. Mas só fui realmente capaz de formulá-lo claramente este ano.

No ano limitado que nos resta, vamos considerar os quatró conceitos fundamentais. Primeiro, o inconsciente. Este conceito freudiano foi completamente neglicenciado pelos psicólogos do eu, a ponto de, para eles, o inconsciente nem mesmo ser um conceito fundamental. Eles não sabem o que fazer com o inconsciente porque consideram que a primeira tópica de Freud — inconsciente, pré-consciente, consciente — foi completamente superada pela segunda tópica — eu, supereu e isso. Portanto, descartam inteiramente a primeira.

Lacan revitaliza o conceito freudiano do inconsciente, introduzindo desse modo o conceito de sujeito. Na verdade, ele introduz o inconsciente como um sujeito, pois o sujeito não é um conceito freudiano, mesmo que, quando Freud diz *Ich*, às vezes esteja se referindo ao sujeito. Quando Freud diz *das Ich* freqüentemente se refere ao eu. O sujeito é um conceito lacaniano, um reordenamento da obra de Freud.

Quando Lacan aborda o segundo conceito fundamental, a repetição, ele introduz a conexão entre S_1 e S_2, que é a articulação das coisas. Quando apresenta a transferência, é através de uma combinação do primeiro e do segundo — sujeito e conhecimento —, que é o sujeito que se supõe saber. E com o conceito de pulsão ele introduz o gozo.

O que estou sugerindo é uma outra leitura do Seminário 11. Ele pode ser lido em dois níveis. Por um lado, é uma revitalização ou celebração de Freud e, por outro, é a introdução de um novo modo de falar sobre psicanálise, uma nova fundação da psicanálise.

Com seus quatro conceitos fundamentais, é como se Lacan apresentasse o inconsciente de quatro maneiras distintas. De fato, existem quatro representações distintas da experiência analítica: quatro maneiras distintas de compreender o que se passa numa análise. Não é, em absoluto, um seminário abstrato: é um seminário muito próximo à prática analítica.

O seminário levanta a questão, "O que é falar?" Como compreendemos o fenômeno da fala em análise? Lacan privilegia as falhas, optando por definir o inconsciente — e esta é somente uma definição dentre muitas — como "tropeço, desfalecimento, rachadura. Aqui ele está muito próximo da primeira descoberta de Freud, uma descoberta rejeitada pelos psicólogos do eu, que acham que Freud não sabia tanto quanto eles. Tropeço, desfalecimento, rachadura. Numa frase pronunciada, escrita, alguma coisa se estatela. Freud fica siderado por esses fenômenos, e é neles que vai procurar o inconsciente. Ali, alguma outra coisa quer se realizar — algo que aparece como intencional, certamente, mas de uma estranha temporalidade. O que se *produz* nessa hiância, no sentido pleno do termo *produzir-se*, se apresenta como *um achado*. É assim que a exploração freudiana encontra o que se passa no inconsciente."(30)

Aqui, Lacan está muito próximo da *Interpretação dos sonhos*, da *Psicopatologia da vida cotidiana* e dos *Chistes e sua relação com o inconsciente*. Ao mesmo tempo, o que ele diz é muito prático. Os analistas freudianos são atraídos por estes fenômenos e, quando eles ocorrem, é fácil dizer, "é isso aí". Lacan diz o mesmo no prefácio à edição em língua inglesa do Seminário 11, que ele escreveu em 1976: "Quando o espaço de um lapso não porta mais qualquer significado (ou interpretação), só então se pode estar certo de estar no inconsciente. *Sabe-se*." (vii) Assim, mesmo que esteja enfatizando um outro ponto, uma falha no significado, ele também está tentando focalizar os momentos em que se é levado a dizer, "é isso aí". Lacan apresenta esse momento como sendo precisamente aquele, no discurso comum, quando diríamos, "não é isso". Na experiência analítica, alguma coisa é invertida, e dizemos, "é isso", quando um lapso ou uma falha ocorrem. Isso é o que Lacan chama de sujeito. Ele tenta apresentar o inconsciente como algo que é ao mesmo tempo uma modalidade do nada e uma modalidade do ser. É um estranho tipo de ser que aparece quando não deveria: precisamente quando uma intenção estranha está sendo realizada. Lacan optou por enfatizar o inconsciente como sujeito, um sujeito que não tem substância, que é um tropeço, já que algo não se encaixa, mas se expande para preencher o próprio desejo.

De certo modo, quando Lacan diz "sujeito", isso equivale a dizer "desejo" — algo que não se encaixa. Mas este não é inteiramente o inconsciente de Freud, porque o inconsciente também aparece como repetição. Isso é o que Lacan apresenta como a rede de significantes. O inconsciente também é uma articulação de significantes, e podemos ver Freud, na prática, produzindo este campo da investigação, ao notar na fala de seus pacientes aquilo que aparece repetidas vezes em seus sonhos e parapraxias. Freud, desse modo, inventa sua própria pedra da Roseta, assinalando sua própria versão do cartucho de Champollion. Assim como Freud observa ocorrências repetitivas, Lacan inicialmente marca o inconsciente como um tropeço, mas também enfatiza a repetição do inconsciente que sempre diz o mesmo.

É importante frisar o inconsciente como repetição, porque isso é completamente diferente de enfatizá-lo como resistência, o que é tão fundamental na psicologia do eu. A tese que Lacan desenvolve nesse livro é que o inconsciente não resiste tanto quanto repete. De certo modo, a resistência desaparece nesse texto. Ela não aparece de modo algum como um conceito fundamental, nem mesmo como um conceito secundário. Lacan enfatiza a repetição em vez da resistência, e quando fala de transferência, frisa a ilusão, não a resistência. Lacan diz:

> Como viram com a noção do entrecruzamento, a função do retorno, *Wiederkehr*, é essencial. Não é apenas o *Wiederkehr* no sentido do que foi recalcado — a constituição mesma do campo do inconsciente se garante pelo *Wiederkehr*. É aí que Freud garante sua certeza. (50)

E diz:

> ... E para saber que se está lá, só há um método, que é discriminar a rede, e como se discrimina uma rede? É voltando, retornando, cruzando seu caminho; ela se cruza sempre do mesmo modo, e não há nesse capítulo 7 da *Interpretação dos sonhos* outra confirmação para sua *Gewissheit*, senão esta: "Falem do acaso, meus senhores, se isso lhes agrada. Eu, em minha experiência, não constato aí nada de arbitrário, pois isso se entrecruza de tal modo que escapa ao acaso." (48)

Esta é outra perspectiva do inconsciente: ele não é apenas uma falha, mas também repetição; e através dessa checagem uma cadeia se constitui.

Vamos prosseguir para o inconsciente como transferência. A transferência é um aspecto do inconsciente, e (só fui descobrir isso nos anos 70, *à la* "Carta roubada") no Seminário 11, transferência e repetição são tratadas como dois conceitos distintos. Não havia uma teoria comum da transferência: durante muito tempo, o próprio Freud considerou a transferência como sendo uma modalidade da repetição, uma repetição do amor primário pelo objeto fundamental na infância do paciente. Isto é, primeiro ama-se o pai, por exemplo, e isso é tudo o que se quer. Tem-se um objeto de amor primário, que supostamente se transfere para o analista, repetindo relacionamentos passados. O que é fundamental na construção de Lacan é a completa divisão e separação desses dois conceitos, a fim de propor uma nova teoria da transferência. Lacan diz, precisamente: "A repetição é algo que em sua verdadeira natureza" — isto é, a repetição como cadeia de significantes — "está sempre velado na análise, por causa da identificação da repetição com a transferência na conceitualização dos analistas." (56) Esta é uma verdadeira ruptura, que Lacan não atingira anteriormente. Nos *Écrits*, encontram-se várias tentativas de teorizar a transferência, onde esta última é encarada como uma modalidade da repetição. Aqui, temos uma ruptura que deveria nos surpreender, com a completa distinção entre esses dois conceitos.

Lacan conecta a transferência com a realidade psíquica; por exemplo, quando define a transferência como "a atualização da realidade do inconsciente". Mas isso só adquire seu verdadeiro significado quando distinguimos realidade de real. Assim, quando Lacan diz, "a transferência é a atualização da realidade do inconsciente", ele não está falando na atualização do real do inconsciente; como veremos, esta é uma distinção fundamental. Ele mostra que *a realidade do inconsciente é sempre ambígua e ilusória, ao passo que a repetição está ligada ao real, que não engana*. Quando Lacan fala sobre a angústia, no Seminário 10, distingue a angústia de todos os outros afetos, dizendo que, na análise e na vida, a angústia é o único afeto que não engana, ou ilude. Ele mostra como a angústia se liga àquilo que chama de real. É uma função que se pode não compreender, mas que não engana.

Para compreender o Seminário 11, deve-se ligar a transferência à realidade como ilusória, e a repetição ao real, como aquilo que não engana. Quando se apresenta o inconsciente como transferência, ele é apresentado como algo que ilude e engana — uma visão que está muito presente na obra de Freud. Por exemplo, quando Freud discute os sonhos de seus pacientes com relação à análise, ele indica as tentativas dos pacientes de satisfazerem alguma coisa em seus analistas através do sonho. Se levarmos a sério a plasticidade e a mobilidade dos sonhos, teremos de admitir que o inconsciente não é a própria verdade, sem ser ao mesmo tempo uma mentira: o conceito analítico de verdade está ligado à mentira. É isso que Lacan quer dizer quando fala que a verdade tem uma estrutura ficcional, o que se revela em suas falas sobre a transferência aqui.

Em quarto lugar, temos o inconsciente como pulsão. Isso sempre esteve presente na obra de Lacan, que irá desenvolver este ponto mais tarde, em *Televisão*. O sujeito, em algum nível, está sempre feliz, sempre tendo prazer. Como diz Freud em *Além do princípio do prazer*, de alguma maneira, mesmo que através de uma aparente infelicidade ou desprazer, o sujeito obtém satisfação. Mesmo que tentemos ir além do princípio do prazer, este além marca algo que é um além do princípio do prazer de ordem interna. Freud explicou isso com muita precisão: quando o princípio do prazer falha, o princípio de realidade é acionado. Logo, enquanto o princípio do prazer pode falhar, o princípio de realidade assume a tarefa imposta por aquele. O princípio de realidade toma o lugar e executa o trabalho do princípio do prazer quando este último falha. O princípio de realidade é, de fato, uma maneira mais custosa de obter satisfação. Quando sonhamos e temos um pesadelo, abrimos os olhos e nos conectamos com a realidade porque o sonho não conseguiu proteger o sono, o que é a sua tarefa fundamental (é certo que o sonho realiza um desejo, mas sua primeira e principal função é proteger o sono). O princípio do prazer fracassou, e então abrimos os olhos, como diz Lacan, para continuar sonhando com os olhos abertos. É por isso que Lacan diz que a realidade é fantasia. Recebemos dados através da percepção dos sentidos, mas com exceção desses supostos dados puros, a realidade é fantasia. Assim, devemos distinguir a realidade que é igual à fantasia daquilo que chamamos de real, que se refere ao que é satisfeito pelo avassalador, onipotente princípio do prazer: alguma coisa que não muda, que requer todo o nosso sonho e toda a nossa vigília, mas que é, ainda assim, prazer.

Freud estabelece uma distinção entre o objetivo e o alvo da pulsão. Pode-se ter ou não o objeto da pulsão — comida, por exemplo, no caso da pulsão oral. Mesmo assim, como diz Freud, o objeto em si não é importante. Ele pode ser isto ou aquilo, mas o que permanece o mesmo é o que é satisfeito no circuito pulsional. Mesmo que não se alcance o alvo, realiza-se o objetivo, que é gozo.

Apresentei várias maneiras de esquematizar esses quatro conceitos fundamentais. O primeiro conceito, o inconsciente como sujeito, se baseia na histeria, porque a estrutura clínica da histeria apresenta esse privilégio do desejo. A repetição é melhor ilustrada pela neurose obsessiva; é por isso que Lacan se refere ao "Homem dos ratos" e sua compulsão à repetição. No Seminário 11, podemos ler os capítulos sobre o inconsciente em relação ao caso Dora, e os capítulos sobre repetição em relação ao caso do Homem dos ratos. Os capítulos sobre transferência se referem às mentiras da histeria, enquanto os relativos à pulsão se referem essencialmente àquela parte da experiência analítica que não engana. Nessa trajetória, movemo-nos do inconsciente para o isso — eis por que os lacanianos unificam a primeira e a segunda tópicas de Freud. Partimos do inconsciente, que se refere à distinção inconsciente/pré-consciente/consciente, em direção às pulsões que se referem ao isso.

O que eu lhes gostaria de mostrar, porém, é a estrutura homóloga presente na conceitualização de Lacan de todos os quatro termos. Num certo sentido, ele está realmente falando da mesma coisa de quatro maneiras diferentes.

Primeiro ele apresenta o inconsciente através do que chama de suas formações: sonhos, parapraxias etc. No caso das parapraxias, tropeçamos quanto ao que queremos dizer ou fazer. Comete-se um erro, e é precisamente aí que o analista pode dizer: "está certo". Aí reside a verdade: não no que se queria falar, mas naquilo que efetivamente se disse ou fez. Temos, assim, uma inversão de valores: errou-se o alvo, mas o objetivo foi alcançado. Isto é o que Lacan apresenta no fim do Seminário 11 como a distinção entre objetivo e alvo. Essa estrutura já está ali na apresentação do inconsciente por Lacan, nessa estranha inversão de valores que é a pedra de toque da experiência analítica.

Repetição. Por vezes sem conta, algo se repete. O que Lacan deixa claro na parte "O inconsciente e a repetição" no Seminário 11 é que repetimos porque não alcançamos nosso alvo. Satisfizemos alguma coisa, mas não o que deveria ter sido. Em "Mais, ainda", ele diz que se obtém satisfação, mas nunca a satisfação que deveria ser. É por isso que Lacan desenvolveu a noção do real como aquilo que volta sempre ao mesmo lugar para o sujeito, mas que o sujeito não encontra. Ele toma a repetição como repetição de fracasso, não de sucesso, e isso chegou a originar o conceito de "neurose de fracasso".

Eis por que, por exemplo, Lacan distingue a repetição de outros tipos de comportamento (137). O conceito freudiano de repetição, *Wiederholung*, nada tem a ver com o comportamento habitual ou estereotipado, porque Freud fala em *Wiederholung* com referência a algo que é sempre inatingido e que falta. Assim, podemos compreender melhor o que Freud quis dizer com seu "período de latência": tem-se um objeto primário com o qual se tenta, repetidamente, estabelecer relação. A repetição está sempre ligada a um objeto perdido: ela é uma tentativa de reencontrá-lo e no entanto, ao fazer isso, perdê-lo. E o que é este objeto perdido? Ele é ilustrado, na teoria analítica, pela mãe como o objeto primário fundamental que, mediante a operação do Nome-do-Pai, é para sempre proibida e perdida. Lacan diz que a mãe é aquela *Ding* fundamental, a coisa sempre perdida e que a repetição tenta recuperar, perdendo sempre.

Lacan fala do real como sempre ligado a um engano e a um encontro impossível (56). E onde encontramos este real? O que temos na descoberta da psicanálise é um encontro, um encontro essencial, um compromisso a que somos convocados com um real que nos escapa. É um encontro marcado com algo que nunca está ali no lugar acertado. Consideremos a importância dos encontros marcados no domínio do amor: não pode haver uma história de amor com o real, porque tentamos marcar um encontro, e tornamos a marcá-lo repetidas vezes, mas alguma coisa sempre acontece.

Este é o encontro com o real que está para além do autômato, o retorno ou insistência dos signos. O real é o que está atrás do autômato. É aí que Lacan introduz a repetição. Não é a repetição que importa, e sim o que é inatingido.

Assim, podemos ver que existe uma relação homóloga entre a discussão por Lacan da repetição e sua forma de apresentar o inconsciente como sujeito. Trata-se sempre daquilo que é perdido, e daquilo que reside ou aparece nesse desencontro.

Vou apresentar o terceiro ponto de maneira muito breve, já que nosso tempo está acabando. Aqui, também, Lacan introduz a dialética do objetivo e do alvo. Ele apresenta a transferência como o engano fundamental do inconsciente, usando o exemplo da declaração: "Eu minto." Não abordarei todos os aspectos de sua apresentação, mas ele mostra o paciente como alguém que diz "Eu minto", o que, a não ser nos tratados de lógica, significa "Estou enganando você". E o analista pode dizer, neste momento, "ao me dizer que está me enganando, você está dizendo a verdade". Lacan, no esquema que vão encontrar no capítulo "Análise e verdade", ilustra mais uma vez essa inversão de valores no próprio momento em que se diz que não se está dizendo a verdade. Mesmo quando se mente em sonhos, há maneiras de interpretar estes sonhos pelas quais a verdade emerge. Assim, novamente aqui encontramos a mesma estrutura anterior.

O quarto conceito é a pulsão. Lacan mostra, por exemplo, que comer não é meramente uma manifestação da pulsão oral. O objeto ou o alvo da pulsão é comida. Mas o objetivo da pulsão é gozo, que pode muito bem ser satisfeito sem qualquer alimento. A anorexia, por exemplo, ilustra todo o alcance da pulsão oral, pois o anoréxico nada come, e deriva daí um gozo oral que é elevado até o nível de ser letal: até o nível da pulsão de morte. A anorexia representa o máximo do gozo oral.

PARTE II

SUJEITO E OUTRO

Alienação e separação I

Éric Laurent

Escolhi falar dos conceitos de alienação e separação no Seminário 11. O subtítulo do capítulo 16 é "Alienação", mas nenhum dos outros capítulos é intitulado, ou mesmo subintitulado "Separação". Adotei este título porque um dos cortes ou rupturas que esse seminário produziu quando foi pronunciado em 1964 foi a introdução da alienação e separação como duas operações constituintes do sujeito. Isso representava uma ruptura, embora não fosse, provavelmente, decifrado como tal naqueles anos, e representava também uma nova aliança.

Representava uma ruptura porque, naquela época, era bem conhecido pelos ouvintes de Lacan o fato de que ele estava aplicando categorias derivadas da lingüística estruturalista à psicanálise. Prevalente naqueles anos era a ênfase dada por Lacan à metáfora e à metonímia como as duas operações que constituíam o inconsciente ou o trabalho do inconsciente. Temos sinais disso, por exemplo, num texto de François Lyotard que critica Lacan frisando que o inconsciente, tal como elaborado por Freud em *A interpretação dos sonhos*, não pode ser reduzido a metáfora e metonímia (Lacan replicou a essa crítica em "Radiophonie", uma entrevista levada ao ar pelo Sistema Belga de Comunicações). O que se criticava em Lacan era o seu emprego dessas categorias, derivadas em parte da obra de Jakobson. Não se compreendia inteiramente, em 1964, que a introdução por Lacan dos conceitos de alienação e separação indicava uma ruptura com os de metáfora e metonímia e seu anterior mapeamento do inconsciente.

Alienação e separação, introduzidas aqui como operadores derivados da lógica formal, marcam outro passo à frente da ênfase anterior dada por Lacan à "palavra plena", com sua conexão com a fenomenologia e o existencialismo, filosofias dominantes naquela era. Com as operações lingüísticas de metáfora e metonímia, ele havia dado um passo, e com as ciências e categorias formais derivadas de uma abordagem lingüística envolvendo linguagens formais, e não naturais, ele deu mais um passo. Alienação e separação se relacionam diretamente com as duas operações básicas da primeira ordem lógica.

Na primeira linha do capítulo 16, Lacan indica o horizonte epistemológico de sua obra: a constituição da psicanálise como uma ciência. O projeto chega a tentar definir a exata natureza de uma ciência que pudesse incluir a psicanálise. Lacan está falando de um ponto de vista epistemológico (parafraseando um dos títulos de Quine) quando frisa que, se a psicanálise deve se constituir como a ciência do inconsciente, deve-se começar pela noção de que "o inconsciente é estruturado como uma linguagem". Essa foi a denominação dada por Jacques-Alain Miller à tese principal de Lacan.

Mas o segundo parágrafo introduz a partir daí uma curiosa dedução: "Daí deduzi uma topologia." (193) Como se pode deduzir uma topologia a partir da axioma de que o inconsciente é estruturado como uma linguagem? Isso sempre foi muito difícil de compreender para os ouvintes de Lacan. Não parece ser natural. Os lingüistas não propuseram virtualmente nenhuma topologia que acomodasse o axioma de um sistema estruturado como uma linguagem.

Ainda mais misterioso é como uma topologia pode ser responsável pela constituição de um sujeito. O sujeito é um conceito que parece escapar a qualquer definição topológica ou lógica. Mais ainda, Lacan acrescenta que sua topologia responde às críticas de que ele estaria negligenciando o ponto de vista dinâmico em psicanálise. Ele diz:

> Numa época que, espero, já deixamos para trás, objetaram que, ao fazer isso, dando a dominante à estrutura, eu negligencio a dinâmica, tão presente em nossa experiência — chegando-se a dizer que eu consigo eludir o princípio afirmado na doutrina freudiana de que a dinâmica é, em sua essência, de ponta a ponta, sexual. (193)

Temos aqui três passos: primeiro, o inconsciente é estruturado como uma linguagem; segundo, daí pode ser derivada uma topologia responsável pela constituição do sujeito; e terceiro, o sujeito, por sua vez, é responsável pelo que se conhece em psicanálise, embora não no ensinamento de Lacan, como o ponto de vista dinâmico. Este sujeito está ligado às pulsões ou instintos e não pode ser separado deles. Um dos objetivos do capítulo 16 e dos dois seguintes é a substituição do ponto de vista dito dinâmico por um ponto de vista topológico. Lacan tenta mostrar que esses dois pontos de vista são idênticos, e que aquilo que Freud apresenta, utilizando metáforas energéticas derivadas da mecânica do século XIX, deve ser revisto a partir de uma posição formal do século XX. Essa posição, longe de instituir uma lógica que exclua o tempo, inclui uma função temporal. Entretanto, há sempre um problema quando se introduz o tempo num sistema lógico formal.

Hegel tentou estabelecer uma lógica que pudesse incluir o tempo, mas suas idéias foram amplamente repudiadas pela lógica formal. O que Lacan tenta estabelecer é que, do seu ponto de vista, distinto do de Hegel, uma função temporal pode ser introduzida dentro da "logicização" das operações que constituem o sujeito. E com a função temporal a dinâmica da transferência pode ser inteiramente explicada.

Jacques-Alain Miller foi o primeiro, na comunidade lacaniana, a traçar as conseqüências da substituição pela alienação e separação, como novo par de opostos, do antigo par, metáfora e metonímia, especialmente em *O outro Lacan* (*D'un autre Lacan*), uma conferência dada por ele em Caracas em 1980 (*Ornicar?* 28, 1984). Graças à conferência de Miller, podemos agora observar a importância da menção da metonímia ao fim do capítulo 16:

> Nesse intervalo cortando os significantes, que fazem parte da estrutura mesma do significante, está a morada do que, em outros registros de meu desenvolvimento, chamei de metonímia. (204)

Essa substituição, como disse antes, também representa uma nova aliança. Antes que as conseqüências dessa substituição fossem compreendidas, houve entre os ouvintes de Lacan uma separação entre os analistas praticantes e os acadêmicos. Estes últimos se deliciavam com o uso de metáfora/metonímia, que sabiam como manejar; viam a importância deste emprego e estavam fascinados por uma nova abordagem que enfatizava um método bem conhecido na crítica literária, por exemplo. Os analistas ficaram encantados em ver que todos os mecanismos indicados em *A interpretação dos sonhos* podiam ser referidos em termos de metáfora/metonímia, mas não viam claramente como fazer alguma coisa com aquilo, além de adotar os mecanismos da interpretação dos sonhos. Essas duas audiências separadas se reuniram graças a Lacan quando este definiu o processo da análise, o tratamento analítico, em termos de alienação e separação, e a fase final da análise, o final da experiência, em termos de separação.

Lacan fundou sua própria escola, a École Freudienne de Paris, em 1964, e o Seminário 11 foi o primeiro que deu aos seus estudantes em formação. Três anos depois, ele propôs definir em sua escola, de modo preciso, o término ou final de uma análise (*Scilicet* 1, 1968). Nessa proposição de 1967, introduziu uma nova categoria, o "passe" — alienação e separação — para definir a categoria de estar em análise, a ontologia que a psicanálise pode oferecer, e através da qual a sexualidade humana pode ser compreendida. Essa ontologia liga o sujeito e seu desejo à querer ser falta-a-ser, e ao mesmo tempo atribui substância apenas ao gozo, a única substância que Lacan reconhece.

Tentando definir a alienação no capítulo 16, Lacan aponta para a necessidade dos conceitos do sujeito e do Outro, definindo o Outro como "o lugar em que se situa a cadeia significante que comanda tudo que vai poder presentificar-se do sujeito" (193-194). Esta definição liga o Outro e o sujeito de um modo que constitui, claramente, uma alienação: o sujeito como tal só pode ser conhecido no lugar ou *locus* do Outro. Não há meios de se definir um sujeito como consciência de si.

Este foi um ponto que Lacan introduziu muito antes de seu impulso lógico. Começou nos primórdios de seu ensinamento, quando ele se opôs a Sartre; Sartre estava tentando estabelecer um sujeito definido como um impasse na sua consciência de si.

Na peça de Sartre *Entre quatro paredes*, três pessoas estão numa sala. Cada uma delas cometeu um crime, é um criminoso, de uma maneira ou de outra, e pode ver o inferno, a tormenta ou a lógica atormentadora em que os outros dois estão aprisionados, mas não pode admitir que ele mesmo está em falta e é atormentado pela culpa sem ser capaz de determinar a origem desta. Ele só pode saber em que sentido é culpado através dos outros dois. No fim da peça (estas não são as últimas palavras — que são, "vamos em frente", mas quase as últimas) vem a frase bem conhecida, "O inferno são os outros". De fato, não podemos conhecer a nós mesmos como sujeitos; não existe autoconsciência de nós: somos obrigados a nos conhecer por meio dos outros.

Lacan replicou de maneira bastante específica a peça de Sartre num artigo publicado em 1945 sob o título "O tempo lógico e a asserção da certeza antecipada"(*Newsletter of the Freudian Field* 2, 1988). Não é uma peça; é uma construção lógica, um jogo ou enigma lógico, no qual três pessoas estão numa sala. Trata-se de uma prisão, e elas estão condenadas à morte. Na peça de Sartre, elas estão mortas e condenadas. Na apresentação de Lacan, estão condenadas à morte, mas existe uma saída. A saída é explicada pelo diretor da prisão. Ele lhes diz o seguinte: cada um dos prisioneiros tem um disco nas costas, que pode ser preto ou branco. Existem três discos brancos e dois discos pretos ao todo; e dentre eles o diretor escolheu três, um para cada prisioneiro. Eles não podem ver os seus próprios discos, mas podem ver os discos dos dois outros prisioneiros que estão na mesma sala. Devem tentar descobrir a cor de seus discos sem que falem entre si, e o primeiro a atravessar a porta e explicar com coerência sua conclusão será libertado.

Esta é exatamente a mesma lógica da peça da Sartre. Lacan reduz a metáfora sartreana do pecado original a um disco que todos estão portando, e reduz a opinião de Sartre, de que não se pode ter acesso direto à própria culpa e se está condenado a viver com as próprias más intenções, ao fato de não se poder ver o disco que se tem às costas.

Tendo recebido essa informação do diretor, os três prisioneiros são trancados numa sala. Uma vez que existem três discos brancos e apenas dois pretos, se um prisioneiro vir dois discos pretos saberá que o seu, obviamente, é branco. Assim, cada um dos três tenta primeiro ver os discos dos outros dois, e em seguida observa seus movimentos. Se um deles se dirigir à saída, os outros dois vão saber que ele viu dois discos pretos e, portanto, seus discos têm que ser pretos. Eles também podem se dirigir para a porta e declarar que seus discos são pretos e assim, dentro daquela estrutura com os três prisioneiros, produzem-se movimentos reveladores.

Lacan frisa que a verdade, nessa experiência, embora alcançada independentemente por cada indivíduo, tem a estrutura de um cálculo coletivo: só pode ser atingida através dos outros. Quando ele diz que a verdade só pode ser alcançada "*par les autres*"(através dos outros), esta é uma resposta direta a "o inferno são os outros" de Sartre. A estrutura das três pessoas condenadas e um disco faltoso é exatamente a estrutura edipiana de pai, mãe e filho capturados em seu inferno particular. Eles só podem calcular porque um elemento está faltando: o falo. Ninguém o possui, mas todos os três têm que levar em conta aquele símbolo para definir suas posições como pai, mãe e filho. Se qualquer um deles cometer um erro, pensando que ele ou ela é aquele que falta — se o pai pensar que ele é *o* pai, se a mãe pensar que é *A Mulher*, se a criança pensar que é o falo para sua mãe — todos ficam presos em seus cálculos. Nenhum irá achar a saída. Ficarão aprisionados na eterna repetição.

Mas, se admitirem que aquele elemento é fundamentalmente faltoso — que todos têm de definir suas posições com referência àquele símbolo — então têm a chance de alcançar o que se conhece como valores da verdade em análise, isto é, valores de desejo. A solução para o impasse da definição sexual é o fato de que não há inscrição de homem e mulher no inconsciente. Existem apenas invenções que tentam remediar a falta ou falha fundamental no inconsciente.

Foi esta, provavelmente, a razão por que Lacan, em "Ciência e verdade" (*Newsletter of the Freudian Field* 3, 1989), trata o falo como um *gnomon* — um termo grego que se refere diretamente à matemática e ao cálculo de séries harmônicas dos gregos — isto é, como uma ligação entre o sujeito e o outro. Este elo numa cadeia, que é ao mesmo tempo uma cadeia de significantes e uma cadeia de cálculos, foi introduzido por Lacan no começo de seu ensino para ilustrar a dinâmica do tratamento analítico. É verdade que o reconhecimento de como alguém é definido como sujeito — através do reconhecimento e do cálculo de suas identificações — pode aliviar o sentimento de culpa que se traz para a análise. O fato de não se poder encontrar a saída para o inferno particular em que se está aprisionado tem a ver com o fato de que ela estava ali desde o começo.

O que Lacan acrescenta, no capítulo 16, é o fato de que as pulsões surgem no sujeito. Ele diz, "é do lado desse ser vivo, chamado à subjetividade, que se manifesta essencialmente a pulsão" (193). Assim, sujeito e pulsão estão situados no mesmo lugar, o que parece, em certo sentido, paradoxal. Mas Lacan fizera anteriormente um jogo de palavras, utilizando a letra "S" para designar o sujeito, o que se pronuncia do mesmo modo que o *Es* de Freud, o isso, sede das pulsões.

As pulsões não podem ser representadas como o Outro por inteiro. As pulsões são apenas parciais, como diz Freud, e Lacan reinterpreta isso ao dizer que a lógica do todo não pode aparecer no Outro ($\overline{\forall}$). Não há meio de inscrever o quantificador "para todo" ou "a totalidade de" no Outro. Nenhum quantificador desses pode funcionar nesse lugar. $\overline{\forall}$ equivale a não-todo. Não-todo sujeito pode estar presente no Outro. Sempre há um resto. Lacan desenvolve isso de uma maneira que alude ao desenvolvimento ulterior feito por ele no seminário sobre a sexualidade feminina intitulado *Mais, ainda*.

No Seminário 11, Lacan diz:

> O mito de Aristófanes ilustra a busca do complemento de maneira patética, e enganadora, articulando que é o outro, que é sua metade sexual, que o vivo procura no amor. Esta representação mítica do mistério do amor a experiência analítica substitui pela procura, por parte do sujeito, não do complemento sexual, mas da parte para sempre perdida, dele mesmo, que é constituída pelo fato de ele ser apenas um vivo assexuado e não mais ser imortal. (195)

Lacan nos lembra que o mito de Aristófanes da divisão originária dos seres humanos explica a procura do amor pela sua outra metade. Este mito encobre o verdadeiro sentido da busca: há sempre um resto na representação sexual do sujeito no Outro. As duas faltas localizadas por Lacan no começo de sua aula e desenvolvidas durante toda ela se recobrem. Vou apresentar as duas faltas e em seguida explicá-las antes de voltarmos ao texto.

Para apresentá-las utilizarei as fórmulas que Jacques-Alain Miller ofereceu em seu próprio comentário, porque são as mais simples e mais acuradas para destacar o ponto essencial de Lacan. Para articular o sujeito e o Outro, uma figura é dada no texto de Lacan (200). Lacan liga o sujeito ao Outro, situando o ser de um lado e o sentido do outro.

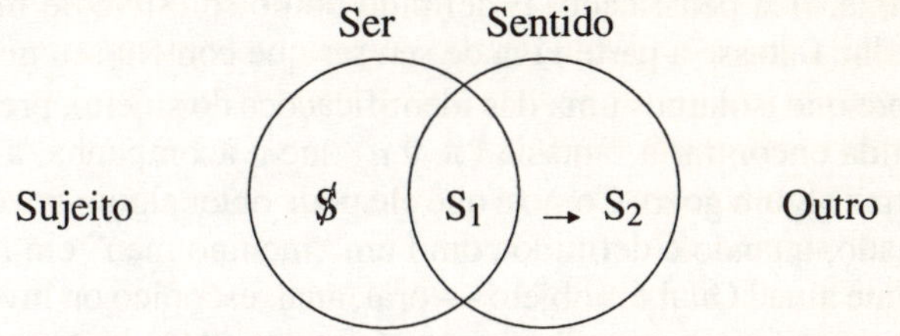

A primeira falta se relaciona com o fato de que o sujeito não pode ser inteiramente representado no Outro; sempre há um resto, um resto que define o ser sexualmente definido do sujeito. Não se pode apresentar aí todo o sujeito. O caráter fundamentalmente parcial das pulsões introduz uma falta, que Lacan designa marcando o sujeito com uma barra ($).

Temos então, mais profundamente, uma segunda falta. Infelizmente neste seminário não há gráfico nem formalização da separação. Jacques-Alain Miller, porém, forneceu tal formalização em suas conferências. Para entender a segunda falta, o Outro pode ser abreviado da seguinte maneira: $S_1 \rightarrow S_2$. Isso indica que precisamos de pelo menos dois significantes para definir a estrutura do Outro.

Uma vez constituído o sujeito, no entanto, deve-se levar em conta o fato de haver um resto — um resto que está tanto dentro do sujeito, definido sexualmente, quanto dentro do Outro. Para ilustrá-lo, podemos situar os dois significantes numa parte do círculo, o objeto *a* onde o significante unário (S_1) estava na minha figura anterior e o sujeito ($) no outro círculo.

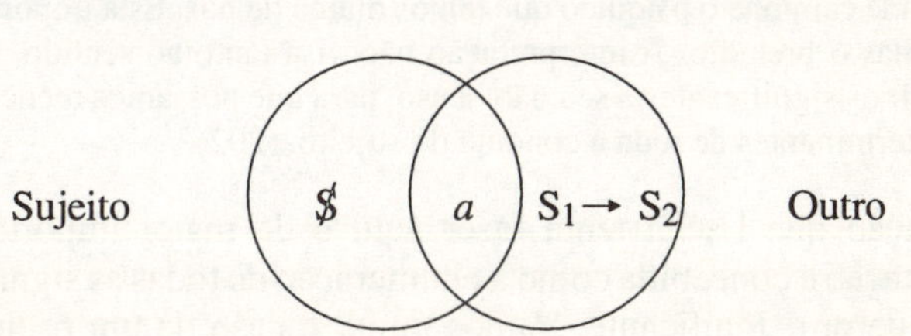

Temos dois modos de definir a falta do sujeito: um deles se deve ao fato de que na alienação, no próprio momento em que o sujeito ($) se identifica com um significante, ele é representado por um significante para um outro ($S_1 \rightarrow S_2$). Por exemplo, um "menino mau" é representado como um "menino mau" em relação ao ideal de sua mãe. Logo, "menino mau" (ou qualquer outra identificação que serviu, num tempo, como significante-mestre) funciona para o sujeito como uma linha mestra durante toda a vida deste. Ele é definido como tal e se comporta como tal. No próprio momento em que o sujeito se identifica com esse significante, fica petrificado. É definido como se estivesse morto, ou como se lhe faltasse a parte viva de seu ser que contém seu gozo.

Sempre que isolamos uma das identificações do sujeito, precisamos em seguida encontrar a fantasia ($\$ \lozenge a$) que a acompanha, a fantasia que lhe traz algum gozo. Como é que ele pode obter algum gozo, algum ser sexuado, quando é definido como um "menino mau" em relação à mulher que ama? Qual é o objeto — oral, anal, escópico ou invocatório — em jogo na fantasia que lhe proporciona gozo? O objeto *a* é a outra parte do sujeito (e este é o segundo modo de definir a falta do sujeito).

Logo, temos uma falta (S_1 na primeira figura) aqui e outra falta ali (*a* na segunda figura). Na primeira falta, quando o sujeito é definido por um significante-mestre, uma parte do sujeito é deixada de fora da definição total. Mesmo que ele seja um "menino mau", ele também é outras coisas. Temos, então, a segunda falta, na qual o sujeito tenta inscrever uma representação do gozo no interior do Outro no texto de sua fantasia, e tenta definir a si mesmo através dessa fantasia ($\$ \lozenge a$). Ao tentar definir-se dessa maneira, ele cria outra falta: o fato de que seu gozo é somente parcial.

Lacan, pois, como eu disse, tenta com essas categorias, que parecem tão abstratas, fazer um mapeamento do percurso do tratamento analítico. Pode-se derivar implicações dessas categorias — implicações para o manejo do interpretação no tratamento analítico. Diz ele:

> Como conseqüência da alienação, a interpretação não tem de modo algum sua última instância no fato de nos fornecer as significações da via onde caminha o psíquico que temos diante de nós. Esta importância é apenas o prelúdio. A interpretação não visa tanto ao sentido, mas a reduzir os significantes a seu não-senso, para que possamos reencontrar os determinantes de toda a conduta do sujeito. (202)

A distinção que Lacan tenta fazer aqui é da maior importância. A interpretação é concebida como a enumeração de todas as significações sexuais de um significante. Vamos tomar o caso de um paciente que está obcecado pelo número três. Ele tem uma fixação numérica. Isso cria problemas para ele, especialmente se for um contador. Cada vez que confere colunas de números ele deixa passar os números três. Ele então tem de checar quantos três perdeu, e isso pode levar muito tempo.

Poderíamos começar explorando ou rastreando todas as significações sexuais do número três. O que aconteceu quando ele tinha três anos? O que ocorreu em seu triângulo edípico? Foi atraído, por exemplo, por um *ménage à trois*? Pode haver todo um conjunto de significações.

Este é apenas o primeiro passo, mas é um primeiro passo necessário — é preciso mapear todas as significações e explorar com detalhes precisos todas as circunstâncias na vida do paciente em que o três funcionou como um significante-mestre, e extrair suas significações. Mas, uma vez feito isso, deve-se levar o sujeito a uma outra parte — a um lugar onde cada significante tem esta função ($\$ \rightarrow a$) para ele. Afinal, S_1 S_2 o deixa sem um verdadeiro referente sexual, que lhe poderia dar seu lugar.

Uma vez tendo percorrido todos os sintomas definidos por essa obsessão com os números, deve-se explorar outra dimensão do sujeito. À parte os sintomas, ele deve se definir com relação a uma fantasia precisa. É através de uma cadeia sem sentido de significantes-mestres, encadeada de uma certa forma, que se define a fantasia que determina seu comportamento sexual ou sua auto-identidade.

No decorrer dessa discussão, Lacan se refere a um colóquio realizado na cidade de Bonneval em 1960,[1] onde houve um confronto entre os discípulos de Lacan e os psiquiatras e psicanalistas de outras abordagens. O encontro foi organizado por Henry Ey, uma das grandes figuras da psiquiatria francesa, e Lacan deu uma conferência intitulada "Posição do inconsciente", que foi publicada na edição francesa dos *Écrits*. Naquele colóquio, Laplanche e Leclaire fizeram apresentações, e Leclaire mostrou um trabalho bastante conhecido no qual mostrava como uma análise lacaniana podia ser elaborada.

Leclaire discutiu sobre um paciente de nome Philippe que tinha uma série de sintomas obsessivos. O paciente era obcecado especialmente com unicórnios (*licorne* em francês). A questão era: por que não somos todos obcecados por unicórnios, pois temos um bocado de razões para sermos. Philippe tinha obsessões que podiam ser referidas ao fato de ter sido definido não como um menino mau, mas como "pobre Philippe" (*pauvre Philippe*). Sua mãe sempre se referia a ele como o "pobre Philippe", e a conexão do som de "au" em "pauvre" e "o" em "licorne" foi enfatizada por Leclaire, que demonstrou que "*pauvre Philippe*" era o som que adormecia Philippe. Estava ligado ao sonho que ele tivera com um unicórnio com a voz de sua mãe que o embalava, dizendo "*pauvre Philippe*". Leclaire notou que o unicórnio representava o falo materno e a recusa por Philippe de aceitar a castração de sua mãe. No sonho ele garantia que sua mãe não era pobre, do ponto de vista fálico.

Do ponto de vista do sentido, a ligação entre a obsessão e o sonho (o sonho central na vida de Philippe), Leclaire indicou que Philippe podia ser definido em termos de uma cadeia escrita da seguinte maneira: Poôr (*d*) *J'e* — Li (Poordjeli), incluindo "pobre Philippe", o "je" (eu) do sujeito, e "li" de Philippe, *Licorne* e *lit* (cama). E tudo isso podia ser incluído numa espécie de cadeia, absurda nessa justaposição, mas que era a cadeia dos significantes-mestres na vida de Philippe.

Lacan diz:

> Peço que vocês recorram à contribuição feita por meu aluno Leclaire, no Colóquio de Bonneval, sobre a aplicação de minhas teses. Vocês verão em sua intervenção que ele isolou a seqüência de *licorne* não, como se acreditou na discussão (em seguida à sua fala), em sua dependência significativa, mas justamente em seu caráter irredutível e insensato de cadeia de significantes. (201)

O que Lacan não diz é que, na opinião de Leclaire, isso marcava o fim do processo interpretativo. Leclaire o apresentava como sendo o fim da análise, quando para Lacan este é apenas o prelúdio. Uma vez isolado um certo número de significantes-mestres na vida de um paciente, existe um outro problema. Como pode o "pobre Philippe" definir a si mesmo, não pelo falo, mas antes pelo remanescente da operação fálica, isto é, por seus objetos parciais, ou melhor, o objeto *a* (Lacan introduz o objeto *a* como uma logicização do objeto parcial)?

O sujeito tem de ser conduzido ainda através de um outro labirinto, não o de suas identificações, mas o dos seus modos de gozo — as maneiras pelas quais ele transforma o outro que ama num objeto. Se isolarmos apenas uma cadeia ($S_1 \rightarrow S_2$), deixamos de lado o fato de que o pobre Philippe ama as mulheres de uma certa maneira. Qual? Será que ele trata a mulher como um seio, dando o tom de seus casos amorosos: apegando-se, fazendo demandas, sendo rejeitado e voltando sempre? Este seria um caso amoroso de estilo oral, sendo o amor da mulher transformado num seio a ser agarrado. Ou adotaria ele uma abordagem anal com as mulheres, apaixonando-se e em seguida fugindo como louco, assim que o objeto que ama é reduzido a um malcheiroso objeto anal? Ou uma abordagem escópica, nunca vendo no objeto amado o quanto aquele objeto o engana escandalosamente, abertamente; não vendo o impasse em que sempre cai, apaixonando-se sempre instantaneamente e dando grande importância ao momento de se enamorar? Ou será que ele reduz sua amada a uma voz, uma voz que lhe dá ordens ou que o deixa com uma compulsão a escutá-la mais uma vez?

Todas essas abordagens do amor podem ser derivadas da mesma cadeia de significantes-mestres, e tem-se que aprender, na própria análise, não somente como suas identificações são faltosas e a cadeia de significantes-mestres não é um novo nome para o sujeito (mesmo no caso de Philippe), já que o nome próprio do sujeito falta sempre; também resta ver que ninguém é representado por seu amor — ninguém inscreve completamente seu amor no lugar do Outro. Tem-se sempre que encontrar a outra falta — o fato tão autêntico quanto o amor é que se está sempre confrontado com o mesmo resto — o resto no sentido verdadeiro do termo: algo que vem nos lembrar do fato que não estamos representados, de que existe um limite, de que existem apenas representações parciais. Isso vai lembrar o sujeito do gozo que experimentou através de suas demandas orais e anais, e daquilo que tentou obter da mãe — seu olhar ou sua voz — que não está diretamente ligado à necessidade. É preciso comer, é preciso defecar. Aparentemente, não se precisa do olhar ou da voz do Outro, mas ainda assim deseja-se isso mais do que se possa pensar.

NOTA

1. Ver *L'Inconscient*, VI Colloque de Bonneval, org. Henry Ey, Desclée de Brouwer, 1966.

Alienação e separação II

Éric Laurent

Vou prosseguir hoje com o tema da alienação e separação que comecei na semana passada, frisando algumas das suas conseqüências clínicas. Começo pela página 236 do capítulo 19, "Da interpretação à transferência", porque essa página contém uma declaração explícita de Lacan sobre um erro cometido por Jean Laplanche, um de seus discípulos da época, referente à teoria lacaniana da interpretação. O erro feito por Laplanche (que não era um idiota) surgiu porque alguma coisa na obra de Lacan parecia autorizar a posição de Laplanche. Eis a declaração de Lacan:

> Em conseqüência, é falso que se possa dizer (como foi dito por Laplanche) que a interpretação está aberta a qualquer sentido, sob o pretexto de que só se trata da ligação de um significante a outro. (236)

No apogeu da metáfora e da metonímia, Laplanche ressaltou que, enquanto a metáfora é um efeito de sentido produzida pela substituição de um significante por outro e a metonímia é o fato de esses significantes estarem ligados no mesmo nível com um efeito de sentido, qualquer efeito produzido é admitido na fórmula. Não há restrições aos aspectos metafóricos ou metonímicos da interpretação e, numa epistemologia da era do jazz, *anything goes* (qualquer coisa serve).[1]

Parecia que qualquer coisa que produzisse algum efeito seria aceitável, e naquela época alguns dos seguidores de Lacan pensavam que o caráter "expressionista" e barroco de Lacan se baseava na noção de que a coisa mais importante era produzir um efeito, de qualquer natureza. Muitos tentaram imitá-lo e obter o mesmo efeito na situação analítica; portanto, teorizavam o tratamento analítico com base nessas suposições.

Em contraste, quando Lacan instituiu sua própria escola de psicanálise e assumiu responsabilidade pela formação de analistas, denunciou tais suposições e frisou que não se pode dizer que qualquer coisa sirva. "A interpretação não se abre para qualquer sentido." (236) Vou comentar isso. Por que ele enfatiza isso nessa conferência em que introduz alienação e separação?

Como vimos da última vez, a união do sujeito com o Outro deixa uma perda: se o sujeito tenta encontrar-se no Outro, só pode se encontrar como uma parte perdida. Ele fica petrificado por um significante-mestre e perde alguma parte de seu ser. A alienação (isto é, o fato de que o sujeito, não tendo identidade, tenha de identificar-se a algo), encobre ou negligencia o fato de que, um sentido mais profundo, o sujeito se define não apenas na cadeia significante mas, no nível das pulsões, em termos de seu gozo em relação ao Outro. Se adotarmos os esquemas desenvolvidos por Jacques-Alain Miller, vamos ter:

Alienação:

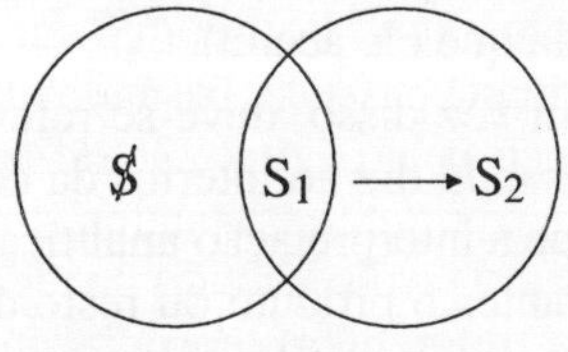

Separação:

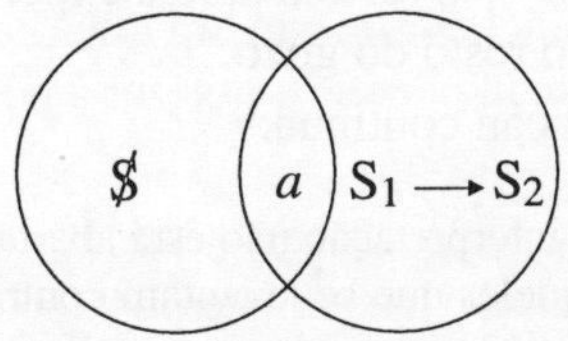

Em termos freudianos, a alienação encobre o fato de que o objeto de gozo como tal está perdido, como Freud indicou em seu famoso artigo de 1925, "A negativa". Essas duas fórmulas ou operações lógicas que produzem o sujeito podem ser lidas, num certo sentido, verticalmente. Primeiro a alienação — o fato de que o sujeito é produzido dentro da linguagem que o aguarda e é inscrito no lugar do Outro. O sujeito se encontra dividido, despedaçado entre as pulsões parciais, parciais na medida em que sempre há perda.

Essas fórmulas podem ser lidas de outra maneira. O sujeito é fundamentalmente um objeto do gozo do Outro, e seu primeiro status como *enfant* é ser uma parte perdida desse Outro, o Outro real (geralmente, a mãe). Ele começa a viver no lugar do objeto *a*, e em seguida tem de se identificar com aquela parte perdida e ingressar na cadeia de significantes. Ele irá tentar, como disse Lacan, "assumir suas identificações primárias", frase empregada nos *Écrits*. Sua identificação primária, num sentido, é com o significante-mestre. Num sentido mais profundo, sua identificação primária é como um objeto que ele irá definir no final. É a identificação completa: aquilo que ele foi, como tal, no desejo do Outro, não apenas no nível simbólico do desejo, mas como substância real envolvida no gozo. Ele só pode tentar recuperá-lo ou identificá-lo dentro do desenvolvimento da cadeia de significantes.

Assim, é possível ler esses esquemas de duas maneiras. Primeiro a alienação e depois a separação, ou primeiro a separação e depois a alienação. Falando logicamente, a alienação vem primeiro. Na situação analítica, a separação vem antes. Quando Lacan diz: "a interpretação não está aberta a qualquer sentido", ele está longe de autorizar a teoria do "qualquer coisa serve", ou a teoria da "interpretação mais popular" que alguns analistas desenvolveram (tenta-se uma interpretação e se ela não funcionar tenta-se outra, e mais outra, mapeando-se todo o conjunto até que se atinja a mais "popular" com o analisando, aquela que ele aceita).

Em vez disso, deve-se referir ao verdadeiro sentido daquilo que o analisando diz ao interior da cadeia significante, e o verdadeiro sentido que a interpretação analítica deve passar não é um efeito de sentido, mas antes o produto ou resto do primeiro encontro entre o sujeito e o Outro — o resto daquela experiência, *das Erlebnis* em termos freudianos, o resto do gozo.

Lacan continua:

> A interpretação não está aberta a todos os sentidos. Isso seria conceder àqueles que se levantam contra os caracteres incertos da interpretação analítica que, de fato, todas as interpretações são possíveis, o que é propriamente um absurdo. Não é porque eu disse que o efeito da interpretação é isolar no sujeito um coração, um *Kern*, para exprimir como Freud, de não-senso, que a interpretação ela mesma é um não-senso. (236)

Freud usou a palavra *Kern* especialmente ao dizer *der Kern unseres Wesens* (o centro de nosso ser). Lacan adotou o termo e descreveu o *Kern* do sujeito como um significante isolado em seu sentido mais profundo — separado do sentido, o significante binário, representando qualquer coisa que faça sentido, separando assim na cadeia dos significantes aquilo que permanece no nível do não-senso: o significante-mestre, S_1.

Esta foi uma intuição que Lacan formulou de muitas maneiras em seu ensinamento: as identificações básicas não têm sentido nenhum, apenas *são*. Pode-se explorar os sentidos que elas têm, mas não se pode negligenciar o fato de que, no final, elas não fazem sentido. Lacan, por exemplo, freqüentemente se referia à formulação freudiana do fetiche no caso do homem que, para se interessar por uma mulher, precisava detectar um certo "brilho no nariz" (em alemão, *Glanz auf der Nase*). Freud referiu-se a isso pelo fato de que o paciente tivera uma governanta inglesa. Sem curiosidade sexual, havia tentado dar-lhe uma olhada, mas a governanta lhe disse que de algum modo seu nariz seria punido se ele tentasse olhá-la sem permissão. Assim, *Glanz* e *glance* estavam ligados ao nariz. Desse modo, pode-se dar sentido a alguma coisa que, em seus aspectos mais profundos, não tem sentido algum. É assim que as coisas são. Não se pode explicar por que toda a vida sexual daquele homem estava devotada à transliteração do inglês para o alemão. Havia ali um aspecto de não-senso, e é isso exatamente que Lacan tenta isolar quando ressalta o significante-mestre, no caso, *Glanz*. Só depois ele discute todas as explicações; qualquer coisa que faça sentido pode ser interpretada.

É verdade que numa análise é preciso fazer o mesmo trabalho que foi feito por Freud. Tem-se que rastrear as coisas, fazer vir à tona as lembranças ligadas aos aspectos sexuais originais da vida do paciente. Num sentido mais profundo, chega-se por fim ao núcleo que foi isolado como não-senso. No caso do paciente de Freud, é precisamente neste *Glanz* (olhar) no qual Freud detecta o que foi o rapaz na origem de sua vida. Ele foi um olhar, e o que estruturou sua relação com o Outro foi o fato de que ele se identificava com esse olhar, isto é, com uma pulsão parcial. Seu gozo foi fixado de uma vez por todas dentro daquele olhar. Era uma condição necessária para ele, a fim de conseguir uma ereção, levar em conta sua situação fálica. O *Glanz auf der Nase* era um fetiche. Era definido em parte por uma pulsão parcial e também condicionava a significação fálica para aquele sujeito.

a = *Glanz auf der Nase*

S_1 φ = significação fálica

Pode-se ver neste exemplo que a interpretação não está aberta a todo e qualquer sentido. No final, tem-se que apontar a pulsão parcial que está em jogo. Lacan também definiu isso num outro seminário, quando disse que a interpretação tinha que visar ao objeto, nas entrelinhas, por assim dizer, porque a única maneira de visar ao objeto é não comentá-lo diretamente. Em certas escolas de psicanálise, a interpretação analítica poderia envolver a explicação ao paciente de que, quando pequeno, ele quisera olhar sua governanta inglesa — o que era considerado muito mau — e ficara muito aflito com a possibilidade de ser punido com a perda do nariz; no entanto, até agora ainda está olhando. Isso seria comentado e explicado ao paciente. Mas seria um erro. Por quê? Por que não explicar ao paciente? A explicação não seria o caminho mais curto até o objetivo?

Não, não é o caminho mais curto, porque o sujeito sempre surge como sujeito evanescente, e se lhe for dada essa explicação, o único efeito será fixá-lo nesse gozo, o que leva à atuação. Portanto, deve-se evocar a coisa — é preciso visar ao objeto nas entrelinhas, utilizando a cadeia de significantes do sujeito e a equivocação. Como Cícero já dizia, um conceito tenta capturar ou aprisionar um objeto. Mas em psicanálise não se captura um objeto. Pode-se, porém, visá-lo. Usando significantes, é preciso mirar aquele ponto. Não se pode atingi-lo diretamente.

Essas proposições, feitas por Lacan no Seminário 11, foram então formalizadas no Seminário 17 (1968-9), quando ele apresentou suas fórmulas para os quatro discursos.

$$\frac{S_1}{\$} \rightarrow \frac{S_2}{a} \quad \begin{array}{l}\text{alienação}\\ \text{separação}\end{array}$$

Ali ele combina, numa só fórmula, a definição da alienação e a da separação, ao concluir, por assim dizer, a primeira parte de seu ensinamento. Aqui temos uma fórmula taquigráfica do que Freud chama de "formações do inconsciente", não produções, mas formações, estando a forma implícita por um lado e todos os aspectos da fantasia (o lugar onde estava o *Es*, onde está o gozo) por outro. A escrita dos quatro discursos em 1968 parece ser o resultado do desenvolvimento de uma percepção anterior nos ensinamentos de Lacan e da inclusão de diferentes aspectos numa só fórmula.

Ao mesmo tempo, porém, isso também se relacionava com o debate que ocorria em 1968, ano em que a rebelião estudantil dos franceses levou a distúrbios políticos que duraram um mês e meio. A exata condição desses distúrbios ainda não foi estabelecida. O que foram eles, exatamente? Houve uma onda de rebeliões de estudantes por todo o mundo, dos Estados Unidos (Kent State etc.) à China (onde o primeiro estágio da revolução cultural foi a revolta estudantil). Tanto nos sistemas capitalistas quanto nos socialistas ocorreram eventos curiosos que duraram dois a três anos, como uma reação em cadeia, e seu significado ainda terá de ser definido com exatidão.

Era precisamente naquela época que ocorria um debate no nível intelectual. Um dos principais pontos desse debate separava Foucault e Derrida, por exemplo. Como alguns de vocês estão bem familiarizados com as obras de Derrida e Foucault, vou tentar ser breve e mostrar-lhes como Lacan encarava o debate e o que, em certo sentido, Foucault e Derrida devem a Lacan.

Derrida acentua o fato de que o sujeito é definido através do processo de alienação e permanece alienado, enquanto Foucault enfatiza que o sentido profundo daquilo que alguém diz tem a ver com a *pratique de jouissance* dessa pessoa, com a sua prática, a maneira como ela obtém gozo.

Para Derrida, sempre pode haver disseminação. Sempre é possível encontrar-se um outro sentido. Um novo significante sempre pode produzir um novo desenvolvimento na cadeia, e assim, ao final, o sujeito é sempre considerado um lugar vazio, oco. Foucault denunciava Derrida como metafísico, aceitando aquele lugar na sua indeterminação, e tentou propor uma maneira de eliminar a indeterminação, definindo o gozo em questão.

Assim rolava o debate entre saber e poder (*savoir et pouvoir*), comum nos anos 60. O debate se organizou a partir das operações definidas por Lacan. Derrida criticou Foucault, um ano antes do seminário de Lacan, numa conferência sobre o *cogito* e a história da loucura.[2] A conferência de Derrida é uma crítica muito áspera da história da loucura de Foucault publicada poucos anos antes.[3] Foucault não disse nada durante a conferência, nem replicou depois da publicação de *Escritura e diferença*. Esperou até a segunda edição de *Loucura e civilização* em 1972. No fim do livro, acrescentou uma resposta bastante dura à crítica de Derrida.

Deixem-me citar uma passagem da biografia de Foucault (*Michel Foucault, vida e obra*), em que ele desenvolve suas idéias muito claramente. Neste trecho, Foucault fala a respeito de Derrida:

> Eu não diria que fosse metafísica, ou algo parecido, que se esconde na textualização de sua práxis discursiva. Vou muito mais longe. Diria (...) que o que se manifesta de modo bastante visível é um pequeno pedagogo ensinando a seu aluno que não existe nada fora do texto. Foi a pedagogia que deu à voz dos mestres a soberania ilimitada que lhes permite repetir o texto indefinidamente.

É muito duro chamar Derrida — o mais eminente representante e professor da École Normale Supérieure e um ótimo professor de fenomenologia, que em décadas passadas transmitiu a fenomenologia aos filósofos da École Normale Supérieure — de pequeno pedagogo.

Chega a ser um insulto. Foucault e Derrida cortaram relações durante dez anos por causa disso. A situação finalmente mudou quando Derrida esteve na prisão, na antiga Tchecoslováquia. Ele foi falsamente incriminado pela polícia local quando fora visitar e saudar os signatários da carta dos dissidentes tchecos. A polícia alegou ter encontrado haxixe com ele, acusou-o de traficar drogas, tentou arruinar sua reputação e o aprisionou. Na França houve um amplo protesto pela libertação de Derrida a que Foucault aderiu, pelo que Derrida lhe agradeceu com um almoço. Mas isso foi dez anos depois. Houve uma grande cisão entre os dois.

Menciono esta cisão apenas para lhes mostrar que, de certa forma, ela pode ser deduzida das operações propostas por Lacan no Seminário 11. Foucault, que era gay, frisava o fato de que o que está em jogo na experiência de uma pessoa é que ela fale a partir de seu próprio gozo; Foucault estava bem consciente de que sua teoria era, de certa forma, uma teoria de sua própria prática sexual, que não poderia ser atacada simplesmente chamando-o de pervertido ou coisa assim. Antes, tratava-se de uma tentativa autêntica de definir a *sua* rebelião contra os significantes-mestres, contra a conformidade. Sua teoria se referia ao fato de que, no fim das contas, é o objeto *a que* está em questão quando alguém pensa, seja numa análise ou na academia.

Derrida queria deixar de lado o fato de que o lugar do objeto *a* está sempre ocupado. É este lugar mesmo que está em jogo quando, ao final da décima sexta lição do Seminário 11 (em 27 de maio de 1964), Jacques-Alain Miller, então com vinte anos de idade, faz uma pergunta a Lacan:

> ... O senhor não quer demonstrar que a alienação de um sujeito que recebeu a definição de ser nascido em, constituído por, e ordenado a um campo que lhe é exterior deve ser radicalmente distinta da alienação de uma consciência-de-si? Em suma, não se deve compreender — Lacan contra Hegel? (204)

E Lacan replicou, "o que acaba de dizer é muito bom; é exatamente o oposto do que Green disse a meu respeito". Green, um psicanalista francês que era vice-presidente da IPA há dez anos, assistiu ao seminário de Lacan por um ou dois anos, na década de 60, e então escreveu um livro intitulado *O discurso vivo*, ressaltando que Lacan não levava em conta o aspecto vivo da coisa, pois deixava a biologia fora da psicanálise. Green foi muito engraçado neste ponto, como mostra a anedota contada por Lacan:

> (Green) se aproximou de mim, fechando-me a pinça pelo menos moralmente, e disse: "A morte do estruturalismo, o senhor é o filho de Hegel".

> Não estou de acordo. Ao dizer "Lacan *contra* Hegel", penso que você está muito mais próximo da *verdade*, embora, naturalmente, não se trate em absoluto de um debate filosófico. (204)

O que estava em questão? É verdade que Lacan era *contra* o estruturalismo de Lévi-Strauss, que tentava eliminar o sujeito. Lacan reintroduziu o sujeito no estruturalismo introduzindo igualmente uma lógica que podia admitir uma certa temporalidade. Nesse sentido, Green estava tentando dizer: é a morte do estruturalismo; você é o filho de Hegel, já que introduz tempo e sujeito — isto é pura consciência.

A pergunta de Jacques-Alain Miller indica que, longe de deixar aquele lugar vazio, Lacan o define precisamente com a fantasia freudiana, ou objeto libidinal, com toda a sua carga de gozo. Os aspectos energéticos que Freud formulara mecanicistamente no contexto da física do século XIX são reformulados por Lacan dentro do contexto da lógica formal. Isso pode ser visto nos comentários de Lacan a uma conferência feita por Foucault em fevereiro de 1969, bastante conhecida, intitulada "O que é um autor?"[4] Nessa conferência, Foucault fazia muitas referências a um retorno a Freud sem nomear Lacan. A academia francesa ainda era marxista naquele tempo, e atacou Foucault, que era muito famoso pelo papel que desempenhou em Vincennes e por suas ligações com a rebelião estudantil, porque o estruturalismo e a sua marca de estruturalismo, enfatizando discurso e estrutura, deixavam o sujeito para trás ("sujeito" no sentido antigo do termo, ou seja, homem). Em sua conferência, Foucault mostrou que o autor moderno é melhor definido pelos textos de Beckett, nos quais, ao final, a possível identidade daquele que fala é dissolvida.

Lacan faz o seguinte comentário:

> Estruturalismo ou não, é inquestionável, no campo vagamente determinado por este rótulo, a negação do sujeito. O ponto é a dependência do sujeito — que é extremamente diferente, em especial no que se refere ao retorno a Freud — de algo realmente elementar que tento isolar pelo termo "significante". Em terceiro lugar, vou limitar minhas observações aqui ao seguinte: não considero legítimo escrever-se que essas estruturas não andam pela rua. Pois se existe algo provado pelos eventos que ocorreram em maio, é precisamente que as estruturas saem andando pela rua. O fato de alguém ter escrito que "estruturas não andam pelas ruas" (foi escrito por alguém que andava), no lugar mesmo onde essa marcha se deu, prova apenas que, na estrutura do ato, o ato se representa mal.[5]

O que estava em questão na escrita dos quatro discursos de Lacan ou na prática discursiva de Foucault era o fato de que as estruturas "andam pelas ruas", porque a estrutura implica numa quota de gozo, e as pessoas morrem por isso. Lacan escreveu o discurso universitário — com o saber colocado em posição de mestria:

$$\frac{S_2}{S_1} \rightarrow \frac{a}{\$}$$

Este discurso produz o sujeito que sai marchando pelas ruas, já que há uma ligação necessária entre a rebelião estudantil e a universidade. A academia existe desde o século XII, e sempre houve estudantes rebeldes. Existe aí uma conexão necessária. Sob muitos regimes e condições diferentes, daquele tempo até hoje, o constante é o fato de que os estudantes se rebelam. Lacan não aceita a explicação marxista de que os estudantes se rebelam porque não estão envolvidos na produção. Eles são rebeldes — diz — porque são feitos dessa maneira pelo discurso universitário.

Se voltarmos agora ao Seminário 11, Lacan enfatiza a conseqüência disso para a psicanálise:

> ... o trabalho de Leclaire ilustra particularmente bem o franqueamento da interpretação significativa para o não-senso significante, quando ele nos dá, a propósito de seu obsedado, a fórmula *Poordjeli*, que liga uma à outra as duas sílabas da palavra *licorne* (unicórnio), permitindo introduzir nessa seqüência toda uma cadeia em que se anima seu desejo. Vocês verão, aliás, no que ele vai publicar em seguida, que as coisas vão mesmo muito mais longe. (236)

Nessa mesma conferência, Lacan se refere ao fato de que a primeira parte do artigo foi escrita por Laplanche, e a segunda parte, relativa à apresentação dessa fórmula "Poordjeli" do homem do unicórnio, foi escrita por Leclaire. Na verdade, porém, o livro de Leclaire não mostrava como as coisas vão muito mais além, embora o artigo de Lacan, "Posição do inconsciente", o fizesse. Lacan mostrou que é preciso ir além, porque existe uma cadeia na qual o desejo é animado — vivo — e Lacan fala poucas vezes nos *Écrits* da *vida* do desejo. Não é o desejo, e sim o gozo, que deve ser considerado, e os dois têm de ser considerados como em oposição.

Há uma outra conseqüência clínica que Lacan desenvolve nessa mesma conferência. Lacan comenta a proposição feita por uma de suas alunas, Maud Mannoni, referente à definição clínica da deficiência mental:

> É na medida em que, por exemplo, a criança, a criança débil, toma o lugar, no quadro embaixo e à direita, desse S_1 em relação a esse algo a que a mãe a reduz a não ser mais que o suporte do seu desejo num termo

obscuro, que se introduz na educação do débil a dimensão do psicótico. (237-8)

Este "termo obscuro" a que a mãe reduz a criança é objeto *a*. Em "Notas sobre a criança", de Lacan, publicado em *Ornicar?*, escrito para um de seus alunos, o chefe da enfermaria de uma ala psiquiátrica infantil, Lacan se refere diretamente ao fato de que, numa série de fenômenos como a deficiência mental, a psicose e outros semelhantes, a criança fica reduzida a este objeto e a realizar a fantasia materna. Esta passagem do Seminário 11 abre o caminho para seus comentários sobre a criança, escritos em 1969.

Assim, a conseqüência clínica do trabalho de Lacan sobre alienação e separação no Seminário 11 foi o fato de que, depois de 1964, Lacan enfatizou ainda mais, na sua concepção da psicose, o papel do objeto *a* como o objeto a que a criança psicótica está reduzida. Isso não estava presente no artigo de Lacan de 1958 sobre as *Memórias de* Schreber, publicado nos *Écrits*. A partir de 1964, Lacan ressaltou a importância clínica do ponto em que uma criança é reduzida a ser o obscuro objeto de desejo de sua mãe, e o fato de que tudo isso é importante na compreensão clínica da psicose infantil.

NOTAS

1. Cf. Paul Feyerabend, *Against Method,* Verso, 1979.
2. In *Writing and Difference*, Chicago, 1978.
3. *Madness and Civilization: A History of Insanity in the Age of Reason*. Nova York: 1973.
4. In Michel Foucault, *Language, Counter-Memory, Practice*, org. D.F. Bouchard. Cornell, Ithaca: 1977.
5. O leitor interessado pode encontrar essas observações no *Bulletin de la Société Française de Philosophie* 63, 3, 1969.

O sujeito e o Outro I

Colette Soler

Gostaria de lhes dar as boas-vindas ao segundo seminário em Paris, e quero agradecer aos organizadores deste seminário em nome do Departamento de Psicanálise da Universidade de Paris VIII. O primeiro seminário foi organizado em junho último por Richard Feldstein e Ellie Ragland nos Estados Unidos e por Bruce Fink em Paris. O seminário deste ano foi novamente organizado por Richard Feldstein, Bruce Fink e Ellie Ragland, e em Paris por Anne Dunand e Bob Samuels. Gostaria de agradecer-lhes, pois sei quantas dificuldades surgem na organização de uma conferência deste tipo.

Meu tema é "O sujeito e o outro", mas antes de começar quero dizer alguma coisa sobre o próprio Seminário 11, porque ele não é um seminário qualquer. É um seminário muito importante sob vários pontos de vista. Em primeiro lugar, foi dado num momento crucial na história psicanalítica. Lacan começou seu seminário em 1964, cerca de um mês depois de deixar a International Psychoanalytical Association (IPA). Portanto, era um momento propício, falando historicamente, e também um momento propício na vida de lacan. Naquela época, Lacan havia planejado um outro seminário, cujo título seria *Os Nomes-do-Pai*. Interrompeu esse seminário devido à sua exclusão da IPA, e começou o Seminário 11: *Os quatro conceitos fundamentais da psicanálise*.

Era também um momento propício no ensinamento de Lacan. Marcava o término do retorno de Lacan a Freud, e com este seminário Lacan começou a superar o ensino de Freud e a criticar alguma coisa na posição analítica freudiana. Isso é muito importante, porque as novas elaborações iniciadas neste seminário permitem-nos entender a visão de Lacan quanto ao final do tratamento analítico. Deve-se ter isso em mente ao ler o texto.

Hoje vou falar principalmente sobre o sujeito. Se queremos de fato saber o que é a psicanálise e em que ela difere de qualquer forma de psicoterapia, precisamos "saber o que o termo 'sujeito' significa", como diz Lacan (39). O que significa o termo "sujeito"? Lacan oferece uma tese: o sujeito cartesiano, isto é, o sujeito do cogito ou o "Eu penso". Lacan diz: "É preciso, para compreender os conselhos freudianos, partir desse fundamento de que é o sujeito que é chamado — o sujeito da origem cartesiana." (50) E antes disso ele diz:

> O campo freudiano não seria possível senão certo tempo depois da emergência do sujeito cartesiano, é por isso que a ciência moderna só começa depois que Descartes deu seu passo inaugural. O fato de ser possível chamar o sujeito de volta para sua casa no inconsciente depende desse passo. (49)

Como vêem, nessas linhas existem na realidade duas teses. A primeira tese é que a ciência — a ciência que conhecemos agora —, a física, por exemplo, começou com Descartes. Isso quer dizer que o sujeito da ciência é o sujeito do *cogito*. Esta primeira tese não é invenção de Lacan; é uma tese filosófica estabelecida anos antes, principalmente por Hegel. Para Hegel, Descartes marcava o início dos tempos modernos. Heidegger também enfatizava a homogeneidade entre a ciência (sobretudo o que ele chamava de essência da ciência) e a moderna metafísica, isto é, Descartes. Não vou desenvolver esta tese filosófica, mas ainda assim é útil lembrar aqui que Lacan adota uma tese que não é sua.

A segunda tese é que o sujeito da psicanálise é o sujeito cartesiano, isto é, o sujeito que condiciona a ciência. Logo, temos de entender primeiro de que maneira Freud é cartesiano e por quê. Temos que compreender que semelhança existe entre Freud e Descartes. Lacan usa o termo "similaridade" (38). Mais tarde, veremos uma dissimetria entre Freud e Descartes. Para o clínico ou psicoterapeuta, que pretenda curar pacientes, pode parecer um pouco estranho ouvir que o sujeito que está curando é o sujeito cartesiano; o clínico pode achar que esta é uma tese filosófica e também, possivelmente, fora de moda, porque a obra de Freud tem quase cem anos de idade neste momento. Portanto, teremos de ver em que sentido Freud é cartesiano e por quê.

Em segundo lugar, todos conhecem a famosa frase de Descartes, *cogito ergo sum*; "Penso, logo existo". Vemos aí, de imediato, as características do sujeito do cogito. O sujeito do cogito é o sujeito do pensamento. É só porque ele pensa que se assegura de si. Ele é um sujeito do pensamento, e ao mesmo tempo um sujeito da certeza. ("Do sujeito da certeza" é um título de capítulo no Seminário 11). O sujeito da certeza é precisamente o sujeito do cogito. Mas qual é a sua certeza? Ele está certo somente quanto a sua própria existência; não está certo quanto à sua essência ou ser essencial. Sua certeza é a certeza da existência como presença, presença do sujeito. Ele está certo da existência como presença *real*, e Lacan enfatiza que o cogito visa ao real.

Meu terceiro ponto é que o sujeito do pensamento ou o sujeito da certeza não é o sujeito da verdade, porque sua certeza é completamente independente da verdade. O cogito suspende qualquer consideração da verdade. Meus pensamentos podem ser verdadeiros ou falsos — não importa; podem ser alucinações, sonhos, enganos — não importa; quando penso, sou.

Dadas essas três características do sujeito do cogito podemos observar que o paciente que pede terapia é muito diferente do sujeito do cogito, ou pelo menos assim parece. Como é um paciente que demanda terapia? É alguém que sofre, em primeiro lugar. O cogito do paciente, se quiserem, é "Eu sofro, logo sou". Portanto, não é o sujeito da verdade que busca uma psicoterapia. É o sujeito do afeto. Esta é uma primeira proposição.

Em segundo lugar, ele não é o sujeito da certeza. Pelo contrário, é alguém que duvida. Isso quer dizer que ele não sabe o que lhe está acontecendo. Sofre, mas não sabe o motivo; não sabe a causa, e sequer sabe se está implicado em seu próprio sofrimento. É um sujeito da dúvida e não é indiferente à verdade. Pelo contrário, talvez queira saber a verdadeira causa de seus distúrbios. Portanto, há uma completa oposição entre o sujeito cartesiano e o paciente psicanalítico.

O paciente freudiano não é um paciente qualquer, mas o que chamamos um analisando, e um analisando é alguém que aceita submeter-se à técnica freudiana. E o que faz a técnica freudiana? Primeiro, transforma o sujeito de sofrimento em sujeito de pensamento. A isso chamamos livre associação. Quando Freud ou qualquer outro psicanalista demanda livre associação ao seu paciente, pede que o paciente fale à medida que pensa. A associação livre envolve dizer o que se pensa em silêncio. A livre associação, pois, demanda algo inusitado ao sujeito, o qual tem que articular uma série de pensamentos sem reflexão ou controle. Isso quer dizer que ele tem de se tornar um produtor de pensamentos. Aqui, vemos que Lacan tem somente um pequeno passo a dar no sentido de transformar pensamento em significantes. A livre associação transforma o sujeito do sofrimento num sujeito de pensamento, um passo mais próximo do sujeito do cogito.

Mas vemos aqui o surgimento de uma distinção entre o paciente e o psicanalista, porque o analisando como sujeito do pensamento não é sujeito de certeza. Ao contrário, o analisando fala seus próprios pensamentos, comenta-os de maneira negativa, denega a importância deles e considera tudo isso uma bobagem. Assim, o analisando duvida da verdade de seus pensamentos, e aqui encontramos a hipótese freudiana como uma hipótese cartesiana. A hipótese freudiana é, "onde está o pensamento, está o sujeito, mesmo que a pessoa que fala não saiba disso". Onde o pensamento está, num sonho por exemplo (um sonho consiste de pensamentos quando o paciente o relata), e em especial quando o paciente não assume responsabilidade por seus pensamentos do sonho, ou duvida deles. Freud está certo de que o sujeito do inconsciente está ali também. Esta é a hipótese freudiana.

Neste capítulo, "Sobre o sujeito da certeza", Lacan diz:

> Freud, onde duvida (...) está seguro de que um pensamento está lá, pensamento que é inconsciente, o que quer dizer que se revela como ausente. É a este lugar que ele chama, uma vez que lida com outros, o *eu penso* pelo qual vai revelar-se o sujeito. Em suma, Freud está seguro de que esse pensamento está lá completamente sozinho de todo o seu *eu sou*, se assim podemos dizer, a menos que, este é o salto, alguém pense em seu lugar. (39)

Encontramos aqui a dissimetria entre Freud, ou os psicanalistas em geral, e Descartes. Existe uma dissimetria referente à certeza. Em psicanálise, a certeza não é encontrada no sujeito do pensamento, isto é, no analisando. A certeza se situa no Outro, ou no analista. É por isso que Lacan diz, num outro texto, "Posição do inconsciente" (*Écrits* 1966), que o psicanalista é responsável pela presença do inconsciente.

A dissimetria entre Freud e Descartes consiste em suas diferentes posições sobre a certeza. Lacan diz: "sabemos, graças a Freud, que o sujeito do inconsciente se manifesta, que *isso* pensa antes de entrar na certeza." (40) A posição de Freud obviamente implica um pouco mais. A posição de Freud, que consiste em supor um objeto por trás do pensamento do paciente, implica o que Lacan chama de "subversão do sujeito" (50).

Comecei dizendo que Freud era cartesiano; agora devo acrescentar que ainda assim Freud subverteu o sujeito de Descartes, porque o sujeito cartesiano, na medida em que é sujeito de pensamento, significa autoconsciência e mestria. O sujeito de pensamento, como pensamento inconsciente, significa o sujeito como escravo, não mestre; o sujeito assujeitado ao efeito de linguagem. É um sujeito subvertido pelo sistema de significantes.

Portanto, devo dizer alguma coisa sobre a essência do sujeito freudiano como um sujeito cartesiano subvertido. O que é este sujeito? Esta é a segunda pergunta de Descartes nas *Meditações*. O *cogito* assegura a existência do sujeito, e mais tarde Descartes pergunta o que é este sujeito; da mesma maneira, temos que perguntar o que é o sujeito submetido ao sistema de significantes. Se quisesse dar uma resposta imediata, diria que o sujeito não é nada: ele é um significante. Esta é a resposta dada por Lacan nesse seminário.

Quero enfatizar que este sujeito é primariamente um efeito, não um agente. O sujeito, a princípio, se constitui no campo do Outro — campo do Outro como lugar dos significantes e da fala, como diz Lacan. (187) Em seguida ele fornece a resposta à questão "o que é o sujeito?":

> O sujeito nasce no que, no campo do Outro, surge o significante. Mas, por este fato mesmo, isto — que antes não era nada senão sujeito por vir — se coagula em significante. (187)

Pouco mais adiante, Lacan repete a mesma coisa:

> ... por nascer com o significante, o sujeito nasce dividido. O sujeito é esse surgimento que, justo antes, como sujeito, não era nada, mas que, apenas aparecido, se coagula em significante. (188)

Isso não é assim tão fácil de entender. Talvez eu devesse ressaltar o fato de que o Outro precede o sujeito. O Outro como lugar da linguagem — o Outro que fala — precede o sujeito e fala sobre o sujeito antes de seu nascimento. Assim, o Outro é a primeira causa do sujeito. O sujeito não é uma substância: o sujeito é um efeito do significante. O sujeito é representado por um significante, e antes do surgimento do significante não existe sujeito. Mas o fato de não existir sujeito não quer dizer que não exista nada, porque pode existir um ser vivo, mas este ser vivo se torna um sujeito somente quando um significante o representa. Logo, antes do surgimento do significante, o sujeito é nada.

É preciso entender a diferença, hiato ou divisão entre um ser vivo e um sujeito, ou, se preferirem, entre uma pessoa e um sujeito. Um amigo me contou uma coisa engraçada, que talvez me permita ilustrar essa diferença. Ele é inglês, e vocês sabem que Margaret Thatcher criou recentemente um imposto que todas as pessoas — todos os seres vivos — devem pagar. Meu amigo disse que o sujeito não paga imposto. Um ser vivo ou uma pessoa paga, mas o sujeito não paga, e a prova disso é que um sujeito autista, que não fale, deve pagar o mesmo imposto. Talvez isso lhes dê uma idéia mais concreta da diferença entre sujeito e pessoa.

O sujeito é um efeito, não uma substância. Então, qual é o problema? O que está em questão para Lacan no Seminário 11? A definição do sujeito como sujeito cartesiano subvertido não foi inventada no Seminário 11, mas é simplesmente resumida nele. O problema no Seminário 11 é mostrar como o sujeito, como um efeito de linguagem e de fala, está relacionado com o ser vivo. Ou seja, o problema é compreender como o sujeito insubstancial da fala está ligado à única substância em jogo na psicanálise, isto é, àquilo que Lacan chama de gozo. O principal desenvolvimento desse Seminário é a elaboração da libido. Aqui Lacan começa a repensar o que Freud chama de nível dinâmico da experiência.

O sujeito não é substancial, mas o seu sintoma é. No sintoma, há sofrimento, ou seja, gozo. O corpo está envolvido, mas não apenas o corpo, todo comportamento real. Quando dizemos que o sujeito não é substancial, não podemos esquecer que a psicanálise afirma curar ou mudar algo no nível do sintoma, que é um nível substancial, operando sobre o sujeito sem substância. A ambição da psicanálise é... vasta.

O sujeito e o Outro II

Colette Soler

Hoje vou falar sobre o que acontece ao sujeito no campo do Outro e, portanto, vou ter que falar sobre alienação e separação. Sei que Éric Laurent também está falando sobre esses dois conceitos, mas desconfio que não vou repetir o mesmo material. O que está em jogo? Com alienação e separação, Lacan leva sua tese principal, a de que o inconsciente está estruturado como uma linguagem, um passo adiante. Ao elaborar a separação, ele dá este passo.

O que está em questão nessa minha fala? Tenho uma intenção ao falar para vocês. O que está em jogo para mim é que pretendo mostrar-lhes que aquilo a que chamamos nível clínico é a mesma coisa que o nível lógico. Quero mostrar-lhes, com a alienação e a separação, que a clínica está estruturada logicamente.

Em terceiro lugar, o que está em jogo para o sujeito do inconsciente na sua ligação com o Outro? O que está em jogo para o sujeito é responder à questão do seu ser.

Mencionei da última vez que o sujeito do inconsciente, como sujeito cartesiano, é um sujeito desconhecido — um sujeito do qual só sabemos que existe. O que ele é permanece desconhecido, indeterminado. Ele não é somente desconhecido, é também vazio, por ter perdido seu ser. O que nos interessa é muito simples. Para cada analisando (já que o sujeito a que me refiro é o analisando) o que interessa é responder a questão sobre seu próprio ser.

Em 1964, Lacan discutiu duas operações pelas quais o sujeito se realiza no Outro. Ele diz: "Pelo efeito da fala, o sujeito se realiza sempre no Outro, mas ele aí já não persegue mais que uma metade de si mesmo." (178) Existe um erro na tradução para o inglês, pois em francês Lacan diz, "*il ne poursuit déjà plus là qu'une moitié de lui-même*", e a tradução deveria falar em "uma metade", e não "mais que uma metade".) Na estrutura lógica da alienação e separação, Lacan se refere às operações conhecidas como "união e "interseção" na teoria dos conjuntos. Quando se têm dois conjuntos com uma parte comum, a união dos dois conjuntos é diferente de sua interseção.

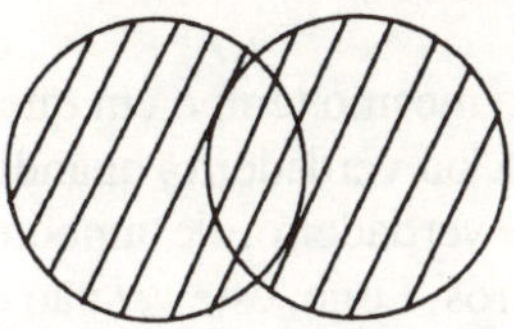

União

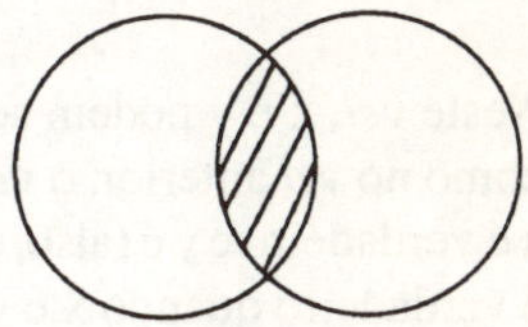

Interseção

A interseção isola aquilo que pertence a ambos os conjuntos. Eu não disse "o elemento" que pertence; disse "aquilo que pertence", sem dizer se é um elemento ou uma parte.

Lacan usa a definição lógica da união, que é um *vel*. Existem dois *vels* clássicos e Lacan cria um terceiro. O primeiro *vel é chamado por ele de vel* de exclusão.

x	y	*vel* da exclusão	
V	V	F	linha 1
V	F	V	linha 2
F	V	V	linha 3
F	F	F	linha 4

É num *vel que* se têm dois elementos, x e y. No *vel* exclusivo, se temos x, não podemos ter y. Quando x é verdadeiro, y deve ser falso (linha 1), para que o *vel* seja satisfeito. E quando x é falso, y deve ser verdadeiro (linha 3), para que o *vel* seja satisfeito. No entanto, x e y não podem ser ambos falsos (linha 4), pois nesses casos o *vel* não é satisfeito (ele é falso). Do mesmo modo, x e y não podem ser ambos verdadeiros (linha 1), porque então o *vel* é falso. O *vel* aceita um ou outro deles como verdadeiro ou falso, mas não os dois ao mesmo tempo.

O *vel* de união é um *vel* modificado, porque acrescenta alguma coisa ao da exclusão.

x	y	*vel* de exclusão	*vel* de união
V	V	F	V
V	F	V	V
F	V	V	V
F	F	F	F

Neste *vel*, x e y podem ser o mesmo. Isto é, ao mesmo tempo em que, como no *vel* anterior, o *vel* de união é satisfeito, ou verdadeiro, quando x é verdadeiro e y é falso, e quando x é falso e y é verdadeiro, ele também é verdadeiro quando x e y são ambos verdadeiros. Logo, este *vel* não é exclusivo. Ele permite que ou x ou y sejam verdadeiros, ou que ambos, x e y, o sejam. Ele "acrescenta" x a y. É falso apenas quando x e y são ambos falsos.

O terceiro *vel* que Lacan discute é um tanto raro, e Lacan vai associá-lo com sua expressão "escolha forçada". É um *vel* em que, na realidade, tem-se muito pouca escolha, porque um dos dois termos é sempre excluído. Podemos entender isso melhor com o exemplo da expressão "a bolsa ou a vida".

Bolsa	Vida	*Vel* de "escolha forçada"
V	V	F
V	F	F
F	V	V (nossa única escolha)
F	F	V

Quando se é confrontado com alguém que diz "a bolsa ou a vida", não se pode escolher a bolsa, pois se escolhemos a bolsa (verdadeiro) a vida se torna falsa: perde-se a vida. Não se pode ter ao mesmo tempo a bolsa e a vida, e a bolsa sem a vida também é falso. Assim, quando alguém nos diz, "a bolsa ou a vida", só temos uma única escolha real: obviamente escolhemos a vida. E nesse caso, a bolsa é perdida (falsa) e o *vel* é verdadeiro. Existe apenas uma outra possibilidade, a última do quadro: tem-se a possibilidade de perder as duas. Mas a principal possibilidade para nós é a escolha da vida; logo, perde-se a bolsa, e neste caso a vida é apenas meia-vida, uma vida em que algo (o dinheiro) está faltando. Este *vel* sempre exclui um só e mesmo termo — a bolsa — e é um *vel muito preciso*, lógico.

Lacan também modifica a operação conhecida como interseção na teoria dos conjuntos, que isola aquilo que pertence a ambos os conjuntos, para definir a separação. O que muda no nível da interseção na definição lacaniana? A separação de Lacan é uma interseção definida por aquilo que falta em ambos os conjuntos, não pelo que pertence aos dois.[1]

Temos de ver agora como essa estrutura lógica se encarna em problemas subjetivos. No caso do sujeito, os dois termos que Lacan considera em jogo, no nível da alienação, são: sentido e não-sentido (não-senso).

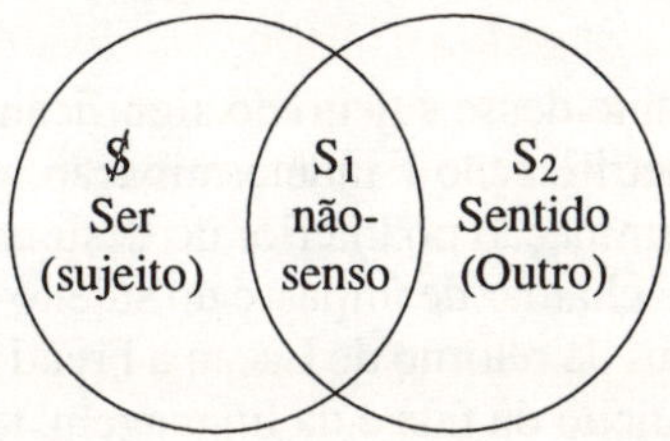

No nível da alienação, temos o conjunto do Outro e o conjunto do ser (esse ser transformado em sujeito pelo Outro, razão pela qual Lacan acrescenta "sujeito" ao lado esquerdo). Não é simplesmente um ser: é ser transformado pela linguagem. No meio ele coloca o não-senso e do lado direito, o sentido (200).

Lacan deixou claro que os dois termos de onde derivam o não-senso e o sentido são os dois termos da cadeia significante: S_1 e S_2. Estes são os termos com que simbolizamos a cadeia significante. O sujeito tem uma só escolha entre petrificar-se num significante ou deslizar no sentido, porque quando se tem um elo entre os significantes (S_1 e S_2) tem-se sentido.

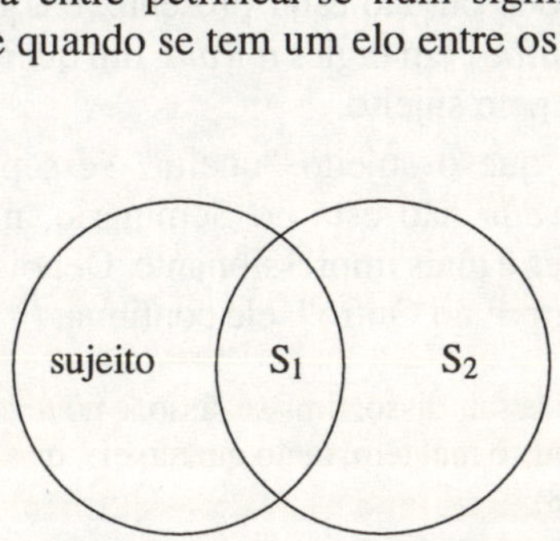

Portanto, tem-se ou petrificação ou sentido, este último implicando o deslizamento do sujeito para o sentido, o infinito deslizar no sentido.

O que Lacan chama de um sujeito petrificado pelo significante é um sujeito que não faz quaisquer perguntas. A definição mais simples de um sujeito petrificado é a daquele que não se questiona sobre si mesmo. Ele vive e age, mas não pensa sobre si. Recusa-se mesmo a pensar sobre o que é. Esta é a norma, e é o exato oposto do analisando. Um analisando é um sujeito que escolheu o sentido. Entrando na transferência e dirigindo-se a um psicanalista, um analisando luta por si próprio. Luta pela causa de seus sintomas.

O sujeito da alienação no Seminário 11 não é um sujeito novo; é o mesmo sujeito sobre quem Lacan vinha falando por dez anos. É o sujeito incluído no grafo lacaniano do desejo, no nível inferior. Olhando para o grafo ver-se-á que o sujeito incluído no nível inferior é o sujeito da alienação que tem que escolher entre identificação fixada por significante e sentido.

O que é, então, o destino desse sujeito do significante? Seu destino é uma vacilação entre petrificação e indeterminação, petrificação por um significante e indeterminação no interior do deslizamento do sentido. Isso é o que podemos chamar de impasse do sujeito do significante. É o resultado dos dez anos de retorno de Lacan a Freud — dez anos em que Lacan construiu o sujeito da fala e da linguagem, terminando com um sujeito alienado, isto é, um sujeito que perdeu seu ser e está dividido.

O que é realmente novo no Seminário 11 é a introdução da separação. A introdução da alienação é nova somente no nível lógico, porque Lacan consegue formular aí a estrutura lógica do sujeito do significante. Mas o sujeito do significante não é novo no Seminário 11. O que há de novo é o que se introduz com a separação.

A alienação é o destino. Nenhum sujeito falante pode evitar a alienação. É um destino ligado à fala. Mas a separação não é destino. A separação é algo que pode ou não estar presente, e aqui Lacan evoca um *velle*, em francês *vouloir*, em inglês *a want*, um querer. Isso é muito semelhante a uma ação pelo sujeito.

A separação requer que o sujeito "queira" se separar da cadeia significante. O termo *velle* não está no Seminário, mas há ali algo semelhante, mais simples e mais impressionante. Depois de ter dito que "o sujeito se realiza sempre no Outro", ele continua:

> É por isso que ele precisa sair disso, tirar-se disso, e no *tirar-se disso*, no fim, ele saberá que o Outro real tem, tanto quanto ele, que se tirar disso, que se safar disso. (178)

Quero enfatizar a palavra "safar", e a evocação de liberdade feita aqui. A separação supõe uma vontade de sair, uma vontade de saber o que se é para além daquilo que o Outro possa dizer, para além daquilo inscrito no Outro.

Há uma condição no Outro que torna possível a separação, e esta é a dimensão do desejo. Lacan diz, em "Position de l'inconscient": "o sujeito experimenta neste intervalo (da fala) algo que o motiva, Outro (*Chose autre*) além dos efeitos de sentido"(*Écrits*, 1966, 843). Permitam-me destacar a palavra "experimenta", aqui, que também se poderia traduzir por "encontra", pois a palavra também aparece no Seminário 11.

O Outro implicado na separação não é o Outro implicado na alienação. É um outro aspecto do Outro, não o Outro cheio de significantes, mas ao contrário, um Outro a que falta alguma coisa. Enquanto podemos escrever o Outro tesouro dos significantes como A, o Outro como faltoso é escrito com uma barra: A̸

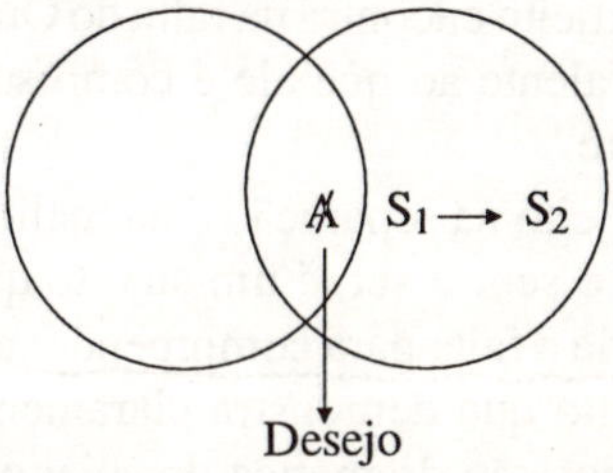

Na interseção entre o sujeito e o Outro há uma falta, uma lacuna. O que é esta falta no Outro? É o que Lacan chama de desejo. Mas por que o desejo tem que necessariamente aparecer na fala? Porque há uma impossibilidade na fala: a impossibilidade de dizer o que se quer. Por exemplo, fala-se a uma pessoa amada, e a pessoa que escuta compreende as palavras e frases, e pode-se repeti-las. Pode-se mesmo explicá-las. Quando falamos, podemos desenvolver sentido na medida em que o sentido é sempre produzido entre dois significantes. Podemos comunicar esse sentido e explicá-lo, mas a pergunta constante para o ouvinte é, aonde ele quer chegar? O que ele quer, realmente? ("*Où veut-il en venir?*")

Na fala existem sempre duas dimensões: a da declaração (ou enunciado) e a da enunciação. Em cada afirmação, existe sempre um problema de saber aonde vai a fala. Para além do que o outro diz, existe sempre a pergunta: "O que ele quer?"

A presença do desejo em si é a presença de algo que falta na fala. É a presença de alguma coisa que está sempre atrás da fala, mas que não pode ser sempre traduzida numa demanda precisa. É por isso que Lacan diz que o desejo é metonímia, algo que desliga na fala, mas que é impossível de se capturar. Lacan ressalta que isso está presente, de maneira clara, no trabalho clínico com crianças pequenas, na ligação com a fala dos pais.

A separação tem uma condição: o encontro com a falta do desejo. Esta falta está obviamente presente, mas talvez não de modo tão claro neste seminário quanto em outras partes da obra de Lacan. Podemos designar este desejo com nosso símbolo para a falta: – ϕ (menos phi).

O sujeito é falta, pois perdeu seu ser. Nessa interseção, o que está presente e o que se superpõe é a falta do desejo (a falta do Outro) e o ser perdido do sujeito. Uma citação de *Position de l'inconscient* resume o completo desenvolvimento da separação: "O sujeito encontra novamente no desejo do Outro o equivalente ao que ele é, como sujeito do inconsciente" (*Écrits*, 1966, 843). O que significa isso? Podemos escrever o Outro com um furo, e o sujeito também com um furo, e a frase fica, então, "o sujeito encontra na falta do Outro (o desejo do Outro é uma falta) o equivalente ao que ele é como sujeito inconsciente ou sujeito do significante".

A estratégia do sujeito na separação é na realidade muito simples. O sujeito, sem o saber e sem o ser, é um sujeito que quer ser. O sujeito busca ser. É necessária a falta para compreender a vontade como busca. Por exemplo, o sujeito que demonstra claramente a busca do ser é o sujeito histérico. A posição dramática do sujeito histérico tem origem no fato de que ele sente sua própria falta e sofre por isso. Nem todo sujeito sofre da sua própria falta, mas o sujeito histérico tem um forte sentimento de ser um vazio ou um nada, e nada além de um vazio, de um invólucro. Na clínica, descobrimos que o sujeito histérico está buscando um sentimento de sentir ou de ser — em geral, de maneira desesperada.

Qual seria uma estratégia mais simples? Ter algum sentimento de ser é ser amado ou, mais precisamente, ser desejado; é pensar que existe alguém que não pode viver sem nós ou que sente a nossa falta. Nesse caso, temos uma sensação de ser. Um grande número de pessoas, principalmente as que têm estruturas histéricas, em especial mulheres histéricas, procuram análise devido a um fracasso numa relação amorosa, ou à perda de um ser amado. É bastante evidente que isso ocorre porque um sujeito histérico está sempre posicionado no nível da separação, isto é, no nível do questionamento do desejo do Outro.

A fonte máxima de angústia para o sujeito histérico talvez seja o fato de não haver lugar para ele no Outro. É por isso que sempre tenta tornar o Outro incompleto. O sujeito obsessivo receia e foge do desejo do Outro porque a falta no Outro o deixa angustiado. O sujeito obsessivo é muito diferente do sujeito histérico, num certo sentido, mas ambos, na medida em que são sujeitos neuróticos, partilham ainda assim do mesmo ponto de referência: a falta no Outro.

Logo, finalmente, a questão que traz o sujeito ao ponto da separação é: o que sou eu no desejo do Outro? A psicanálise é o processo de resposta a essa questão. No fim, Lacan diz que o sujeito pode saber o que ele é no desejo do Outro, sem esquecer que o desejo do Outro é o seu próprio desejo. Ilustrei esse problema com o desejo de um parceiro, mas este exemplo mostra que, quando falamos do desejo do Outro, é igualmente do desejo do sujeito que se trata.

Portanto, isolamos a questão; agora, precisamos encontrar a resposta. O principal problema da psicanálise é fornecer a resposta a esta questão. Uma neurose é uma questão, e a psicanálise afirma ser capaz de fornecer a resposta, ou permitir que o sujeito obtenha a resposta.

Quem pode responder a isso? O Outro não pode, pois tudo que podemos capturar no Outro são significantes que não nos permitem responder à questão, devido à alienação; a outra parte que pode ser capturada no Outro é um vazio. (Os significantes são elementos do conjunto do Outro e o desejo é uma parte do conjunto do Outro. Logo, temos que distinguir no conjunto do Outro entre "elementos" e "partes". Quando Lacan fala de separação, está falando de partes, e é por isso que o desejo é parte do Outro sem ser um elemento do Outro.) Não é o Outro que fornece a resposta, porque no Outro encontramos apenas significantes e vazio — o que Lacan chamava de intervalo entre significantes. O intervalo é um vazio.

É o sujeito que pode responder à questão? O sujeito da fala não pode, porque é um sujeito alienado, isto é, um sujeito onde se encontram apenas significantes e o vazio. Logo, precisa-se de um outro. De quem? Do ser. O ser que responde é a libido.

A libido está ligada ao sujeito da fala, mas ainda assim é algo mais. Se preferirem o gozo, *jouissance*, pode servir como uma tradução lacaniana do termo freudiano "libido". A resposta à questão "o que é o sujeito para além do significante?" é a pulsão. Assim, o intervalo, interseção ou vazio entre sujeito e Outro não é tão vazio quanto parece, mas é uma lacuna onde alguma coisa entra. É o objeto *a*, na medida em que o objeto *a* não é sempre de ordem lógica, mas tem também uma consistência corpórea, e também na medida em que o objeto *a* é um *plus de jouir*, como diz Lacan: um gozo a mais.

É somente no nível das pulsões que encontramos a resposta para a questão inefável do sujeito. Na fala, o sujeito para além do sentido é sempre inefável, mas na realidade ele nem sempre o é tanto assim, já que é também o sujeito do gozo. Lacan articula tanto a fala quanto o gozo no nível da separação.

Assim, a pulsão responde à questão, porque as pulsões são silenciosas. As pulsões não falam, porque se satisfazem silenciosamente na ação. Por exemplo, quando um sujeito é um *voyeur* (não me refiro a um perverso, mas a um sujeito neurótico comum com uma pulsão escópica), a satisfação da pulsão é silenciosa, e não se inscreve no tempo. A estrutura temporal da satisfação pulsional é o instante. É uma olhada. Num relance o sujeito quer alguma coisa que lhe permita obter uma satisfação específica. Aqui, só posso oferecer uma indicação. É importante compreender o problema do tempo na psicanálise, isto é, a sessão curta.

Existem muitas coisas que se poderia dizer sobre o tempo na sessão psicanalítica, mas o que quero enfatizar aqui é que existem dois tempos na psicanálise, dois tempos do sujeito. Há o tempo do significante, isto é, o tempo organizado entre antecipação e retroação. Este é o tempo da fala, se simbolizarmos a fala, que se desenvolve à medida que o falante fala. Espera-se pela última palavra da sentença, o que implica em antecipação. E quando alguém está proferindo uma conferência, como agora por exemplo, vocês estão necessariamente esperando pelo final, porque é somente no final que poderão se perguntar: "O que ela disse?" Isso implica retroação. Juntas, elas constituem o tempo do significante. O tempo da pulsão é muito diferente. É um tempo de encontro, estruturado como um instante, que opera como um corte na continuidade do tempo significativo. Logo, não é no nível do significante que o tempo da sessão psicanalítica deve ser compreendido.

Meu último ponto de hoje é que o sujeito é dividido pela pulsão. Podemos dizer que é na pulsão que encontramos a verdadeira vontade do sujeito, mas não uma vontade consciente. É uma vontade de que o sujeito está às vezes inconsciente no começo da análise. A pulsão é algo que o sujeito não pode evitar ou deter em si mesmo. Ela não é escolhida ou assumida, na maioria dos casos.

Assim, o sujeito é dividido não somente pelo significante, mas também pela pulsão. A análise, neste sentido, dá ao analisando um saber — a capacidade de aprender algo sobre si mesmo. Em sua "Conferência introdutória no Hospital Sainte-Anne",[2] Jacques-Alain Miller falou sobre descoberta, que não é a mesma coisa sobre a qual estou falando aqui. Ele falou sobre a descoberta do saber inconsciente. Algo escrito com um significante, um fator constante inscrito no inconsciente é descoberto. Mas existe também algo aprendido, não completamente inscrito ou escrito, e que é a forma específica de satisfação encontrada pelo sujeito na pulsão. Ele pode descobrir algo sobre seu inconsciente como saber, mas também pode aprender algo sobre si como sujeito libidinal.

NOTAS

1. Para uma discussão detalhada da modificação feita por Lacan nos operadores clássicos da teoria dos conjuntos, ver "Alienation and Separation: Logical Moments of Lacan's Dialectic of Desire", *Newsletter of the Freudian Field*, 4, 1990.

2. Ver Parte VI, p. 247.

Ciência e psicanálise

Bruce Fink

Os seminários de Lacan me parecem ser de perene interesse, e o Seminário 11 em particular. Isso se deve em parte ao fato de que poucas pessoas prestaram alguma atenção ao que ele disse. Em outras palavras, encontramo-nos numa situação em que devemos lutar as mesmas batalhas que Lacan estava lutando há vinte e sete anos. O que aconteceu a Lacan em 1963? Depois de uma longa série de reuniões e discussões, de traições e de calúnias, Lacan foi mais ou menos forçado a deixar a Société Française de Psychanalyse (SFP), porque a International Psychoanalytical Association (IPA) recusou-lhe permissão para se envolver com a formação de analistas. De acordo com Lacan, a SFP foi forçada a prometer que nunca deixaria que Lacan tivesse qualquer coisa a ver com os analistas em formação oficialmente certificados pela SFP. Lacan teria que mudar sua forma de praticar a psicanálise, concordando em não mais analisar quaisquer analistas, ou sair da instituição.

A projetada unificação do mercado europeu paira cada vez mais ameaçadoramente no horizonte da Europa — não ameaçadoramente para o capital internacional, e sim para a psicanálise —, enquanto algumas forças dentro da IPA (Jean Laplanche, por exemplo) tentam convencer os vários governos europeus da necessidade de algum tipo de formação *padronizada* a fim de *regulamentar* a prática da psicanálise. Em outras palavras, essas forças pressionam no sentido de tornar ilegal a prática de analistas não formados pelo Estado. Conscientemente ou não, esperam instaurar o modelo americano pelo qual todos os analistas praticantes têm que provar que foram treinados por um instituto reconhecido oficialmente, sendo requerido um número específico de horas de análise, um número específico de horas de trabalho teórico e um número específico de horas de supervisão. Do contrário, não terão permissão para praticar, e correm sérios riscos legais se atenderem pacientes no mercado negro que provavelmente irá surgir. O reconhecimento oficial, ou creditamento de um instituto ou de um praticante individual, é necessariamente baseado num certo número de critérios relativamente fixos, que são implementados com mais facilidade a partir de sua quantificação — 452 horas de psicanálise, 326 horas de supervisão etc. — e quem é que vai estabelecer esses critérios, e sobre que bases? A resposta, no caso da Europa, parece clara: os analistas militantes da IPA que deliberadamente fazem *lobby* contra os institutos lacanianos. Podem imaginar o que aconteceria se todos os analistas franceses que estarão se apresentando a vocês durante as próximas duas semanas e todos os seus colegas fossem subitamente forçados a deixar seus consultórios, ou a clinicar em segredo, ou então tentar recomeçar sua formação em institutos reconhecidos pela IPA? Um tumulto, um verdadeiro tumulto. Tanto quanto sei, não parece provável que isso venha a acontecer, mas uma tentativa de impor semelhante sistema está claramente sendo feita.

Em nome de quê? Em nome da burocracia? Não creio. Em nome da segurança pública, isto é, de proteger o público contra os charlatães? Este aspecto especial sem dúvida vem sendo mencionado. Mas parece mais provável que seja em nome da ciência. Os motivos certamente são políticos, mas sem dúvida alguma serão disfarçados sob a forma de preocupação com a proteção da seriedade e da cientificidade da psicanálise como teoria e como prática. Quando se quer expulsar alguém do próprio campo — seja este o de uma ciência social, ou de ciência exata — alega-se que seus trabalhos não são científicos, isto é, não resistem a um sério escrutínio teórico, ou são cientificamente irresponsáveis. Em outras palavras, apela-se para a Ciência com C maiúsculo.

A primeira questão levantada por Lacan no Seminário 11 é sobre o que o *autoriza* a estar falando para aquela audiência (9). Sua questão parece destinada a ser aplicada de forma mais geral: o que é que o autoriza a falar diante de um público tão vasto, um público diferente do que ele tivera até então, não mais restrito primariamente a psicanalistas, mas incluindo todos os tipos de estudantes das disciplinas mais estritamente acadêmicas? O que o autoriza a ter quaisquer seguidores, agora que foi excomungado pela associação que era a sede da sua audiência aparentemente mais adequada? A resposta a essa questão parece se articular com respostas a questões ulteriores que ele irá formular: "O que é psicanálise?" (11) e "a psicanálise é uma ciência?" (14)

Nesse seminário, e em vários seminários seguintes, Lacan se preocupa em situar o estatuto da psicanálise como interno ou externo à ciência, o que o leva, inevitavelmente, a elaborar uma teoria sobre o que é a ciência, o que a constitui, como se constrói um campo científico, qual é o seu objeto, e assim por diante. Lacan, aqui, preocupa-se em determinar a natureza e o estatuto do "saber" psicanalítico, e do tipo de verdade que está em jogo na práxis psicanalítica. Há dois artigos nos *Écrits* onde esses temas são abordados com mais detalhe: "Posição do inconsciente", que Lacan escreveu em março de 1964 em meio aos *Quatro conceitos fundamentais da psicanálise*, e "Ciência e verdade" escrito como primeira aula de seu seminário *O objeto da psicanálise* no outono de 1965. Lacan começa o seminário que temos diante de nós, o Seminário 11, com algumas interessantes reflexões sobre o estatuto da psicanálise e a natureza da ciência.

Logo de saída, Lacan estabelece uma dicotomia: parece que a psicanálise pode ser classificada como uma ciência ou como uma religião. Mas, embora raramente explicite sua posição em qualquer parte de seus textos, aqui ele aponta para sua verdadeira postura logo no início:

> A psicanálise, quer seja ou não digna de se inscrever num desses dois registros (ciência ou religião), pode mesmo nos esclarecer sobre o que devemos entender por uma ciência, mesmo por uma religião. (14)

Em outras palavras, ele situa imediatamente a psicanálise na posição privilegiada de ser capaz de nos ajudar a conceber o que seja uma ciência ou uma religião, a partir do exterior, como que de uma posição outra.

Lacan aborda o ponto, que sem dúvida lhe foi exposto com freqüência, de que a psicanálise é uma forma de pesquisa. Ele menciona sua desconfiança do termo "pesquisa", e diz que nunca se viu como um pesquisador que sai à procura da verdade. Cita Picasso ao dizer: "Eu não procuro, eu acho." E continua, sugerindo que procurar e encontrar são, em certo sentido, atividades que separam a não-ciência da ciência. Ele caracteriza a religião com a frase famosa: "Não me procurarias se já não me tivesses achado", indicando que a atividade essencial aqui é a procura, de modo que o já ter encontrado é de certa forma esquecido.

A mesma atividade caracteriza as chamadas ciências humanas, na medida em que buscam e pesquisam sentido para aonde quer que olhem, o sentido em seu movimento infinito, inexaurível, onde não há final ou ponto de parada inerente. Os cientistas sociais sentem-se ameaçados por quem quer que esteja empenhado em achar. Lacan resume décadas de reclamações equivocadas com a expressão "reivindicação hermenêutica", designando desse modo a demanda por parte dos filósofos, psicólogos e cientistas sociais orientados pela hermenêutica de que o sentido seja submetido a uma infindável elaboração, de que os atos sociais, comportamentos humanos e textos sejam abertos a comentários e interpretações ilimitados, sem fronteiras: a implicação, aqui, é que *não existe verdade acessível.*

Muitos acreditam que isso é implicitamente verdadeiro também no que diz respeito ao processo de interpretação psicanalítica. Paul Ricoeur defendeu essa opinião na França, e sua obra foi lida pelo mundo inteiro. Na obra de Ricoeur, não há um ponto de parada definitivo, nenhuma referência final à verdade, e a interpretação é um projeto infinito ilimitado. Na opinião de Lacan, o próprio termo "pesquisa" evoca toda a perspectiva hermenêutica.

Lacan afirma claramente aqui que a interpretação psicanalítica não tem nada a ver com essa visão hermenêutica. A interpretação visa à verdade na práxis psicanalítica, e poderíamos mesmo chegar a dizer que ela cria verdade. Esta é uma propriedade compartilhada com a verdadeira ciência, tal como Lacan a entende: ela cria algo de novo, introduz um novo símbolo ou simbolismo no mundo, tocando no real até a medula. Este é, pois, um nível em que podemos distinguir religião e "ciências humanas" de inspiração hermenêutica da psicanálise e daquilo a que Lacan chama ciência.

Parece-me que a psicanálise, conforme os critérios lacanianos, não pode ser considerada como constituindo uma ciência. Tal como Freud, Lacan tentou ocasionalmente pôr as considerações psicanalíticas sob a égide da ciência. Em sua tese de doutorado, em 1931, afirmava que os fenômenos psicológicos podiam ser considerados simples fatos analisáveis segundo métodos científicos, como nas "ciências exatas". Como nos primeiros dias da física, quando certos fenômenos eram observados e considerados simples fatos, descobrindo-se depois serem macrofenômenos que podem ser desmembrados e estudados de uma maneira muito mais refinada, na psicanálise — escreveu Lacan — temos uma justificativa para estudar os eventos mentais mais simples que podemos identificar atualmente, sabendo muito bem que, como o tempo, nossos objetos de estudo, assim como nossos métodos, serão ainda mais refinados. Embora nunca tenha sido um determinista biológico como Freud, no começo da década de 30 Lacan acreditava, ainda assim, numa espécie de determinismo psicológico, permitindo um tratamento científico. Suas idéias sobre a ciência evoluíram, porém, e em 1964, num artigo dos *Écrits* intitulado "Position de l'inconscient", Lacan considera a psicanálise como sendo o que ele refere por uma "ciência conjectural", com um estatuto semelhante ao da teoria dos jogos. Nesta, as probabilidades podem ser calculadas de modo muito preciso, e pode-se abstrair o sujeito, exceto na medida em que este ocupe uma posição particular num jogo cujo objetivo é dado no início. Em outras palavras, a teoria dos jogos retira do indivíduo todas as suas características, reduzindo a subjetividade a uma noção puramente posicional.

Em "Ciência e verdade", escrito em 1965, a posição de Lacan já havia mudado ligeiramente mais uma vez: Lacan não mais procura dar à psicanálise o estatuto de ciência — seja ela uma "ciência pura" (como a física) ou uma ciência humana como a antropologia ou a lingüística. A tese de Lacan, nessa época, é de que a teoria e a práxis psicanalíticas jamais teriam sido possíveis antes do advento da ciência moderna. Vou tentar explicar por que ele faz semelhante afirmação em dado momento, mas para que não haja mal-entendidos neste ponto — importante num contexto norte-americano de empirismo — quero deixar claro que Lacan considera a ciência moderna como uma precondição necessária para o desenvolvimento da psicanálise, e portanto, embora a psicanálise seja, num certo sentido, um produto secundário do discurso científico, em si e por si mesma não constitui uma ciência.

Iniciou-se um debate sobre os fundamentos epistemológicos da ciência, de certa forma, com os positivistas lógicos da escola de Viena (Carnap) alcançando um ponto decisivo com a obra de Kuhn *A estrutura das revoluções científicas*, e continuando com Lakatos, Feyerabend e muitos outros pensadores, principalmente europeus. Lacan, tendo freqüentado as conferências de Koyré durante muitos anos em Paris, e mantendo-se a par do trabalho da história da ciência de seu tempo (Canguilhem etc.), parece nunca ter cultivado a noção ingênua de que a verdadeira ciência é 100% empírica — noção que surge volta e meia nas discussões americanas sobre o estatuto científico ou não da psicanálise e das ciências sociais como a sociologia e a antropologia. O próprio Freud estava ciente da importância dos conceitos na fundação de qualquer ciência, e constatava que os conceitos que entram na construção de qualquer sistema teórico não derivam exclusivamente de considerações empíricas. Em outras palavras, qualquer sistema teórico deve ser construído ao menos parcialmente com base nos conceitos já existentes na mente do pesquisador, em sua sociedade ou cultura. Uma ciência começa pelas idéias intuitivas do pensador, e essas idéias intuitivas vêm de sua cultura e linguagem. Lacan tinha, sobre Freud, a vantagem de três ou quatro décadas adicionais de pesquisa na história da ciência: a história dos verdadeiros mecanismos condutores do trabalho científico, das mudanças de paradigmas e da construção teórica. Também se entusiasmava muito com a abertura de possibilidades pelas "novas ciências" como a lingüística e a antropologia estruturais. No Seminário 11, Lacan se refere explicitamente à lingüística como uma nova ciência em formação, responsável pelo estatuto científico do inconsciente (e que deve ser rigorosamente distinta da psicologia social) (26). Ele parece ter pensado, por algum tempo, que essas ciências mais novas poderiam constituir modelos de ciências passíveis de garantir o estatuto de uma forma também estrutural de psicanálise.

Mas, em "Ciência e verdade", Lacan indica seu desencanto com semelhante abordagem. Em 1965, seu ponto de vista é que a psicanálise é radicalmente diferente de qualquer dessas outras disciplinas, e que o seu estatuto epistemológico não é idêntico aos da lingüística, antropologia ou astronomia. Antes, a psicanálise, em vez de pedir uma avaliação nos termos dos outros campos estabelecidos, estaria ela mesma, de acordo com Lacan, em condições de comentar a estrutura dessas disciplinas reconhecidamente científicas e julgar suas limitações.

Onde Lacan coloca o limite entre ciência e psicanálise? No nível de suas relações divergentes com a verdade. Por ora, vamos tomar o termo "verdade" numa acepção comum, intuitiva. Ao descrever aquilo que considera ser a relação da ciência com a verdade, Lacan evoca Descartes. Segundo Lacan, Descartes visava alcançar a certeza, encontrar algo de que não pudesse duvidar. Descartes chegou mesmo a lançar dúvidas sobre as verdades mais simples da aritmética: como podemos estar certos, perguntava ele, de que dois e dois realmente somem quatro? Diferente de Kant, Descartes terminou por concluir que, embora não pudesse estar completamente certo das verdades matemáticas desgastadas pelo tempo, podia, em plena confiança, afirmar: "Penso, logo existo." O que acontece com essas antigas verdades no sistema cartesiano? A soma de dois mais dois é quatro porque Deus quer que seja assim. A responsabilidade pela verdade é atribuída a Deus: Deus garante tais verdades, enquanto o homem se torna livre para buscar a certeza onde puder.

Segundo Lacan, Descartes libertou o homem moderno do ônus da verdade — já que a maioria dos pensadores antes dele considerava a verdade como mais ou menos co-extensiva às Escrituras — e permitiu-lhe ir em frente, para desenvolver o conhecimento que se referisse apenas ao seu interior. Um pós-cartesiano podia, finalmente, abandonar as citações da Bíblia a cada passo, e começar a tecer uma rede de idéias que se mantivessem sobre suas próprias pernas, por assim dizer. A verdade foi posta de lado, tornou-se uma consideração secundária em comparação com a aplicação à realidade de uma grade simbólica, capaz de ser expressa em termos numéricos, e desenvolvendo o conjunto interminável de relações entre os elementos que a constituem.

Assim, na opinião de Lacan, Descartes ajudou a eliminar a preocupação com a verdade transcendente, preocupação claramente expressa na metáfora de Platão, da caverna onde o homem é assemelhado a uma pobre criatura cativa, tendo que imaginar o mundo à sua volta mediante a mais fraca das luzes. A preocupação de Platão de discernir o mundo à luz infinitamente mais brilhante do exterior da caverna, como aquela expressada pela cristandade nos misteriosos meios pelos quais se supõe que Deus opere, foi por fim afastada por numerosos filósofos — e a maior parte da pesquisa científica era feita, na época, por filósofos. Esse afastamento deu nova independência ao desenvolvimento das ciências: estabeleceram-se relações entre as noções científicas, num campo, e as noções científicas no outro, e a matematização dos fenômenos observáveis que havia sido tão efetiva na física foi aplicada igualmente a outros domínios. O discurso científico adquiriu impulso próprio, obedecendo às suas próprias regras e desenvolvendo sua própria estrutura interna. A teoria ou sistema de símbolos que melhor respondesse pelos fenômenos observáveis utilizando o equipamento científico disponível era mantida, enquanto a verdade era relegada aos filósofos e considerada matéria de pura especulação. O desenvolvimento das ciências estava ainda obviamente atado a condições econômicas e políticas, mas um certo número de restrições — constrições epistemológicas, por assim dizer — fora levantado.

O ônus da verdade

A primeira distinção feita por Lacan entre a ciência e a psicanálise se refere ao fato de que a ciência exclui considerações de verdade, e a psicanálise toma a verdade como seu ponto de referência fundamental.

Ciência e matemática chegam a reduzir a verdade a um tipo de valor. Em tabelas lógicas de verdade, a letras V e F são atribuídas a várias combinações de proposições possíveis.

A	B	A e B	
V	V	V	linha 1
V	F	F	linha 2
F	V	F	linha 3
F	F	F	linha 4

Se afirmo que Lacan era francês (esta é a proposição A) e que nunca saiu da França (esta é a proposição B), tanto A quanto B devem ser individualmente verdadeiras para que minha afirmação como um todo seja verdadeira. As quatro linhas na tabela da verdade representam todas as quatro combinações possíveis consideradas por este tipo de lógica proposicional. A pode ser verdadeira ou falsa, B pode ser verdadeira ou falsa, e assim qualquer combinação de seus *valores de verdade* é teoricamente possível. Se somente uma delas for verdadeira, minha afirmação como um todo é falsa. É apenas quando ambas são verdadeiras que minha afirmação como um todo é verdadeira (linha 1).

Portanto, a lógica se baseia nas designações "verdadeiro" e "falso", mas estes termos só adquirem significado dentro da lógica proposicional: são valores compreensíveis no interior do campo axiomático definido por essa lógica. Não reivindicam uma validade independente. De modo algum se preocupam com a verdade transcendental, tal como entendida por Platão ou Kant.

"Verdadeiro" e "falso" são, pois, simples valores no discurso científico, como mais e menos, 0 e 1; são opostos binários que desempenham um papel num contexto específico. A verdade, por outro lado, é relegada a outras disciplinas no mundo da ciência moderna, sejam elas a poesia e a literatura, ou a religião e a filosofia. Em suma, Descartes marca o momento histórico em que a ciência rompe com a filosofia.

Logo, enquanto todas as ciências — da antropologia à zoologia — ejetam a verdade de seus campos respectivos, a psicanálise toma para si o ônus da verdade. Seja qual for a exata natureza da verdade, a psicanálise assume a responsabilidade por ela.

A psicologização do sujeito

Em "Ciência e verdade", Lacan critica Lévy-Bruhl, um sociólogo francês que passava seu tempo tentando compreender a mente dos povos ditos "primitivos" que estudava e que acabou por fazer a gloriosa distinção entre o pensamento racional, objetivo — aquele do moderno homem ocidental — e o pensamento primitivo, pré-lógico — o dos aborígenes. Lévy-Bruhl tentou explicar o comportamento de tais povos com base nos sentimentos e sistemas de crenças destes — algo que o próprio Freud teria reprovado, e que Lacan considerou inteiramente desorientado, na medida em que negligenciava a importância do inconsciente e da própria ordem simbólica. Lévi-Strauss oferece um protótipo da verdadeira antropologia científica, na medida em que tenta explicar o comportamento tribal não com base nos sentimentos expressos por seus informantes, e sim nas distinções lingüísticas feitas na tribo entre o que é sagrado e o que é profano e quais os segmentos da população que se podem casar com quais. Por mais que Lacan elogie freqüentemente o tipo de antropologia estrutural de Lévi-Strauss, ainda assim a critica na medida em que ela não leva a verdade em consideração.

O termo usado aqui por Lacan é "psicologização do sujeito". Sempre que as pessoas tentam explicar a violência das torcidas inglesas de futebol dizendo que os ingleses não se conformam com a perda de seu antigo império, ou o nazismo pelo argumento de que os alemães acreditam na mãe-pátria, suas explicações se baseiam nos supostos sentimentos e crenças conscientes dos indivíduos em questão. Freud nos ensina que a motivação humana não é assim tão simples, dado o enorme papel do inconsciente na determinação das ações humanas, e Lacan nos ensina a buscar explicações na própria ordem simbólica: o inconsciente, diz ele, é o discurso do Outro, isto é, o inconsciente consiste em elementos lingüísticos, frases, expressões, mandamentos, leis e convenções religiosas e sociais que fazem parte da cultura em geral, bem como de cada família. O inconsciente é composto pela fala dos pais e familiares de uma criança, fala que é em si amplamente determinada pelo mundo sociolingüístico a seu redor. Portanto as explicações, na opinião de Lacan, devem ser buscadas na ordem simbólica, na medida em que esta se tornou a base do inconsciente individual.

A "psicologização do sujeito" significa tomar-se um indivíduo no seu valor manifesto, reunindo suas crenças e atitudes conscientes para utilizá-las na construção teórica. Lacan censura Lévy-Bruhl por fazer precisamente isso, e acusa Piaget de nada mais encontrar, em seus estudos da lógica empregada pela criança, além da lógica que o próprio Piaget utilizou na confecção dos testes que administrava a esta. Ambos caem na armadilha da "ilusão arcaica". Para Lévy-Bruhl, o primitivo é uma versão inferior da pessoa moderna e, como uma criança, preso num dos primeiros estádios de desenvolvimento; para Piaget, uma criança não possui uma lógica específica própria, mas vai adquirindo, meio tateante, uma noção moral adulta atrás da outra. Nenhum desses pensadores parece jamais tentar entender as operações particulares do sistema da criança, ou do primitivo, tais como são; compreender as séries complexas de relações sincrônicas entre termos, ou as substituições e deslocamentos que ocorrem no desenrolar diacrônico do sistema. O que Lévi-Strauss intitulava "ilusão arcaica", essa tendência a encarar membros de tribos como infantis em seu desenvolvimento, ou melhor, subdesenvolvimento (com o homem adulto ocidental moderno como norma de desenvolvimento integral) é generalizada por

Laçan com a expressão "psicologização do sujeito". Uma verdadeira antropologia científica é aquela capaz de evitar essa cilada.

As ciências conjecturais

Ao considerar exemplos de disciplinas científicas, Lacan também toma a teoria dos jogos. Segundo Lacan, nela "tem-se a vantagem do caráter inteiramente calculável de um sujeito estritamente reduzido à fórmula para uma matriz de combinações significantes". Em outras palavras, um jogador na teoria dos jogos é uma noção posicional (A é o atacante, B o defensor ou oponente), e cada posição se define por um número estritamente definido de movimentos possíveis. As regras do jogo ditam que movimentos são lícitos, e o objetivo do jogo determina a razão por que um jogador escolhe um movimento em vez de outro. Na teoria dos jogos, todas as possibilidades disponíveis para um jogador em particular podem ser listadas numa matriz de movimentos simbólica ou numericamente definidos. Logo, a teoria dos jogos oferece uma formalização de situações de jogo em que a probabilidade de um jogador efetuar um movimento em particular pode ser calculada com precisão, assim como se pode calcular o melhor ou os melhores movimentos possíveis.

De acordo com Lacan, quando uma ciência dita conjectural como a teoria dos jogos pode fornecer um cálculo assim preciso, a distinção entre ciências exatas e ciências conjecturais cai por terra. Na física quântica, a posição de um elétron numa órbita particular em torno de um núcleo é dada por uma simples curva de probabilidade: existe uma chance de 50%, digamos, de se encontrar o elétron num raio de distância de 1 mícron do núcleo, uma chance de 20% de encontrá-lo entre 1 e 2 mícrons distante do núcleo, e assim por diante (essas distâncias não são de modo algum exatas!). A grande dependência da probabilidade em que fica a mecânica quântica faz com que esta se aproxime cada vez mais em estrutura das ciências conjecturais como a teoria dos jogos. (Embora Lacan se refira, no Seminário 11, à lingüística como uma "ciência humana", ele não gostava muito do termo, e adotou o de "ciências conjecturais".)

Sujeito e causa

Ainda que tentasse formalizar a psicanálise de muitas maneiras, Lacan certamente jamais chega a categorizar, de modo definitivo, a psicanálise como uma ciência conjectural, onde o sujeito pode ser reduzido a uma simples proposição caracterizada por um simples objetivo. E ele se separa do estruturalismo, na medida em que este último implica uma tentativa de tudo explicar em termos de uma combinatória mais ou menos determinada matematicamente, que é exercida sem qualquer referência a sujeitos ou objetos. Mesmo que a estrutura desempenhe um papel muito importante na obra de Lacan, ela não é tudo, nem nunca foi, em qualquer ponto do desenvolvimento lacaniano.

No Seminário 10, "A angústia", Lacan associa o suposto progresso da ciência com nossa crescente incapacidade de pensar a categoria "causa". Preenchendo continuamente a lacuna entre causa e efeito, a ciência elimina de modo progressivo o conteúdo do conceito "causa": eventos que levam sem incidentes, de acordo com "leis" bem conhecidas, a outros eventos. Lacan entende a causa num sentido mais radical, como aquilo que interrompe o funcionamento tranqüilo das interações ditadas pela lei. A causalidade na ciência é absorvida pelo que podemos chamar de estrutura: a causa leva ao efeito dentro de um conjunto de leis cada vez mais exaustivo. Uma causa, como alguma coisa que parece não obedecer a leis, permanecendo inexplicável do ponto de vista do conhecimento científico, tornou-se impensável, sendo nossa tendência geral pensar que será apenas uma questão de tempo até que a ciência venha a explicá-la.

O que distingue a psicanálise das demais ciências é que enquanto a lingüística, por exemplo, leva em conta o sujeito apenas na medida em que este é determinado pela ordem simbólica, isto é, pelo significante, a psicanálise também leva em conta a causa, e o sujeito em sua relação libidinal com a causa. Temos, assim, as duas faces do sujeito: 1) o "puro sujeito" da combinatória ou matriz: o sujeito sem uma causa, por assim dizer, e 2) o "sujeito saturado", como diz Lacan, isto é, o sujeito em relação a um objeto de gozo, "um objeto libidinal", o sujeito como uma posição em relação ao gozo.

Esta relação entre um sujeito e um objeto é apresentada na fórmula de Lacan para a fantasia ($\$ \lozenge a$), e é isso que Lacan quer dizer quando fala do sujeito saturado. Não se trata do que se pensa ser a típica pessoa francesa que se alimenta de "gorduras saturadas", como manteiga e *crème frâiche*; trata-se de um sujeito caracterizado pelas relações dialéticas de alienação e separação.[1]

O projeto da psicanálise é, em parte, manter e explorar ainda mais esses dois conceitos básicos — causa e sujeito — por mais paradoxais que pareçam ser. Lacan chega mesmo a dizer que, se o objeto *a* como causa fosse introduzido pela ciência, esta última sofreria ela própria uma transformação fundamental.

NOTA

1. Ver Seminários 11, 14 e 15, "Position de l'inconscient" nos *Écrits*, meu artigo "Alienation and Separation: Logical Moments of Lacan's Dialetic of Desire", in *Newsletter of the Freudian Field*, 4, 1990, e os trabalhos de Éric Laurent incluídos neste volume sobre estas operações lógicas.

O Nome-do-Pai

François Regnault

O Nome-do-Pai pode ser facilmente considerado um dos conceitos principais da psicanálise lacaniana. As pessoas parecem às vezes inclinadas a tomá-lo por certo, devido às considerações de Freud sobre o assassinato do pai em *Totem e tabu*, mas prefiro não considerá-lo óbvio e, em vez disso, expressar surpresa. O pai, tudo bem, mas por que seu nome?

O Nome-do-Pai é um conceito lacaniano, não freudiano. Ele se torna cada vez mais importante para Lacan à medida que seu trabalho progride, embora não possa ser considerado um conceito "fundamental", porque existem somente quatro conceitos fundamentais da psicanálise, a seu ver: inconsciente, repetição, pulsão e transferência.

Mesmo assim, ele tem uma importância crucial, tanto que Lacan pretendia dedicar-lhe um ano inteiro de seminário em 1963, mas foi forçado a deixar o Hospital de Sainte-Anne antes que pudesse dar mais que uma conferência. Ele nunca voltou a este ponto como tal, embora com freqüência o discutisse ligeiramente. Chegou até a chamar um de seus últimos seminários, o de 1973-4, *Les Non-dupes errent*, que faz um trocadilho com "*Les Noms-du-Père*" (os dois sintagmas são pronunciados do mesmo modo em francês), e quer dizer, "os que não são tolos erram": as pessoas que sempre pretendem não se enganar são as mais enganadas. Mas o trocadilho também significa que, em vez de "*le Noms-du-Père*", que Lacan se recusava a adotar novamente como tal, fez-se uma substituição: não-tolos tomam o lugar do pai, e sua errância toma o lugar do nome.

Isso é mais que uma questão somente de instituição ou de estatuto. Significa igualmente que é da natureza de um nome ser substituído: é a própria substituição! Realmente, o nome do pai é tão importante na teoria de Lacan quanto o pai como nome (*Ornicar?*, 5, 54). Portanto, vou tentar definir este conceito e traçar sua evolução no pensamento de Lacan.

O pai

Se nos referirmos ao Discurso de Roma, "Função e campo da palavra e da linguagem na psicanálise", fica claro que a função do pai é, em primeiro lugar, suportar o símbolo, isto é, erigir a ordem simbólica. O homem é constituído por essa ordem: "O homem fala, pois, mas porque o símbolo o fez homem" (*Écrits*, 65).

Seguindo Lévi-Strauss, que fornece a Lacan as leis formais e estruturais das relações — uma ordem simbólica constituída em torno de uma espécie de vácuo, que é a proibição do incesto — Lacan observa:

> É no Nome-do-Pai que devemos reconhecer o suporte da função simbólica que, desde o início da história, identificou sua pessoa com a figura da lei. Esta concepção nos permite distinguir claramente, na análise de um caso, os efeitos inconscientes dessa função das relações narcísicas ou mesmo reais que o sujeito mantém com a imagem e ações da pessoa que encarna essa função (*Écrits*, 67).

Isso significa que temos de distinguir a função simbólica do pai, que pode ser encontrada no significante como tal (isto é, na cadeia significante), da relação imaginária entre pai e filho. Significa também que um dos princípios mais fundamentais em psicanálise é que o pai é, em primeiro lugar, um nome — um significante — e apenas secundariamente uma pessoa (um homem, na maioria dos casos). Assim, o pai não pode ser encontrado na natureza, porque o animal que gerou outro é apenas um meio contingente para o nome que se dá a ele. Em outras palavras, os animais, falando estritamente, não têm pais. (Nem mães, e certamente nem tios ou tias, sobrinhos, primos etc. Exceto, é claro, se os domesticarmos e criarmos, trazendo-os para a ordem simbólica: neste caso, damos-lhes um pedigree.)

Do ponto de vista clínico, é claro que uma criança pequena encontra o desejo de sua mãe e que, além deste desejo, encontra alguma coisa a que sente que sua mãe obedece: a lei do pai. Ela encontra o pai como significante através dessa lei, não necessariamente o homem que pode vir a amar ou detestar, e com quem se identifica. Portanto, ocorre uma separação, não entre a criança e sua mãe e seu pai mas, diz Lacan, entre o seio como causa de desejo e a mãe que representa a lei do pai nesse momento.

Nesse momento, também, a idéia, ou melhor, a experiência de uma dívida simbólica para com o pai cria raízes. Esta dívida significa que existe alguma coisa em demasia num determinado lugar e em escassez noutro, permitindo que objetos, bens e mulheres circulem e se movam ao longo da cadeia significante em relações sociais tribais primitivas.

O Nome-do-Pai levanta um duplo problema: o do pai e o do nome, ou, na verdade, o do pai simbólico — o pai como nome — e o do nome próprio. Num certo sentido, "pai" não é em absoluto um nome próprio (de um ponto de vista lógico ou russelliano), e noutro sentido, ele é *o* nome próprio. Recebemos seu nome: recebemos nosso nome a partir dele, através dele, por causa dele, e assim por diante.

Lacan começa com a visão freudiana do pai como o tirano da horda primitiva, que é assassinado e se torna um totem simbólico, e chega à visão do pai como nome próprio, puro significante, uma espécie de propriedade matemática ou formal.

Freud também considera o pai como nome. Por exemplo, em *Totem e tabu*, observa que em algumas tribos australianas "um homem emprega o termo 'pai' não somente para o seu genitor real, mas também para todos os outros homens com que sua mãe pode ter se casado de acordo com a lei tribal, e que portanto podem tê-lo gerado" (6). O mesmo se aplica ao termo "mãe".

Mas também é verdade que Freud considerava o pai como sendo essencialmente o pai morto. E na sua referência às tribos australianas, não é o pai quem nomeia, e sim o filho. Num dos últimos artigos dos *Écrits*, Lacan pergunta: o que é um pai? Sua resposta é bem clara: "É o 'pai morto'", responde Freud, "mas ninguém escuta e, no que diz respeito ao aspecto retomado por Lacan sob o termo 'Nome-do-Pai', é lamentável que uma situação tão anticientífica ainda deva privá-lo de sua audiência normal" (*Écrits*, 310). É como se nem Freud nem Lacan pudessem ser acreditados quando falavam do pai simbólico.

Deixem-me abordar outra diferença entre Freud e Lacan quanto a este conceito. Enquanto Freud, em *Totem e tabu*, se refere essencialmente a dados etnológicos, representando o passado da humanidade, Lacan se refere à religião, representando também o presente da humanidade: "se o contexto simbólico assim o exigir, a paternidade será ainda assim atribuída ao fato de que uma mulher encontrou um espírito em alguma fonte ou rocha onde se pensa supor que este viva." É neste nível que fica a etnologia. Mas Lacan continua:

> Certamente é isso que demonstra que a atribuição da procriação ao pai só pode ser efeito de um puro significante — o efeito de reconhecimento,

não de um pai real, mas daquilo a que segundo a religião devemos nos referir como o Nome-do-Pai (*Écrits*, 199).

Isso basta, no que se refere à religião, mesmo uma das mais importantes e recentes como a religião cristã, na qual o Nome-do-Pai é o primeiro nome a ser invocado, antes de ser associado aos do Filho e do Espírito Santo.

Lacan não postula que a psicanálise seja uma ciência (cf. Popper e outros). Antes, pergunta: "Que aspecto teria uma ciência que incluísse a psicanálise?" (Seminário 11, capítulo 4). É por isso que ele afirma que o sujeito da psicanálise é o mesmo sujeito da ciência. Chega mesmo a defender o cientificismo de Freud. Mas é importante apontar que o conceito de Nome-do-Pai vem da religião, não da ciência. Embora existam muitas religiões e elas nunca possam pertencer à mesma categoria nem ter uma essência comum, constituindo uma classe inconsciente, a religião no singular poderia mesmo assim ser definida de uma maneira lacaniana como sendo aquilo que nos ensina o Nome-do-Pai. A religião não apenas o ensina, mas o respeita, o que pode levar a uma catástrofe: a oferta de sacrifícios a deuses obscuros, como por exemplo no nazismo (onde pai e *Führer* estão ligados).

É porque a religião situa o símbolo num nível tão elevado que se pode dizer isso. O que leva Lacan a se interessar realmente pela teologia, muito mais que Freud, e sobretudo por teologia cristã. Não vamos esquecer que o Corão, por exemplo, recusa referir-se a Deus como pai, e despreza a família da Santíssima Trindade.

É por isso, também, que Lacan cita freqüentemente a passagem bíblica em que Adão nomeia os animais e as plantas. Quando dizemos "o Nome-do-Pai", podemos considerar o "do" como um genitivo subjetivo — os nomes recebidos por Deus, os nomes com que chamamos Deus (os "nomes divinos" são um problema bem conhecido em teologia) — ou como um genitivo objetivo — os nomes que um pai dá a seus filhos. O "Nome-do-Pai", portanto, pode se referir ao nome que tem o pai ou ao nome que o pai dá a seus filhos e filhas, o nome pelo qual nos referimos ao nosso Deus ou os nomes dados por Deus a suas criaturas. Esta é uma ambigüidade preciosa.

À guisa de conclusão sobre este ponto, deixem-me citar outra passagem de "Uma questão preliminar a todo tratamento possível da psicose", concernente à relação entre paternidade e morte:

> Com efeito, como poderia Freud deixar de reconhecer semelhante afinidade, quando a necessidade de sua reflexão o levou a ligar o surgimento do significante do Pai, como autor da Lei, com a morte, e mesmo com o assassinato do Pai — mostrando assim que, mesmo que

seu assassinato seja o momento fecundo da dívida pela qual o sujeito se une à vida pela Lei, o pai simbólico é o Pai morto, na medida em que ele significa esta Lei (*Écrits*, 199).

Nomeação

Vamos considerar agora três problemas de nomes e nomeação relacionados com o pai. Não vou discutir as considerações de Lacan sobre os nomes próprios nos seminários que precederam este seminário inédito sobre os Nomes-do-Pai. Mas direi que o problema fica cada vez mais complicado a partir de 1963. No final, o Nome-do-Pai é o próprio nó borromeano.

Em primeiro lugar, a essência da nomeação, relativamente ao pai, é a substituição: é como se tão logo soubéssemos o nome de nosso pai (que é também o nosso) fôssemos levados a supor outro nome, e mais outro, e assim por diante, *ad infinitum*. Por isso é que Lacan prefere dizer os Nomes-do-Pai. Logo, estes são somente nomes metafóricos, o que explica por que o Nome-do-Pai (no singular) é de fato uma metáfora. Um significante é substituído por outro. Mas o principal significante a ser substituído é o falo, que representa algo que falta, de modo que, como diz Lacan, para o imaginário do sujeito, "a significação do falo... é evocada pela metáfora paterna".

A fórmula da metáfora, dada por Lacan (*Écrits*, 200), é a seguinte:

$$\frac{S}{\cancel{S}'} \cdot \frac{\cancel{S}'}{x} \rightarrow S\left(\frac{1}{s}\right)$$

Onde

S = significante,

x = significação desconhecida

s = significado produzido.

Se aplicarmos esta fórmula à metáfora paterna, teremos uma metáfora que põe um nome no lugar onde a mãe está ausente (lembremos aqui do jogo do *fort-da* discutido por Freud em "Além do princípio do prazer"):

$$\frac{\text{Nome–do–Pai}}{\text{Desejo da Mãe}} \cdot \frac{\text{Desejo da Mãe}}{\text{Significado do sujeito}} \cdot \rightarrow \text{Nome–do–Pai}\left(\frac{\text{A}}{\text{falo}}\right)$$

Onde A = Outro

É quando um nome ou significante prova ser faltoso que alguma coisa está "fora do lugar", para tomar a expressão de Hamlet. É por isso que

Lacan afirma que a própria estrutura da psicose é aquilo que ele chama de foraclusão (uma exclusão ou eliminação) do Nome-do-Pai. Alguma coisa que não se encaixa.

O Nome-do-Pai, que é substituição como tal, é um significante insólito. Sua significação é a de um significante que falta na bateria dos significantes, isto é, no campo do Outro. Logo, Lacan escreve A/falo, em vez de 1/s na sua fórmula da metáfora paterna.

Lacan aplica isso a Schreber, em que toda a psicose surge quando, não podendo ter filhos, isto é, tornar-se um pai, ele se transforma numa mulher — a esposa de Deus.

Como conclusão deste ponto, podemos imaginar a função e utilidade do Nome-do-Pai considerando o que diz Lacan em "Position de l'inconscient":

> Do lado do Outro, o lugar onde se verifica a fala na medida em que encontra a troca de significantes, os ideais promovidos, as estruturas elementares de parentesco, a metáfora paterna considerada como princípio da separação e a divisão sempre reinstaurada do sujeito, devido à sua alienação primária — neste lado apenas e pelas vias que acabo de enumerar, devem se instituir ordens e normas que dizem ao sujeito o que um homem ou uma mulher devem fazer (*Écrits*, 1966, 849).

Vamos nos referir agora a um dos primeiros grafos empregados por Lacan para representar, entre outras coisas, o laço entre a função paterna e sua trilogia real, simbólico e imaginário. Ele considera o sujeito como estruturado por três relações: a ordem simbólica, como vimos, a imaginária (começando pela constituição do seu eu, especialmente quando ele se considera um todo no espelho e cai na ilusão de acreditar-se autônomo), e em terceiro lugar o objeto ou "coisa real" (cf. o belo título do conto de Henry James) que causa o desejo. Lacan constrói um quadrado que representa a estrutura do sujeito, de um ponto de vista tanto estático quanto dinâmico (ou histórico).

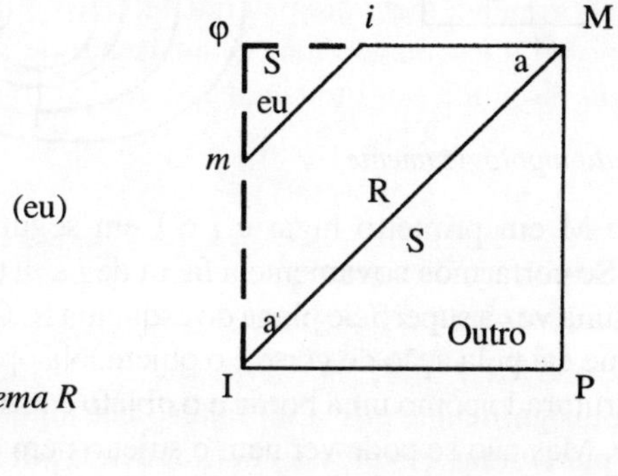

Esquema R

A figura é constituída pela associação de dois triângulos: o da ordem simbólica e o da imaginária, ligados entre si pelo quadrângulo do real.

S: sujeito sob o significante do falo.
i, m: termos imaginários da relação narcísica.
I: ideal do eu.
M: mãe, objeto primário.
P em A: posição no Outro do Nome-do-Pai

Do ponto de vista estático temos:
Triângulo I: relação dual do eu no Outro (i = a), φ, m, i.
Triângulo S: I, significante do objeto M (= a), Nome-do-Pai P no campo do Outro.

Triângulo R: considerado como efeito do simbólico no imaginário (o real é o resto).
De i para M: relações agressivas e eróticas.
De m para I: o eu, de sua *Urbild* à identificação paterna.

Do ponto de vista histórico temos:
A relação com a mãe (Outro real) — *das Ding*.
As diferentes imagens que formam o eu.

Em 1966, Lacan explica que este quadrilátero, que em 1958 ele considerava a partir de um ponto de vista geométrico ou algébrico, deve ser também reinterpretado topologicamente como superfícies unilaterais (cf. a banda de Moebius). Deve-se unir i a I e m a M (cf. Vappereau, *Étoffe*, 240-1).

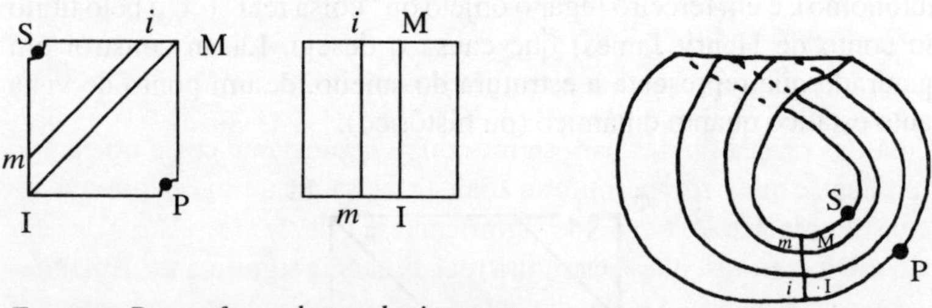

Esquema R transformado topologicamente

Em tal faixa, *m* e M em primeiro lugar e *i* e I em segundo, são idênticos (*mi* = MI). Se cortarmos novamente a faixa de *i* a *m* (= de I a M), obteremos mais uma vez a superfície plana do esquema R. O sujeito é o que se corta e o que cai pela ação do corte é o objeto. Na opinião de Lacan, o sujeito é estruturado como uma borda e o objeto é estruturado como um resto caído. Mas não se pode ver nem o sujeito nem o objeto na faixa (*m*M/*i*I). É a interpretação que corta a faixa e produz sujeito e objeto.

Neste esquema, vemos o Nome-do-Pai como um ponto firme, fixo, que orienta as relações do sujeito. Na faixa, ao contrário, P e S são bordas que constituem apenas um lado, mas também um furo.

É possível referir-se ao Nome-do-Pai como sendo este furo. Em certa época, Lacan pode ter pensado que o sujeito seria igualmente determinado por simbólico, imaginário e real, igualmente oprimido e estrangulado por estes. Ele veio a pensar que uma certa estrutura topológica, o nó borromeano, era a estrutura perfeita para destacar a tríplice relação entre eles e o sujeito (Freud não estava longe de pensar numa estrutura semelhante ao analisar como inibição, sintoma e angústia estão modulados. Freud também diz que o *eu* está igualmente oposto a três termos: o *supereu*, o mundo exterior e o *isso*. Se quisermos ligá-los aos registros lacanianos, podemos supor que o mundo ou realidade exterior seja o imaginário, o supereu o simbólico e o isso o real).

Este nó tem pelo menos uma propriedade: cada um dos três termos está ligado a cada um dos outros pelo terceiro (cf. *Ornicar?* 5, 92).

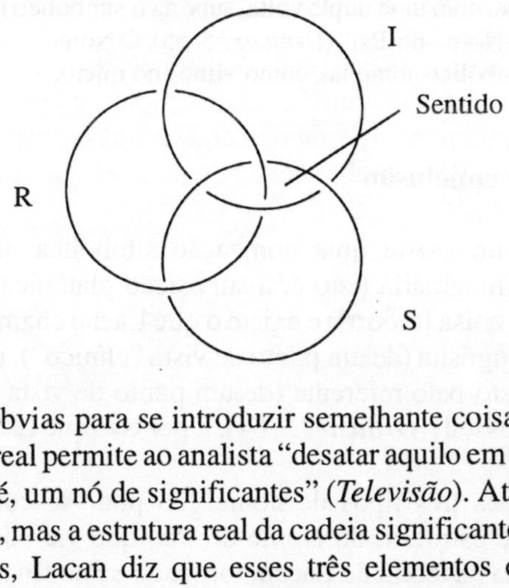

Uma das razões óbvias para se introduzir semelhante coisa no campo freudiano é que o real permite ao analista "desatar aquilo em que consiste o sintoma, isto é, um nó de significantes" (*Televisão*). Atar e desatar não são metáforas, mas a estrutura real da cadeia significante. Em todas as outras ocasiões, Lacan diz que esses três elementos encadeados constituem uma metáfora. Não uma metáfora do inconsciente, e sim da própria cadeia. Uma metáfora de número (*Ornicar?* 10, 5).

Não vou discutir as propriedades muito complicadas do nó borromeano quando, em vez de três círculos, temos mais de três — elos inumeráveis, até mesmo de um número infinito — ou mesmo quando, em vez de elos, temos cadeias, séries e assim por diante. Muitos livros foram escritos sobre este tema. Vou preferir tomar o nó borromeano como a "junção" sem a qual tudo se separa e cai em pedaços. A "junção" é o Nome-do-Pai. Mas quando Lacan desenvolve a idéia do Nome-do-Pai como este nó, ele afirma o seguinte:

• O Nome-do-Pai é o próprio nó. E o que é um nó? É um furo e uma modulação em torno deste furo. O nome próprio é um furo (como a coisa não tem nome, dá-se um nome à ausência da coisa). Os judeus, diz Lacan, "são muito claros a respeito daquilo que chamam de Pai. Enfiam-no em algum lugar do furo que não podemos sequer imaginar: Eu sou o que sou — isto é um furo, não é? Um furo (...) engole as coisas, e às vezes torna a cuspi-las. O que ele cospe? O nome, o Pai como um nome". (*Ornicar?* 5, 54).

• Mas, uma vez que o Nome-do-Pai é uma metáfora, deslizamos de um elo para o seguinte. Só existem Nomes-do-Pai. "Os Nomes-do-Pai são o simbólico, o imaginário e o real. Eles são os primeiros nomes, na medida em que nomeiam alguma coisa." (*Ornicar?* 5, 17).

• Porém, o Nome-do-Pai é acrescentado ao nó como algo mais, algo adicionado. Porque ele *é* um nome. "Das três consistências, nunca se sabe qual é a real. Por isso é que elas têm que ser quatro. O Quatro é aquele que, com uma dupla volta, suporta o simbólico naquilo pelo qual é louco: o Nome-do-Pai" (*Ornicar?* 5, 55). O Nome-do-Pai é outro nome para o simbólico como tal, como vimos no início.

À guisa de conclusão

Para concluir, existe uma nomeação simbólica, mas também uma nomeação imaginária (isto é, a suposição platônica de que o nome é adequado à coisa [ειδοσ]) e existe o que Lacan chama de nomeação do real como angústia (de um ponto de vista "clínico"), mas também o real como suposto pelo referente (de um ponto de vista lógico — Kripke, mais que Russell) (*Ornicar?* 5, 64). É por isso que Lacan fala dos nomes dos astros.

Com esses três tipos de nomeação pode-se compreender toda a circulação e estrutura do Nome-do-Pai, que vai adquirindo cada vez mais sentido na teoria de Lacan, tornando-se ao final, de certo modo, a própria *estrutura.*

Existem, de um ou outro desses pontos de vista (simbólico, imaginário, real), muitos nomes do pai — a Mulher, por exemplo, ou o homem mascarado. "O Pai tem tantos (Nomes) que não há nenhum que lhe seja adequado, exceto o Nome de Nome de Nome.[1] Não existe um Nome que pudesse ser seu nome próprio, exceto o Nome como uma ex-sistência" (*Ornicar?* 6-7, 7).

Podemos agora compreender por que Lacan forneceu, em "Ciência e verdade", uma definição muito estranha da psicanálise: "a psicanálise é essencialmente aquilo que traz o Nome-do-Pai de volta ao exame científico" (*Newsletter of the Freudian Field*, 3, 22).

NOTA

1. As palavras *nom de* figuram em muitas imprecações francesas: *nom de Dieu*, *nom d'un chien*, *nom d'un nom* etc.

PARTE III

Transferência e Pulsões

A transferência como logro

Pierre-Gilles Gueguen

Escolhi a transferência, em vez de muitos outros tópicos a serem selecionados do Seminário 11, por uma série de razões, algumas obscuras para mim, mas certamente porque penso ser um tópico bastante "prático". Tem a ver com a maneira como praticamos a análise atualmente, e é nisso que estou mais interessado. Também estou interessado no que é a psicanálise hoje, e esta é, provavelmente, uma das razões por que escolhi o tópico da transferência como logro.

Gostaria de começar com a primeira perspectiva da transferência em Freud, o que envolvia transferências, em vez de transferência no singular. Se tomarmos a transferência como um fenômeno da vida cotidiana, ela é um insulto à razão. É um aborrecimento nas relações diárias entre os seres humanos que são, nas palavras de Lacan, seres de fala (*parlêtres*). Quando observamos a transferência na vida diária, ela surge disfarçada nos mais contraditórios sentimentos: amor, ódio, indiferença real ou fingida, confiança, desconfiança, angústia e assim por diante. Em suma, a comunicação transparente e racional é bloqueada o tempo todo por vários processos que podem se classificar sob o título geral de afetos, uma vez que estão sempre afetando a mensagem que só pode ser transmitida à custa de numerosas distorções.

Freud e outros analistas, inclusive Melanie Klein, notaram esse fenômeno clínico, mas a transferência não é encontrada somente no domínio da clínica. Políticos, educadores, líderes e todos os tipos de pessoas tiveram de enfrentar problemas transferenciais em suas vidas diárias. Tiveram de levar em consideração a natureza imprevisível das reações do eleitorado, dos alunos, pacientes etc. Alguns são muito cínicos quanto aos problemas transferenciais que surgem nas relações humanas. Alguns tentam agir de acordo com as sugestões psicanalíticas sobre o tema. Outros simplesmente desistem e tentam passar o encargo da transferência para os supostos especialistas — provavelmente, a razão para que existam psicanalistas. Por fim, existe uma categoria de pessoas, inclusive analistas, que se dedicam a estudar semelhantes comportamentos, aparentemente erráticos. Construíram-se muitas teorias relativas à relação médico/paciente. Alguns educadores tentaram compreender igualmente a transferência. Produziram-se toneladas de literatura referente ao aprimoramento da pedagogia. Os políticos observam de maneira obsessiva as pesquisas de opinião, com a mesma atenção das estrelas de cinema envelhecidas ao se olharem no espelho.

Ora, todas essas técnicas pertencem ao domínio do imaginário. Todos agem como se alguma espécie de pura transmissão pudesse superar os obstáculos de afeto e transferência. Mas, quanto mais os meios de comunicação divulgam informações e se expandem as redes de notícias, mais crescem os mal-entendidos. Quanto a esse aspecto, a transferência pode ser encarada como um obstáculo ao progresso da razão, na mesma medida em que afirma ser científica. Por exemplo, Descartes, em sua obra *As paixões da alma*, distingue cuidadosamente paixões e pensamentos. A seu ver, existem pensamentos, por um lado, e paixões, por outro, juntamente com o corpo e a alma; o corpo é acrescido do pensamento para fazer o afeto. Neste paradigma, a transferência é enganadora, porque se coloca no caminho da verdade.

Outro aspecto da transferência diz respeito aos sujeitos falsamente confiantes — membros do eleitorado, alunos e pacientes, todos eles vítimas da transferência. Esta questão sempre esteve no centro dos assuntos, e foi um ponto crucial no começo da psicanálise. Foi também uma questão crucial no começo do tratamento médico moderno, e nas circunstâncias passadas e presentes da opção política. Hoje uma pessoa pode perguntar: "será que minha escolha é boa? Escolhi um bom analista? Minha decisão está isenta de uma cegueira apaixonada? Por que escolhi este analista em particular? Porque é brilhante, é mesquinho, ou tem boa aparência, ou será que é porque sabe falar num tom gentil?" Todos nós temos perguntas semelhantes quando iniciamos um tratamento psicanalítico. "Minha escolha é desapaixonada? É razoável?" Qualquer escolha tem os seus riscos. Qualquer escolha é uma maneira de apostar no Outro.

Política, educação, prática médica, psicanálise, todos requerem algum tipo de adesão ou crença, algum tipo de risco no começo e no decorrer do processo, uma vez que a escolha tem de ser renovada todos os dias. Cada vez que se vai a uma sessão, tem-se que perguntar a si mesmo essas coisas novamente porque esses riscos podem ser assumidos, não em nome da razão ou da ciência, mas somente em nome do amor. Alguns de nós tentam negar o fato de que o amor interfere em nossas escolhas. Alguns podem esconder a escolha sob a capa de uma utilidade ou tradição filosófica, mas não existe escolha sem crença, nem escolha sem transferência no sentido mais amplo do termo, na medida em que a transferência é sempre uma questão de acreditar no saber de seu legítimo representante, seja ele político, professor, médico ou psicanalista.

Logo, podemos aceitar o fato de que a transferência sempre engana quem nela acredita, ou pelo menos deixa quem nela crê suspenso a uma revelação que por fim será verificada, depois da decisão? Penso que esta é uma questão muito crítica para quem quer que se dirija a um político, professor, médico ou psicanalista. "Como posso ser protegido contra mim mesmo? Como posso ser protegido contra os possíveis efeitos negativos da cegueira do meu amor, ódio ou ignorância?"

A transferência é, portanto, um logro do ponto de vista científico, mas deve ser também considerada um engano, se for apenas uma crença na correção do outro enquanto parceiro. A questão é mais complexa, porém, e vamos tentar examinar o que é acrescentado à simples crença na correção do outro como parceiro. Se quisermos saber mais sobre isso, devemos observar em primeiro lugar que a transferência introduz a intersubjetividade entre o sujeito e o objeto da transferência.

Este ponto foi desenvolvido filosoficamente por Descartes, Kant e Wittgenstein. Kant, por exemplo, pergunta: "O que posso saber?" Wittgenstein levanta o problema da certeza, novamente, mas acrescenta a ele uma dimensão suplementar, a da linguagem. Em *Investigações*, por exemplo, ele analisa o discurso filosófico como puro jogo de linguagem, sem relação com a realidade. Ele questiona o poder de sedução que a filosofia exerce sobre os filósofos: "Por que ela seduz os filósofos? Por que os cativa?" Wittgenstein tenta capturar e estabilizar o valor das palavras, encapsulá-las dentro de seus padrões, descrever seus arranjos mediante o uso de uma metalinguagem. Ao fazer isso, Wittgenstein recusa o mundo das essências. Também se perde numa infinita dispersão de sentido, que o faz, ao tentar livrar-se dele, chegar à conclusão de que o silêncio é a única solução restante. Não é a isso que leva a psicanálise. A psicanálise dá suas próprias respostas ao mesmo problema, e elas diferem das de Wittgenstein.

Proponho examinar hoje, em primeiro lugar, as soluções de Freud para o problema da transferência e, em seguida, as soluções propostas pela psicologia do eu, Klein e Lacan. Não quero sugerir, por esse princípio de ordenamento, que as soluções de Lacan sejam definitivas, mas certamente elas são diferentes das demais. Em minha opinião, elas explicam mais que as outras.

Antes de mais nada, vamos examinar as soluções de Freud. No caso Dora, Freud apresentou uma teoria da transferência desenvolvida. "Dora" foi escrito em 1900 e publicado em 1905. Nessa época, Freud já havia lançado as bases da teoria que manteve até sua morte. Essa teoria pode ser resumida da seguinte maneira: a transferência é uma nova versão de antigos impulsos e suas conseqüentes fantasias. Quando Freud fala sobre transferência, ela é um fac-símile obtido com a ajuda de um deslocamento das reações infantis para com as pessoas do círculo do paciente, em particular seus pais. O núcleo da tese de Freud, a meu ver, é que a transferência é um fac-símile. Em segundo lugar, ela envolve um deslocamento para o analista das reações infantis aos outros. Esta é a nossa concepção básica da transferência.

Esta teoria da transferência, como disse Freud, é uma teoria da falsa conexão. Envolve um saber verdadeiro que é deslocado por uma falsa atribuição. Lacan enfatiza, em "Instância da letra no inconsciente" (*Écrits*) que essa falsa conexão contém um deslocamento envolvendo combinação e substituição dos significantes na linguagem. Em suma, a transferência, de acordo tanto com Lacan quanto com Freud, é transferência de um significante para outro significante, de uma significação para outra significação. Aqui, Lacan se alinha com a maneira pela qual Freud utilizava o conceito, antes mesmo que a transferência fosse conceitualizada como a força motriz do elo intersubjetivo entre analisando e analista. Lacan desenvolve essa ligação intersubjetiva mais extensamente em seu "Seminário sobre 'A carta roubada'" (*Yale French Studies*, 48, 1972). A questão da intersubjetividade é retomada por Lacan em "La direction de la cure et les principes de son pouvoir" (*Écrits*). Para Lacan, é óbvio que o analista, como Freud já observara, depende em alto grau da transferência do paciente. Ora, isso reverte a primeira pergunta que formulei: "Como posso confiar nessa pessoa?" No seminário sobre "A carta roubada", Lacan demonstra como o analista depende da transferência do paciente, e isso é muito freudiano.

Em sua 27ª conferência introdutória sobre psicanálise, Freud enfatiza a dependência do analista de seu paciente. Ele qualifica essa transferência como a maior ameaça, e ao mesmo tempo o mais valioso utensílio para o tratamento. Assim, vejam que não estou forçando as coisas; num certo sentido, podemos dizer que Freud era lacaniano. A chave deste ponto se encontra no artigo de Freud "A questão da análise leiga". Aqui, a transferência não é mais considerada um obstáculo, mas, como diz Freud, "o verdadeiro objeto da psicanálise". Sim, o paciente é logrado, o paciente engana a si próprio. Sim, o analista é iludido pelas ciladas e mentiras das transferência. Mas essa ilusão é essencial, uma vez que o que o analista interpreta é a ilusão. Dentro do tratamento, essa ilusão pode ser reduzida àquilo que alterou o julgamento do paciente em relação às figuras parentais.

A transferência, se lermos Freud de uma maneira lacaniana, não é uma questão de afetos deslocados. É uma questão do motivo de o julgamento de alguém ser tão distorcido. É isso que mais interessa Lacan, e Freud também pode ser lido desse modo. O paciente, diz Freud, nos relata a história mais íntima de sua vida, reproduzindo-a de maneira muito tangível, como se estivesse acontecendo, em vez de ser simplesmente lembrada. Não se trata de recordar coisas do passado, mas de elucidar as distorções do julgamento durante a sessão analítica. Nesse sentido, a transferência põe analisando e analista no mesmo barco.

A falsa crença do analisando é, realmente, o que há de mais íntimo e autêntico, para usar uma expressão de Lacan. A tarefa do analista, na época de Freud, era ligar a falsa conexão com o passado do paciente, tal como este realmente o viveu ou descreveu em sua imaginação. O analista tinha de localizar a falsa conexão e determinar o que esta tinha a ver com a história do paciente. Lacan ressalta este aspecto da prática de Freud em seu comentário sobre Dora nos *Écrits*. Dora queixa-se amargamente de que seu pai a traiu, ao mandá-la, contra a sua vontade, para os braços de um homem que ela não amava; o resultado, lamenta-se, é que ela foi traumatizada. Lacan, interessado na maneira como Freud lida com Dora no início do tratamento, observa que Freud não lhe diz: "Dora, você está enganada, não está sabendo interpretar as intenções de seu pai." Freud não diz nada assim. Antes, diz: "você pode estar certa, mas não é este o problema. O problema é saber por que você se permitiu participar da situação que agora denuncia." Freud, ao lidar com essa falsa conexão, não tenta restabelecer a verdade, mas apenas guiar Dora, na descoberta das razões e motivos dessa falsa dimensão.

Em 1951, Lacan se reúne ao Freud de 1900. Lacan fala em "retificação subjetiva". É este o termo que ele usa, aliando-se a Freud, que pensa que a transferência deve ser integrada. Podemos concordar com esse ato de integração, mas temos de nos perguntar o que Freud realmente queria dizer quando dizia que a transferência deveria ser integrada. Lacan afirma que a transferência é um ato de interpretação, uma maneira de envolver o sujeito na busca da razão e do motivo de tal falsa conexão. Não é que Lacan acreditasse no "agora você está me tomando por seu pai ou mãe". Não é isso que Lacan procura no texto de Freud. Para Freud, também é possível que o sujeito esteja mentindo. Talvez Dora minta, talvez não; não é isso que nos interessa. A maneira pela qual o passado imaginado é reencenado e/ou construído na relação de transferência atual é mais interessante.

Podemos agora focalizar a dependência intersubjetiva do analista e do analisando na situação transferencial. Quem depende de quem? Uma solução sugerida por Lacan é que só existe verdade com a ajuda de uma mentira, ou, em outras palavras, a verdade pode ser dita somente em parte. No caso de Dora, por exemplo, talvez ela estivesse errada, talvez estivesse certa, mas havia alguma verdade na mentira que ela supunha, na mentira de sua transferência articulada a Freud. E é com isso, realmente, que temos de lidar. É nisso, realmente, que a psicanálise consiste — manifestar efeitos de verdade mesmo que se minta na transferência. Quem não mente na transferência? Mentimos sempre na situação transferencial, e é isso que Lacan tenta levar em consideração.

No Seminário 11, Lacan fala da transferência como um caminho de logro, e alerta os psicanalistas contra a tentação de falar a verdade a fim de contrabalançar o logro. Lacan enfatiza fortemente que os psicanalistas não deveriam ser os defensores da verdade. Isso seria discurso histérico, não discurso analítico. Mas talvez este alerta deva ser abordado com uma certa cautela. A citação completa é: "No caminho da tapeação onde o sujeito erra, o analista está em posição de formular — 'Você está dizendo a verdade' — e a interpretação jamais tem sentido senão nesta dimensão." Isso é interessante, pois a interpretação é realmente aquilo que acontece em psicanálise.

Se uma interpretação é feita no modo de negação, tende a haver mais negação: esta não é uma concepção acurada da realidade, uma vez que o inconsciente não conhece a negação. Aqui poderíamos introduzir a distinção entre o sujeito da enunciação e o sujeito do enunciado. Em outras palavras, para alguém que pensa que está enganando o analista, o analista não responde "Eu concordo em ser enganado", ou "Eu me recuso a ser enganado". O analista responde com uma frase como, "Sim, você está dizendo a verdade", o que é ambíguo porque contém uma certa tapeação: "Você está dizendo a verdade da tapeação que está em jogo entre nós."

Sempre existe alguma tapeação. "Pensei que poderia tapear o Outro, mas na verdade eu é quem sou tapeado." O sujeito dividido tenta instalar a tapeação no lugar da verdade, pondo palavras falsas na boca do Outro, porque é somente quando formulada pelo Outro que uma mensagem pode ser acolhida como verdade. Deixem-se dar um exemplo. Um paciente, numa sessão, tenta mostrar ao seu analista que bom sujeito ele é. Dessa maneira, o paciente passa o encargo da divisão ao analista: sua mensagem é: "Acredite em mim, sou uma boa pessoa; você sabe que sou mau em alguns aspectos, mas no fundo eu sou bom." O paciente tenta pôr essa mensagem na boca do Outro (neste caso, do analista), mas o analista se abstém de jogar esse jogo. Desse modo, a mensagem volta ao paciente: "Veja o que está fazendo, você está tentando me persuadir de que é uma boa pessoa, quando sabe muito bem que não é uma pessoa assim tão boa." Isso volta para o paciente, e a divisão, primeiro transposta para o analista, retorna para o paciente.

Isso, é claro, supõe que o analista mantenha uma posição específica. Isso supõe que não haja um jogo recíproco transferencial, nada de proclamações como "ao fazer isto, você pensa que eu sou seu pai", ou "você pensa que sou sua mãe". O silêncio é, provavelmente, a melhor solução no exemplo trivial que escolhi. Freud nos dá alguma explicação para essa posição analítica, ao fim de sua vida. Podemos encontrá-la em "Esboço de psicanálise", escrito em 1938. Nesse texto, Freud diz que, apesar de tudo, um paciente está disposto a continuar no caminho da tapeação enquanto procura a verdade devido ao amor. É por isso que o paciente continua a mover-se em direção à cura, abandonando o gozo que tira de seu sintoma.

A explicação que Freud dá sobre a transferência no fim de sua vida se lê da seguinte maneira: "O paciente se cura para agradar o analista e espera, ao fazer isso, ganhar o aplauso e o amor deste." Aqui, Freud demonstra o quanto é cauteloso em relação à transferência. Ele crê que ela pode ser a força motriz da análise, mas também a fonte de todo perigo analítico. Na prática clínica, o amor pode virar muito depressa ódio, e não há nada pior que o amor traído. Assim, Freud muda lentamente, durante sua vida, da interpretação da transferência ao manejo desta no fim da análise.

Uma vez que a transferência é útil para fornecer uma indicação do verdadeiro passado do paciente, ela deve ser tratada com cuidado. Os analistas não devem deixar que ela atinja seu auge de amor, não apenas porque isso é manifestamente perigoso, mas também devido às conseqüências de deixar o paciente alcançar tais alturas transferenciais que lhe permitiriam uma imersão no êxtase a ponto de poder subjugá-lo imaginariamente e ao mesmo tempo reforçar antigos padrões de gozo. Não haveria trabalho, mas antes uma espécie de encantamento. Algumas pessoas, num certo ponto de suas análises, ficam de fato encantadas com seus analistas. Sonham para eles, ou fazem outras coisas para se tornarem bons analisandos. São muito felizes, mas não trabalham. Em conseqüência, aprendem muito pouco sobre seus processos inconscientes.

Freud nos avisa para não deixarmos a transferência ir muito longe. Por outro lado, nos alerta no sentido de não deixarmos que ela alcance o cúmulo do ódio porque se isso ocorrer o paciente tem probabilidades de romper sua análise. A posição de Freud, melhor descrita como paradoxal, ainda é nova para nós. Quanto mais o analisando ama o analista, mais fica alienado pelos significantes do desejo transferencial. Inversamente, quanto mais o analista maneja a transferência, isto é, quanto mais se opõe a esta, mais contratransferência é introduzida no tratamento, o que é problemático do ponto de vista lacaniano.

Aqui eu gostaria de citar Colette Soler, um membro bem conhecido da École de la Cause Freudienne, que diz: "Não existe contratransferência; antes, o problema consiste em ir contra a transferência." É isso que Freud propõe: manejar a transferência. Manejar a transferência significa ir contra a transferência — não deixar que esta se torne muito forte porque, se um analista imerso nas crenças do paciente sobre a transferência tentar responder à transferência do paciente com a sua própria, então a situação alcança um ponto de parada onde nada pode ser feito. Colette Soler chamou essa situação de "bombeiro piromaníaco": se a transferência não for forte demais, deve-se atiçá-la; se for forte demais, deve-se jogar água nela.

Freud indica que a transferência põe o sujeito numa nova posição de dependência, e é responsabilidade do analista compreender essa nova dependência e lidar com ela adequadamente na situação analítica. É por isso, por exemplo, que Lacan declara que nem todo mundo deve ser tomado em análise, porque o analista se responsabiliza pelo manejo da transferência. Isso não quer dizer que o paciente escolha um analista e fique livre de qualquer responsabilidade: ele ainda é responsável, e o analista — como enfatiza Lacan no caso de Dora — deve tentar implicá-lo em sua responsabilidade. Mas, em última instância, é ainda o analista o responsável pelo manejo da transferência; não há meios, uma vez que uma análise foi iniciada, de o analista dizer: "Vamos parar por aqui. Não quero mais jogar este jogo."

É por isso que Freud aconselhava os analistas a serem muito cautelosos no manejo da transferência, e sobretudo a não utilizá-la como um meio de frustrar o paciente. Se o analista fizer isso, Freud observa em seu "Esboço de psicanálise", estará assumindo a posição de supereu; Freud afirma que deve-se ter o cuidado de não assumir essa postura. Deve-se tentar manejar a transferência, mas não usá-la para levar o paciente longe demais. Nos *Écrits*, Lacan diz que este poder dá ao analista uma saída para o problema, apenas sob a condição de não utilizá-lo (*Écrits*, 236). Somente então a transferência assume seu novo desenvolvimento. Vejam que, nesse sentido, Lacan é muito fiel a Freud. O manejo da transferência é central à própria noção de transferência. A transferência deve ser apenas manejada e analisada. Mas, por outro lado, com a situação transferencial vem um poder que é conferido ao analista, e que não deve ser utilizado para que toda a transferência se possa desenvolver.

A transferência é repetição, porém é mais que isso, e este é um dos pontos principais de Lacan no Seminário 11: a repetição é somente uma pequena parte da transferência. Se utilizarmos a transferência como Freud e Lacan nos advertem no tratamento analítico, vamos enfatizar o manejo, não a interpretação da relação transferencial. Desse modo, o analista engana o paciente. Ele sabe alguma coisa que poderia ser relevante quanto aos padrões de verdade, se podemos falar de tal coisa, mas não a comunica ao paciente porque isso não é apropriado à situação analítica. Nesse sentido, existe uma certa tapeação, e Lacan sugere uma razão para isso no Seminário 11. Vou parafrasear seu argumento aqui. Alguma coisa está sempre sendo evitada: essa não é uma desculpa, e sim a razão para a transferência: explicitamente, nada pode ser obtido *in absentia*. Isso significa que a transferência não é a sombra de algo que alguma vez foi vivo. Ao contrário, o sujeito, na medida em que é submetido ao desejo do analista, quer trair este último por esta sujeição, fazendo-o amar o analisando ao oferecer a duplicidade que é o amor. A transferência produz um efeito de tapeação na medida em que é representada no aqui e agora. Ela é repetição daquilo que possui a mesma forma a partir de uma outra cena. Não é a sombra de um antigo logro de amor.

Essas são as idéias essenciais de Lacan nessa passagem. Gostaria de enfatizar que, tenha ou não existido realmente a relação transferencial na infância do paciente, isso é menos importante do que o que aparece na transferência. É isso, precisamente, o que o analista tem que enfrentar. Embora o analista seja uma pessoa e, portanto, não indiferente à dor do analisando, de certo modo pode-se dizer que a posição do analista como tal é ser indiferente ao sofrimento. Por exemplo, ele não vai dizer ao paciente que se recupera de um trauma deste tipo: "Como você é infeliz! Vamos encontrar o culpado?" Esta não é a perspectiva recomendada para o psicanalista; o psicanalista aceita seja o que for de traumático na experiência do sujeito e tenta incitar este último a desenvolver os significantes que foram fixados no trauma.

Obviamente, este ponto de vista difere bastante da maioria das outras visões concernentes à tolerância da dor. E esta é uma concepção relevante, mesmo quando pensamos que as relações transferenciais têm a ver com aquilo que aconteceu realmente no passado do sujeito. Não importa julgarmos verdadeiro ou não que aquilo que é dito na transferência é uma reencenação do passado, o sujeito no presente tentará evocar o amor do analista. É claro que estou usando correlações desenvolvidas por Lacan, na medida em que elas se afinam bastante com a perspectiva final de Freud sobre a transferência. Freud permaneceu muito cético quanto ao fato de o analista trabalhar com a verdade última. Por exemplo, em "Análise terminável e interminável", Freud afirma que existe um ponto na dinâmica da análise que não podemos atravessar. Quando atingimos a tríade edipiana ou complexo de castração, existe um ponto onde nenhuma verdade última pode ser revelada. Esta não é a solução de Lacan, e foi por isso, provavelmente, que este inventou o objeto *a* — a fim de ir um pouco além. Mas o objeto *a* não é a verdade última; ele é uma construção como tal, que tem a ver com a última falsa conexão entre as relações do paciente com seu objeto, e não algo que é entregue a partir do passado, como alguma verdade das origens.

Os psicólogos do eu mudaram o espírito da pesquisa de Freud ao isolar porções de sua obra e interpretar o eu como uma representação autônoma da personalidade. Gostaria de me deter um pouco mais na solução fornecida pela psicologia do eu para a transferência. Aqui estão algumas das perguntas que associamos com este tipo de terapia: "Como posso escolher? Como posso optar por um analista? Como posso fazer uma escolha em minha vida?" Perguntas semelhantes levam à conclusão de que a psicologia do eu apresenta uma solução às mentiras terapêuticas. Isto acarreta uma análise extensiva da transferência, negligenciando a questão da aliança terapêutica. Se voltarmos à clássica psicanálise freudiana, vamos descobrir que a aliança operativa — a aliança terapêutica — tem a ver com um contrato, e este contrato é firmado entre um eu e outro, entre o eu do paciente e o eu do analista. No modelo de Lacan, não é possível pensar a análise como um contrato entre o paciente e o analista.

Do ponto de vista de Lacan, a questão é como pensar um contrato que não envolva o livre-arbítrio tanto do analista quanto do analisando. Se fosse falar de contratos, Lacan diria que o contrato analítico é feito entre o paciente, o real, e seu inconsciente. Logo, o analista é apenas *um semblante*, ou parceiro do contrato. Pensar a psicanálise em termos de contratos significa pensar a psicanálise como um processo que ocorre entre parceiros. Mas, de acordo com este paradigma, como se pode isolar um lugar para o Outro se pensarmos que o tratamento começa com um contrato? A psicologia do eu define o que acontece na situação analítica como um contrato. Mas para definir um contrato temos que definir uma aliança que se mantém distante dos jogos neuróticos e trabalha com as "reações adultas" do paciente.

Na solução oferecida pela psicologia do eu, o paciente supostamente se comunica com suas próprias palavras ou sentimentos. Mas o que significa comunicar-se com os próprios sentimentos quando não existe algo como o puro sentimento? Supõe-se que o paciente se comunica com palavras, sentimentos, reflexão, meditação e auto-observação para manter contato com a realidade analítica. Se o paciente tiver um contato tão bom com a realidade psicanalítica, não vejo por que precisaria de tratamento em primeiro lugar! A psicologia do eu não aceita a possibilidade de haver um desajustamento na relação paciente/analista, e se encontrarmos problemas nessa situação, a solução é ser realista e razoável, seja o que for que isso signifique. Gostaria de citar um antigo vice-presidente da International Psychoanalytical Association num artigo escrito em 1970 sobre a noção de realidade. É um artigo muito tocante. Ele está completamente perdido quando pergunta se devemos ou não adaptar os pacientes a uma realidade específica, porque a questão se torna a que realidade estes se deveriam adaptar, àquela "anterior à guerra do Vietnã ou à posterior à guerra do Vietnã, porque tudo mudou tanto, não sabemos mais que valores podemos realmente manter". Esta não é uma questão trivial, se pensarmos em termos de adaptar as pessoas à realidade. Se somos a favor da adaptação, então temos de nos perguntar a que realidade se deveria adaptar, especialmente porque a realidade tem uma base histórica e está sempre em mutação. Pode-se ter problemas no estabelecimento da transferência se a recomendação é ser realista e razoável.

Existe algo de muito difícil nessa abordagem, em especial se acreditarmos que, no início do tratamento, temos de estabelecer um contrato justo e razoável, baseado na realidade. Em segundo lugar, supõe-se analisar a transferência do paciente, e sabemos que ela envolve a projeção de uma quantidade de falsas conexões e idéias irreais sobre a figura do analista. Isso, certamente, apresenta um problema para os psicanalistas: como eles podem relacionar a idéia de terem que fazer um contrato adulto no início do tratamento com a idéia de que, nessa relação com o analista, o paciente repete situações infantis? Como devem saber, a seguinte interpretação predomina nos círculos analíticos: "Você me toma por outra pessoa, e eu não sou esta pessoa na realidade." Neste caso, o analista usa a si mesmo como padrão de realidade.

Mas, quantas vezes podemos formular a pergunta: "O que é realidade"? Se você é um psicanalista, tem uma tradição, e tais questões fazem parte dela. Mas, se você é um psicólogo do eu tradicional, tem que responder a tais questões privilegiando suas próprias respostas como sendo as corretas. Para o psicólogo do eu, a realidade externa não é a realidade psíquica, como queria Freud, mas uma realidade objetiva, exterior, válida para ambos os parceiros. Minha questão, nesse contexto, é: como então devemos manejar a transferência? É interessante notar que Freud adverte que o manejo da transferência é secundário, e o principal é a análise. Este é o exato oposto da psicologia do eu, onde o manejo da transferência é mais importante que a análise da transferência, que se torna secundária. Na psicologia do eu, o manejo da transferência nada mais é que uma estratégia adotada pelo analista para manipular o paciente até um ponto onde as ações transferenciais deste sejam amplificadas o bastante para se tornarem analisáveis.

Não é este o ponto de vista adotado por Lacan. Ele não pensa que o manejo da transferência seja uma espécie de manipulação, e sim que a transferência deve ser manejada com muito cuidado. De acordo com Freud, não se trata de manipular os pacientes a fim de fazer emergir suas reações de modo a que estas sejam analisadas, mas, ao contrário, fornecer situações em que o amor e o ódio não sejam tão fortes a ponto de impedir que os pacientes desenvolvam os significantes de suas próprias transferências.

Na maneira clássica de explicar o tratamento psicanalítico, a análise da transferência pode ser impedida apenas pela contratransferência do analista. Isso incorpora a idéia de que a transferência é uma questão de sentimentos; temos que avaliar a análise pelo critério dos sentimentos do paciente, e em seguida tomar cuidado com os próprios sentimentos revelados através da contratransferência.

A solução lacaniana não envolve sentimentos, especialmente os do analista. Os analistas lacanianos têm sentimentos, é claro, e — espera-se — são sensíveis o bastante para não revelar que gostam mais de um paciente que de outro, por exemplo. Mas para os lacanianos não se trata de gostar ou não gostar desta ou daquela pessoa, de ser dominado pelos próprios sentimentos; a questão é estabelecer situações em que o paciente seja capaz de reconhecer seus próprios significantes. Esta técnica é muito diferente dos métodos adotados pela psicologia do eu. Em "La direction de la cure", Lacan critica tais procedimentos. Ele afirma que, deste ponto de vista, a transferência se torna o cobertor de segurança do analista. Nesse modo de comportamento, diz Lacan, "existe uma insistência que abre a porta para todos os tipos de pressões, convenientemente alcunhadas de 'reforço do eu'".

Gostaria de examinar agora a solução kleiniana para a questão da transferência. Existe um artigo de Melanie Klein, escrito em 1952, que se chama "A origem da transferência". Sua tese é que a transferência está baseada em fazer voltar o sujeito à constituição de suas relações de objeto, nomeadamente ao amor e ódio intensos que caracterizam suas primeiras relações ao corpo. Isso explica por que Melanie Klein deu tanta ênfase à análise da transferência negativa, uma vez que, para ela, isso tem a ver com as relações pré-edipianas baseadas na posição esquizo-paranóide. Nesse artigo, Klein opõe-se à idéia de que o papel do analista é receber projeções inconscientes do pai ou mãe reais do sujeito. Ela também sustenta que a transferência não é uma representação literal das antigas reações, pois as imagens primitivas do pai e da mãe foram distorcidas.

No campo do espiritual, Klein pensa que cada experiência interna primitiva está misturada a fantasias e, inversamente, cada fantasia contém elementos de experiência real; logo, é somente analisando as camadas mais profundas da transferência que se pode descobrir o passado em seus aspectos tanto realísticos quanto fantasísticos. Ora, a posição de Melanie Klein é obviamente bastante diversa da dos psicólogos do eu. Aqui, a transferência só pode ser considerada um misto de realidade e fantasia, não como uma dinâmica construída sobre relações reais a pessoas reais. Isso é muito interessante, porque é uma nova concepção do que vem a ser a psicanálise.

A solução de Lacan é diferente da de Klein, porque ele não deixa que as coisas se misturem, como faz Klein; ela mistura os limites do fantasístico e da realidade. Lacan postula algo mais, e sua invenção é o objeto *a*. Sua invenção não se refere à realidade, e sim ao real. Para Melanie Klein, a transferência não diz nada sobre as imagens parentais, já que se refere apenas àquilo que o sujeito real vê, concebe e imagina. Logo, a palavra "imaginário" é muito bem escolhida para tipificar as descobertas de Klein, uma vez que o sujeito imagina sua relação com as figuras de pai e mãe.

Klein também insiste na necessidade de levar em conta o elemento inconsciente da transferência. Mas, para ela, como para os psicólogos do eu, trata-se principalmente de analisar, mais que de manejar a transferência. Lacan chama os escritos dela de eixo da teoria de relações de objeto, que ele acredita serem construídas com base na fantasia de reparação: uma vez que o objeto idolatrado caiu de sua posição de exaltação, o sujeito pode reparar essa destruição imaginária reinstituindo uma assim chamada relação com o objeto total, mais realística, mais temperada que a anterior. Em "La direction de la cure", Lacan critica essa visão pastoral do tratamento analítico como uma maneira de reformar o sujeito. A psicologia do eu tenha reformar o sujeito adaptando-o à realidade; o movimento kleiniano tenta dominar o sujeito, perpetuando o ideal de restauração do objeto. A psicologia do eu dá a equação "realidade é objetividade". Klein fornece a equação "o imaginário é objetivo".

Agora eu gostaria de dizer algumas palavras sobre a solução de Lacan. Ela assume sua forma original no Seminário 11, em 1964, e se desenvolve em outubro de 1976, em "Sobre o discurso da psicanálise". A meu ver, a idéia básica é que a psicanálise não pode ser de maneira alguma um processo de desilusão. Lacan indica, nos *Écrits*: "O analista que deseja o bem-estar do sujeito repete aquilo pelo qual ele foi formado, e às vezes até deformado. A educação mais aberrante jamais permitiu ao analista dizer a seu analisando: "Pode sair. Agora você é um bom menino." (256) Com base nessa citação, como podemos formular a questão da verdade ou certeza no conceito lacaniano de transferência?

Em primeiro lugar gostaria de enfatizar que, para Lacan, o manejo da transferência é uma questão da análise, enquanto que para alguns analistas atualmente esta questão pode ser considerada a questão da análise. O analista não precisa dizer a verdade; não tem que ser o outro do Outro. É de sua responsabilidade assegurar as condições de possibilidade de retificação da verdade. O analisando pode recontar as diferentes variações de suas fantasias, isto é, a maneira pela qual ele se dirige ao Outro, para registrá-lo como parceiro. O analista não deve analisar a transferência; o paciente o fará. Ao analisar a transferência, o paciente vai desenvolver diferentes maneiras, tentativas de se apropriar do Outro, a saber do psicanalista, com o intuito de reduzi-lo a um parceiro. O problema que deve ser analisado pelo paciente é: o que a psicologia do eu coloca no início da transferência?

Quando se introduz a idéia de que o contrato analítico pode ser feito entre semelhantes, apresenta-se ao paciente uma encenação de uma fantasia. A fantasia descreve como, em nossas vidas, reduzimos as outras pessoas a semelhantes; esta é uma definição muito simples do que são os papéis da fantasia. Conforme este paradigma, o paciente acaba por descobrir, no final da análise, como ele utiliza a transferência a fim de reduzir o analista a um objeto, da mesma maneira que o perverso reduz seu parceiro a um objeto. Não é apenas um modo de dizer, quando Lacan afirma que as fantasias fundamentais do neurótico são perversas. O que não significa que Lacan acredite que todos os seres humanos são perversos. Pelo contrário, ele acha que com muita freqüência o neurótico tenta persuadir o analista de que ele é perverso por medo de realmente o ser.

Ora, ao desenvolver a transferência, o paciente pode perceber o que está fazendo. O paciente é capaz de construir sua própria fantasia fundamental e captar os modos pelos quais fixa o objeto que é para o Outro. É a isso que Lacan chama a travessia da fantasia. A interpretação deve ser entendida não tanto como a entrega de saber ao paciente, pois não há simbolismo a se descobrir; o analista não é o repositório da verdade, já que a verdade é verificada por seus efeitos.

A segunda idéia que eu gostaria de desenvolver rapidamente é que, na situação analítica, a transferência é um tipo particular de amor dirigido ao saber. Se o analisando ama o analista, é simplesmente porque o analisando supõe que o analista detém a chave de seu saber inconsciente. Essa mostra de pensamento emotivo bem poderia levar o paciente a um psicólogo ou psicanalista que prometa a ilusão da felicidade. Este saber prometer transformar o sofrimento em significação. Mas a transferência, do ponto de vista lacaniano, permite ao sujeito ingressar no caminho do logro porque, no início do tratamento, o analisando pensa existir um sujeito que sabe, um sujeito que sabe a verdade sobre a verdade. É por isso que o sujeito se engaja em semelhante "pesquisa": porque ele ama a significação do sintoma.

Mas Lacan não considera este saber, mesmo saber inconsciente, onde o sujeito encontra tamanha certeza. Lacan sugere que o sujeito deve liquidar a transferência que não reside em puro saber. Esta é uma idéia que depende da percepção do sujeito com referência ao objeto *a*. E é isso, provavelmente, o que diferencia a psicanálise clássica da psicanálise lacaniana. O objetivo da análise não é o mesmo nas duas abordagens. Para os kleinianos e os psicólogos do eu, trata-se de restaurar o acesso à realidade; para os lacanianos, trata-se de tornar o sujeito capaz de ter um vislumbre do real.

A dimensão apaixonada da transferência

Jean-Pierre Klotz

Hoje, gostaria de introduzir o problema da transferência sob uma perspectiva lacaniana. Vou falar sobre a paixão, porque a paixão é um modo de introduzir a dimensão da transferência. A definição desta no campo da psicanálise é muito bem conhecida: ela é uma forma de amor. Esta foi a definição que lhe foi dada uma vez por Lacan, numa palestra gravada em Louvain, na Bélgica. Mas também é a definição clássica da transferência, isto é, a definição de Freud. Suas imagens são impossíveis de ser ignoradas no encontro psicanalítico, um encontro que oferece um meio de emergência. Ela é encontrada, como tudo mais na prática analítica, como um obstáculo.

O amor de transferência é encontrado como um obstáculo, mas é um obstáculo inescapável. A análise se confronta com obstáculos. A aparência ou emergência do amor, um fenômeno apaixonado produzido pela análise, é um critério de avaliação que indica o que está ocorrendo numa análise. Transferência é amor, mas se tentamos questionar amor de transferência e transferência de amor, somos confrontados com outra questão. Qual é a causa deste efeito de amor em análise? O amor é um meio de encontro do fenômeno. Pois se tentamos compreender a transferência, ficamos com a dimensão apaixonada do amor que emerge como seu efeito, um efeito que nos obriga a questionar as causas deste amor.

Para usar a transferência na direção do tratamento, temos que perguntar o que causa o efeito que é o amor. É necessário distinguir a transferência como um conceito desta emergência do amor como amor de transferência. Não é o amor como paixão que utilizamos para construir o *conceito de* transferência; antes, a emergência da dimensão apaixonada é empregada no tratamento para construir a estrutura conceitual da análise. Utilizar a transferência no tratamento analítico permite ao analista e ao analisando enfrentar o problema da própria direção do tratamento. No Seminário 11, a transferência é encarada por Lacan como uma trajetória teórica diferente daquela dos analistas da IPA. Lacan acredita que as maneiras usuais de se conceitualizar a transferência são ilusórias. Ele chega mesmo a crer que a noção de que o amor se relaciona com o inconsciente, na dimensão subjetiva da experiência, é enganadora.

Lacan enfatiza a dimensão do amor que mente ou engana, sugerindo que esse engano pertence, como tal, à dimensão da verdade. Lacan desenvolve a idéia de que é impossível encontrar a dimensão da verdade sem ser tapeado. O amor é o ponto de encontro, isto é, a transferência é o ponto de encontro que introduz a dimensão da verdade na própria prática analítica.

Sentimentos apaixonados são freqüentemente expressos com referência à análise. Um colega me falava uma vez sobre relações analíticas quando, de repente, disse: "Gosto apaixonadamente da psicanálise." Essa formulação foi inesperada, e fiquei muito surpreso com ela. Depois fiquei espantado por me ter surpreendido, pois pensei, não é possível para alguém que dedica tanto de seu tempo a um determinado campo referir-se à sua relação com este como apaixonada? Ainda assim, na ocasião achei aquilo curioso.

Aí está outro exemplo. Durante a análise, um analisando pode ocasionalmente, ou repetidas vezes, dizer: "Estou entediado, estou cheio de fazer análise." Esta é uma declaração de amor muito menos surpreendente, mas em geral não impede que o tratamento continue. Apresenta uma descontinuidade na análise, algo que não deveria ser considerado imediatamente como pertencendo à cadeia de livre associação.

Um sentimento mais típico expresso em psicanálise é: "Não sei o que é a psicanálise. Não entendo nada disso." Estamos familiarizados com essas palavras saindo da boca de um analisando durante o tratamento, mas pode ser menos comum associá-las a um psicanalista. Nessas três citações, a psicanálise está presente tanto no enunciado quanto na enunciação. São descontinuidades que se destacam e que podem ter como resultado um despertar para o sujeito. A psicanálise não fornece uma abordagem automática para se manejarem essas descontinuidades, mas antes um conjunto de opções ou considerações que ajudam o analista a interagir com o analisando.

Creio que essas três sentenças têm algo em comum: a emergência de descontinuidades num momento de paixão. Todas elas sinalizam a presença emergente da paixão, dentro e fora. Isso pode parecer surpreendente: não tanto os exemplos iniciais, relativos a amor e ódio, mas o terceiro, em que está em jogo o saber ou, mais precisamente, a ignorância. No ensino de Lacan, a ignorância é uma paixão que ocupa um lugar central em análise. A transferência está ligada ao saber, saber como dimensão.

A ambição científica de Freud negligenciava a dimensão da paixão. A ciência não inclui a paixão. O que não quer dizer que os cientistas não se apaixonem. É esse, precisamente, o meio de enfrentar a questão. Pode haver paixão no sofrimento que leva alguém a tornar-se um analista. Como uma dimensão emocional do sintoma do paciente, a paixão é um fenômeno imaginário. Neste caso, interpretar o sintoma, visando a superar o recalque, também visa a suprimir tais efeitos imaginários.

Freud enfatiza o sexo, mais que a paixão. Freud não está preocupado com o amor ao interpretar as formações do inconsciente, mesmo que diga, de vez em quando, que a confiança no analista melhora a eficácia deste tipo de trabalho. Mas, para o analista, o cenário muda quando, em análise, emerge o chamado amor de transferência. Ele não surge de imediato, mas é encontrado. Este é um fenômeno particular que surge em certos momentos durante o tratamento. Em suas observações sobre o amor de transferência, Freud demonstra que ele é um obstáculo, colocando-o no registro da resistência. A associação livre fica impedida, e o analista, como objeto de tal paixão, tem que ser cuidadoso ao responder.

O objetivo do amor não é o mesmo objetivo do trabalho analítico. Mas a transferência é produzida pelo próprio trabalho analítico. Ela não alimenta, simplesmente, a demanda do paciente; funciona como um impedimento à própria situação analítica. A categoria dessa paixão não é cancelada pela interpretação simbólica dos efeitos imaginários, característica das interpretações de Lacan nos primeiros anos de seu ensinamento. Na época, ele via a transferência como uma paixão situada num contexto psicanalítico, mais que num contexto puramente científico.

Deixem-me justificar minha escolha, aqui, da palavra "paixão". Por que deveríamos abordar o problema da descontinuidade constituído pela transferência como uma experiência de paixão? Por que empregar este termo? Lacan é falsamente acusado de não considerar a dimensão afetiva da transferência. Lacan apenas afirma que esta dimensão tem que ser considerada com referência à função significante. A paixão toma seu lugar em torno dessa função. A paixão é um pouco mais que amor.

Existe uma força ou intensidade suplementar que caracteriza o que chamamos comumente de objeto da paixão. E a paixão é essencialmente orientada por um objeto.

A origem da palavra "paixão" é religiosa. Na teologia cristã, ela designa o sofrimento até a morte suportado por Cristo. Mas este sofrimento e esta morte foram seguidos por um efeito positivo: a Ressurreição. E essa ressurreição age para redimir o efeito do amor. Logo, para começar, a paixão é algo sofrido, um estado suportado. Há um sujeito apaixonado que sofre e que é marcado por seu sofrimento. Em segundo lugar, este sujeito se torna ativo, enquanto apaixonado: ele é movido pela paixão. A primeira instância é negativa, ao passo que a segunda é positiva e parece cancelar a primeira com uma força proporcional ao sofrimento suportado. Isso é um sinal do sujeito marcado pela paixão. Lacan utiliza o termo "paixão" quando fala da paixão do significante. O que é especialmente útil aqui, já que une o simbólico e as dimensões afetivas.

(O problema da transferência em análise é revelado quando a transferência é vista em relação à dimensão simbólica da cadeia significante. Vemos que o real como tal, como fundamento da experiência analítica, é sexo. O que nos permite unir o simbólico e o real é o desejo. O problema tem a ver com o lugar do desejo, o objeto do desejo e o significante do desejo. A maneira como se lida com o desejo na análise tem um impacto direto sobre qualquer conceito de transferência.)

A distinção entre significante e significado está ligada à paixão do significante. Para dar todo alcance a essa oposição, o significante determina ativamente o efeito do significado, ou aquilo que parece suportar sua marca, tornando-se, por essa paixão, o significado. Em outras palavras, o significante tem uma função ativa, enquanto o significável — aquilo que pode ser significado — suporta sua marca. O significado é causado pelo significante. Ele porta a marca do significante. Em "La signification du phallus" (*Écrits*), Lacan introduz o significante como paixão.

O paciente é alguém que sofre, alguém que foi marcado pelo significante. Nesse golpe de significação, o sujeito é marcado como ao mesmo tempo paciente e apaixonado, mas a paixão não aparece como uma característica contingente do sujeito. Não há mais sujeitos apaixonados; apenas um significante pode ser apaixonado. Esta é uma referência estrutural para o analista ou analisando que encontra a dimensão apaixonada da análise sob a forma, por exemplo, de amor de transferência, ou, falando de modo mais geral, paixão de transferência. Os significantes podem aparecer na análise como um obstáculo, falha ou falta que resiste. Não haveria possibilidade de tratamento analítico sem isso, porque tal falha caracteriza o sujeito na sua relação com a dimensão simbólica que o causa.

Até agora abordei a paixão do ponto de vista do significante, isto é, de uma perspectiva estrutural. Na prática, a gramática da paixão indica que o sujeito se confronta com o real (que é impossível de simbolizar) no que tange à relação sexual. Não é por acidente que o primeiro termo da paixão significante seja o falo. É com referência ao falo que a paixão do significante é introduzida por Lacan, que mais tarde diz que o amor (e por que não dizemos paixão aqui?) age como um substituto para a relação sexual, que não existe. A paixão tem de ser encontrada na particularidade de cada caso clínico. A paixão do significante, por um lado, e a relação com o sexo, por outro, devem estar presentes quando avaliamos o impacto e o lugar da paixão na cura.

Qualquer significante é potencialmente apaixonado, já que a paixão pertence à sua dimensão de falta. A tradução inglesa que Lacan propôs para *manque-à-être* (falta-a-ser), *want to be* (querer ser), indica bem a dimensão apaixonada do sujeito, sua atividade ligada à passividade e sua submissão à linguagem. A paixão se manifesta na demanda, e é através da demanda que a paixão do significante opera.

Para ilustrar o papel da paixão em análise, vou discutir um caso de histeria. É o caso de uma jovem mulher cujo sintoma inicial era uma fobia animal clássica, mas nem por isso menos incapacitante. Era tanto mais limitadora para ela, uma sofisticada moradora de cidade grande, na medida em que tinha uma paixão implacável por diferentes campos de saber e era uma eterna estudante, vivendo naquela época no campo, lugar adequado ao encontro com toda a espécie de criaturas, grandes e pequenas. No começo do tratamento ela manifestou, de várias maneiras, o problema da relação do sujeito com o saber. Desafiava seus analistas com o argumento de que estes eram homens, e portanto não podiam ser benéficos para uma mulher como ela, já que não lhe podiam fornecer as respostas que ainda assim não se cansava de esperar. Aqui já podemos entender a noção da mulher como questão.

Seu pai figurava para ela o desapontamento de tanto quanto podia lembrar-se. O pai arruinara sua vida, e quando falava dele, estava geralmente associado a animais, freqüentemente a cachorros grandes, e uma vez a um burro. Mas ela tampouco gostava de mulheres, mesmo que quisesse simpatizar com estas. Considerava o fato de ser mulher uma maldição. Com a mãe, cultivara uma relação que podia ser descrita como uma cumplicidade odiosa. De fato, toda a atmosfera familiar produzia a mesma repulsa que sentia pelos animais que invadiam seu mundo.

Por algum tempo foi difícil levar o tratamento. Ela continuava estudando e trabalhando e, a fim de preservar sua liberdade, recusava-se a manter um emprego permanente. Com efeito, sua análise começou quando ela abandonou um trabalho estável e sério, que não a interessava. As expressões "isso me interessa" e "isso não me interessa" sempre assinalavam sua dimensão apaixonada. Ela afirmava que entrar em análise era para ela uma escolha de liberdade, e que sua fobia era o último laço que a restringia. Depois de várias crises na transferência, inclusive uma interrupção de alguns meses, ela retomou o trabalho analítico. Obteve um emprego estável, uma posição administrativa para a qual estava eminentemente qualificada, mas não tinha interesse naquilo. Embora sua fobia estivesse ausente de seu discurso durante longos períodos, sempre que a mencionava, a fobia aparecia firmemente enraizada.

A análise foi mudando de forma gradativa, porém, e aos poucos ela desenvolveu uma convicção que já havia se delineado aqui e ali. Uma figura de mulher emergiu, mas esta figura tornou-se associada a uma bruxa, uma assustadora figura fantasística, e ela começou a revelar sua angústia de fazer mal às pessoas, especialmente homens com quem tinha que se relacionar. Sua angústia chegou a um clímax no seu local de trabalho quando um homem ofereceu-lhe uma promoção que iria aumentar suas responsabilidades profissionais. Longe de agradá-la, este reconhecimento de suas capacidades provou ser insuportável, porque ela não tinha, em absoluto, uma idéia de quais habilidades possuía que poderiam ter levado à sua promoção. O fato de estar envolvida com um outro tipo de trabalho, o de transferência, acarretou outro desenvolvimento: ela começou a falar da sua transparência, da sua inveja e do medo de se encontrar, o que indicava que sua angústia se relacionava com aquilo que era opaco na sua aparente transparência diante do mundo, aquilo que poderia ser definido como o olhar do Outro.

Acima de tudo, relatava uma experiência vivida nessa época ao encontrar uma aranha, antes um animal particularmente fobógeno para ela. Neste caso, a aranha causara apenas um medo normal. De certa forma, poderíamos dizer que a angústia tivera sobre ela o efeito que ela produzia no Outro, e isso a curou da fobia. Mas era uma cura que sugeria uma passagem de um dilema a outro. A fobia parecia se fundar numa angústia generalizada, localizada no início e deslocada para um animal. Sua questão tornou-se uma espécie de alternativa impossível: ela precisava experimentar sua fobia ou ver-se como um animal imundo que punha o Outro em perigo. Isso tinha todas as características de uma escolha forçada sobre a qual não tinha qualquer controle. Mais ainda, ela sentia que o lugar que marcava sua fobia hiante era um vácuo. Mas, apesar do horror que a confrontava, ainda queria saber mais.

O que descrevi aqui foi o primeiro ano do tratamento, que ainda está em curso. Tópicos apaixonados, como o seu medo de animais, são muito menos prevalentes agora. Mas o que eu chamo de sua paixão de saber ainda continua, já que nunca deixou de ser uma parte principal do tratamento. Devido à promessa de uma cura, é o saber sobre a psicanálise que lhe interessa; ela se tornou cada vez mais apaixonada pelo saber psicanalítico, como acontece com freqüência ao sujeito histérico. Entretanto, um momento de curiosidade intelectual é muitas vezes seguido por um momento em que ela se interrompe e fica olhando para o que parece ser um buraco. Depois começa de novo, dizendo que espera se livrar de tudo que não lhe interessa. Mas sua paixão permanece orientada em direção àquilo que não pode manejar.

A psicanálise, para ela, tornou-se cada vez mais um ponto de ignorância, pois começou a compreender a si mesma em relação àquela falha. Mais precisamente, ela começou há pouco a entender que a fobia era um meio de se livrar daquela falha, e que a transformação de fobia em angústia generalizada, de certo modo pior, na verdade a ajudava, fornecendo-lhe uma relação com o saber.

Este caso ajuda a ilustrar a relação entre saber e amor, na visão de Lacan da transferência como amor e da ignorância como paixão. Os movimentos da paciente, de amor e ódio em torno da falha no saber, eram numerosos. Para o sujeito neurótico, a falha no saber e a descontinuidade resultante induzem à castração simbólica, já que esta paixão encobre uma separação fundamental entre o sujeito e o Outro. Não haveria um sujeito sem o Outro, o que nos permite dizer que o sujeito é uma conseqüência da ordem significante, isto é, o sujeito deve se submeter a esta ordem. Mas o sujeito histérico permite uma melhor operação analítica, devido à sua orientação ativa em direção ao Outro. O sujeito obsessivo permanece mais dentro de seu confinamento, evitando o Outro. A principal paixão do obsessivo está mais próxima do ódio. É por isso que Lacan fala da "histerização" do sujeito, necessária para pôr o paciente a trabalhar. Mas é fundamentalmente a ignorância como paixão que melhor define a paixão do neurótico: a ignorância é o nome da relação que se tem com o saber.

Comecei meu artigo com o analista que me falava de sua paixão pela psicanálise. Parece que, no fim da análise, a paixão do sujeito neurótico deveria desaparecer. Entretanto, Lacan fala de um aumento na paixão — como solução para a paixão do neurótico — que é recriar o sujeito em relação à castração simbólica. A paixão entra no lugar do sujeito, entre o sujeito e o Outro. Mas quando um analisando se torna um analista, o que acontece com essa paixão?

A pulsão I

Marie-Hélène Brousse

Quero começar com o capítulo 1 do Seminário 11, intitulado "Excomunhão", onde Lacan faz duas perguntas: quais são os fundamentos da psicanálise, e o que a funda como práxis? Considero isto um meio útil para introduzir as pulsões, porque Lacan começa neste texto precisamente com a questão emergente, com os quatro conceitos escolhidos por ele, e não com outros. Por exemplo, por que as pulsões e não o desejo? O que há de mais fundamental nas pulsões que no desejo?

Vou tentar responder a essa pergunta. Existem muitas respostas possíveis, mas creio que a primeira se relaciona com o problema de Lacan naquela época de seu ensino, indicado no próprio título do capítulo, "A excomunhão". Refiro-me à sua situação no movimento psicanalítico em 1964, porque ele liga o problema do que é fundamental numa psicanálise ao da formação dos analistas. Num certo sentido, se ele trabalha nos quatro conceitos fundamentais, é a partir da perspectiva dos analistas em formação: o que se ensina numa análise didática, e o que é fundamental para a transmissão da psicanálise?

Quando Lacan fala da formação dos analistas nesse primeiro capítulo, ele enfatiza a questão de seus objetivos, limites e efeitos. Isso me fez associá-lo a um outro texto escrito naquele mesmo ano, um texto muito importante para nós, hoje, e para a psicanálise em geral, o texto fundador de sua escola de psicanálise, a École Freudienne. Em junho de 1964 ele publicou o "Ato de fundação"[1] de sua escola. O mesmo problema existe, de certo modo, no seminário sobre os quatro conceitos fundamentais e em sua trajetória psicanalítica no que diz respeito ao futuro da psicanálise, porque era com este que ele se preocupava.

Podemos associar esses dois textos, e penso que é importante situar a pulsão como um conceito fundamental nos termos dessa orientação principal, bem como nos termos da preocupação de Lacan com o futuro da psicanálise. De certa forma, o "Ato de fundação" de junho de 1964 é uma resposta ao futuro da psicanálise. Alguns de nós em Paris estivemos pensando sobre isso recentemente, porque a École de la Cause Freudienne está com dez anos de idade. Este é o momento de olhar para a frente, mas também para trás. Estamos pensando sobre o que fizemos com a escola que Lacan nos deixou e o que queremos fazer com ela no futuro. Este é o mesmo tipo de problema que Lacan enfatiza. Referindo-nos ao "Ato de fundação", podemos ver que se trata exatamente do mesmo tipo de questionamento, porque é uma maneira de nos orientarmos.

O que é uma instituição, uma instituição psicanalítica, sabendo que o antimodelo de Lacan era o que se tornou a International Psychoanalytical Association (IPA)? Que tipo de instituição de psicanálise queremos? Quais são os objetivos e as limitações de uma instituição psicanalítica? Lacan propunha uma "escola", em oposição, como uma resposta à instituição psicanalítica. Não um instituto, mas uma escola. Por quê?

Em segundo lugar, o termo "formação". Como se pode situar a formação do analista na sua análise didática em oposição a uma análise comum? Qual a diferença entre as duas? O que faz com que o resultado final de uma análise seja a produção de um analista? Como é que uma análise produz um analista, quando sabemos que as pessoas em geral entram em análise, mesmo que digam que é para se tornarem analistas, por outras razões?

O terceiro termo é o "ensino" ou "transmissão" da psicanálise. No "Ato de fundação", Lacan fala de Escola, do trabalho e da formação, introduzindo depois um outro termo, *contrôle*. Ele introduz algo de novo com esse termo.[2] A principal obrigação de uma escola é o *contrôle*. Existe *contrôle* interno e externo. Lacan diz: "O trabalho envolve a reconquista do campo freudiano." A escola deve oferecer formação e *contrôle*. Mas a análise didática ocorre fora da jurisdição da escola. O que quer dizer isso? Quer dizer que se pode escolher uma análise didática ou não-didática, e é o fim da análise que decide o que foi ela. Se uma análise produziu um analista, como confirmado pelo *contrôle*, na escola, então foi uma análise didática. Mas só se sabe depois do fato. É por isso que Lacan enfatiza o fato de não poder haver analista sem uma análise didática, mas, mesmo assim, a análise didática não é *diretamente* controlada pela Escola. Ela é tanto externa quanto interna,

interna do ponto de vista de seus resultados, mas externa do ponto de vista institucional.

O que é o ensino? Ele é definido, muito precisamente, no "Ato de fundação". Não é equivalente ao ensino dispensado nas escolas ou universidades. Não é o ensino do discurso universitário ou do discurso do mestre. É uma forma peculiar de ensino, que é ao mesmo tempo invenção. Temos as invenções de Freud, as invenções de Lacan e as invenções de X. As invenções de X são possíveis se pudermos nos fundar no ensino de Freud e de Lacan, como parece que podemos. Lacan estava muito cônscio da importância de seu ensino em 1964, por muitas razões. A rejeição de seu ensino pela IPA apenas enfatizou sua importância. E, como muitas pessoas estavam usando seus conceitos (freqüentemente sem citar a fonte), ele sabia que aquilo que ensinava estava tendo um impacto na comunidade psicanalítica.

Lacan também propôs o "passe". É um processo que ele propôs para a escola analítica que estava criando, para a produção de um novo saber em psicanálise. Assim como Freud produziu um novo campo de saber chamado psicanálise, Lacan pretendia produzir algo novo, não simplesmente repetir o que Freud disse. Não podemos imaginar o futuro da psicanálise sem nova criação. Se não houver criação em psicanálise, esta irá morrer. Assim, o ensino deve ser tomado num sentido muito forte significando invenção, o que o diferencia do discurso universitário, que tem seus valores mas que se preocupa mais com a erudição, a repetição, e do discurso do mestre, orientado em direção ao poder dos significantes mestres.

Penso que podemos ler o Seminário 11 como o elo entre o ensino de Freud e o ensino de Lacan, isto é, como a garantia de uma escola, uma instituição analítica. É isso, exatamente, o que diz Lacan no capítulo 1, quando fala sobre como o ensino de Freud dá fundamento à psicanálise como práxis:

> Sem esse tronco, sem esse mastro, esses pilotis, onde amarrar nossa prática? Poderemos dizer mesmo que se trata, propriamente falando, de conceitos? Serão conceitos em formação? Serão conceitos em evolução, em movimento, a serem revistos? (18)

A questão é também: por que foi Freud quem nos deu esses quatro conceitos fundamentais, e como foi que ele os encontrou? A questão concerne à busca de uma garantia com referência ao principal problema da psicanálise: como formar analistas.

Lacan procura um elo entre o desejo do analista e a formação do analista. O problema em psicanálise é que não se pode encarar a formação como nas disciplinas acadêmicas, pois não se pode produzir um analista sem um processo de purificação do desejo. Lacan expõe:

> ... pôr em questão a origem, isto é, por qual privilégio o desejo de Freud tenha podido encontrar, no campo da experiência que ele designa como o inconsciente, a porta de entrada. (19)

Podemos fazer a mesma pergunta quanto ao desejo de Lacan: o que lhe permitiu produzir essa tremenda busca para impor a psicanálise à civilização e seu mal-estar?

Isso me leva a outra questão: se o problema principal é o desejo, por que ele não considera o desejo um conceito fundamental da psicanálise? É essa a questão que vamos trabalhar aqui. Por que a pulsão e não o desejo? Por que o desejo é uma invenção de Lacan, e ele sabia disso, naquela época. A invenção de Lacan é a noção de desejo do analista, que não se encontra na obra de Freud. Está implícito em Freud, definido como a busca da verdade. Freud está buscando a verdade nos seus casos, mas não podemos dizer que Lacan esteja na mesma posição. Vamos supor que Lacan fale de pulsões aqui, em vez do desejo, a fim de produzir uma nova significação. Temos que encontrá-la. E é isso que vou tentar fazer com vocês.

Quero começar com o capítulo 12, "A sexualidade nos desfiles do significante". Hoje vou comentar este capítulo, principalmente, e na próxima segunda-feira comentarei os dois capítulos seguintes, "Desmontagem da pulsão" e "A pulsão parcial e seu circuito". A introdução da pulsão, como vocês podem ter notado a partir do índice, não ocorre diretamente, mas sim através da transferência. O título da seção é "A transferência e a pulsão". Logo, a questão é: como passamos da transferência à pulsão? E por que é necessário examinar a transferência para se atingir a pulsão?

O capítulo 12 oferece uma definição da transferência, exatamente a mesma dada por Lacan num outro texto fundamental, a "Proposição de 9 de outubro de 1967 sobre o psicanalista da escola".[3] A definição é: "a transferência é a atualização da realidade do inconsciente" (142). Em francês é: "*le transfert est la mise en acte de la realité de l'inconscient*". A transferência é produzida pela atualização da realidade do inconsciente. Esta definição se refere à categoria do ato, e se opõe a qualquer tentativa de definir a transferência como imaginária. A transferência não é imaginária: ela é um ato (*une mise en acte*). A pulsão será derivada dessa definição de transferência, e de um outro termo, "sexualidade". A transferência introduz a realidade do inconsciente: através da transferência, temos acesso à realidade do inconsciente. A transferência é um processo de produção do inconsciente na relação analítica. Quando se produz a realidade do inconsciente, pode-se definir o tipo desta realidade: realidade sexual.

"A realidade do inconsciente é a realidade sexual" (143), e a partir dessa definição podemos introduzir a pulsão, por meio de algumas definições. Na "Proposição" citada acima, a definição é "No começo da psicanálise está a transferência", e no capítulo "A sexualidade nos desfiles do significante", tem-se a referência à idéia de que não há psicanálise sem transferência. Pode-se entender isso historicamente: a psicanálise começou com o tratamento da histeria por Freud. Também se pode entender clinicamente: não há meio de estabelecer uma relação analítica sem produzir transferência. A importância dada à transferência enfatiza o elo orgânico entre transferência e inconsciente. De certo modo, eles são quase o mesmo. Não existe inconsciente sem transferência.

Pode existir transferência sem psicanálise, mas o oposto não é verdadeiro. Pode-se dizer isso porque muitas outras instituições sociais contam com a transferência como uma possibilidade, mas não fundamentam sua ação na transferência. A transferência está presente no ensino, por exemplo. Está presente na medicina. Está presente em muitas facetas da vida social e também na política. Mas não é tomada como a realidade do inconsciente. A diferença é que, a partir de Freud, a transferência surge como a realidade do inconsciente. Freud não inventa a transferência, simplesmente corre ao encontro desta. Freud inventa o inconsciente, mas um inconsciente produzido através do uso da transferência.

Existem dois eixos principais na transferência. Existe o eixo do saber, ligado aos significantes e à repetição, e existe o eixo do amor, ligado ao ser. Freud encontra o fato de que, embora não se possa produzir a realidade do inconsciente sem transferência, ao mesmo tempo não se pode tocar o inconsciente usando-se a transferência. Nem se pode definir a psicanálise pela transferência como repetição significante. O segundo eixo da transferência vai contra o primeiro. Existe uma orientação facilitadora da transferência como o arranjo que produz a realidade do inconsciente. Mas, num outro sentido, existe transferência como amor; e o amor, como diz Lacan no Seminário 11, é um efeito da transferência. Assim, o amor vai contra a realidade do inconsciente e seu uso.

Isso fica muito claro nas circunstâncias clínicas. Um paciente vem nos ver. A transferência é manifesta na escolha feita por ele, primeiro da psicanálise, em oposição a outras terapias existentes, e depois de nós como analistas — ele escolhe sem saber por quê, por causa do nome, idade, sexo etc. Ele nos escolhe num movimento transferencial e, com isso, o que acontece? Ele vem com uma dor ou sofrimento, e o efeito da transferência é transformar esse sofrimento num sintoma, isto é, numa formação que tem sentido. Ele pensa que, por sermos analistas, sabemos o sentido de seus sintomas.

Essa é a orientação facilitadora da transferência. Está ligada à situação analítica. Esta é a orientação facilitadora da transferência que apresentei como um eixo do saber — saber inconsciente.

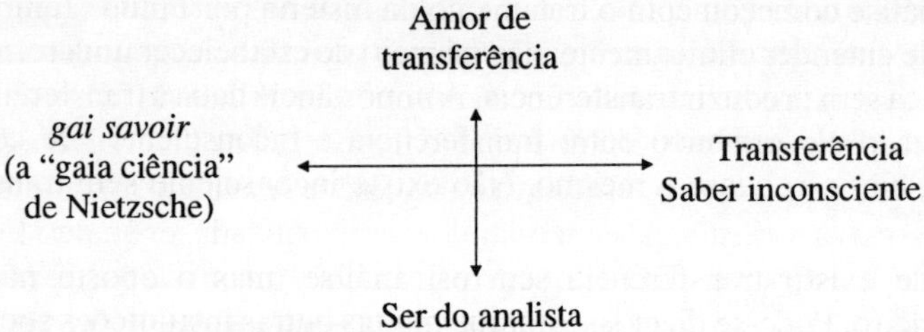

É isso que Lacan quer dizer com "no começo da psicanálise está a transferência". O saber é um termo para o inconsciente. É claro que, à medida que o tratamento prossegue, este saber produz o que Lacan chama de "falta-a-ser", porque o inconsciente é definido pela divisão subjetiva ($). No mesmo movimento em que se apresenta o próprio sofrimento como um sintoma, ele é apresentado como alguma coisa com que se vive e que não se sabe. Seu sentido nos escapa, tal como o sentido dos sonhos. Portanto, quando se propõe o inconsciente, propõe-se ao mesmo tempo a divisão subjetiva, porque o inconsciente é falta-a-ser (*manque-à-être*)

O outro eixo, a transferência como amor, é meramente o resultado da emergência da divisão subjetiva produzida pela livre associação, na situação psicanalítica. A única regra fundamental em psicanálise é a livre associação. É preciso dizer o que quer que venha à cabeça sem nenhuma censura dos pensamentos. A regra fundamental produz tanto a transferência quanto o inconsciente como tal. A associação livre produz divisão subjetiva, que é outro nome para o inconsciente. Por quê? Uma vez que isso é produzido, o ser escapa quando, por exemplo, conta-se um sonho ou comete-se um lapso. Se considerarmos a situação analítica, parece que o significante com o qual pensamos que poderíamos definir nosso ser nos escapa. É assim que a transferência produz a falta-a-ser.

Lacan fala em falta-a-ser, implicando uma falta, *want-to-be* (querer ser), em inglês, talvez seja ainda melhor, porque explica o motivo de o outro lado da transferência ser o amor. O que é que o amor dá? Dá o ser. O objeto que se ama nos dá algum ser. Nosso amor nos dá ser. Logo, à medida que a dinâmica psicanalítica afirma a divisão subjetiva incessantemente, no mesmo movimento dá origem ao amor, que é o objetivo. Por isso, Lacan fala do amor de transferência como um *efeito da* produção do inconsciente. O amor dá o ser onde a relação psicanalítica engendra uma falta-a-ser. É claro que o saber inconsciente muda durante a análise, do mesmo modo que o amor de transferência muda no decorrer do processo analítico.

Existe um cruzamento desses dois eixos que nos permite ver que eles são opostos, embora ao mesmo tempo não possam ser separados um do outro. Agora, nesse capítulo, Lacan diz que a realidade do inconsciente é sexual. Esta era a posição de Freud, e foi a causa da divergência entre Freud e Jung. Jung não acreditava na realidade sexual do inconsciente. Ele afirmava a existência de um libido dessexualizada, enquanto Freud sempre se apegou à idéia de que a realidade do inconsciente é sexual.

O que Lacan faz no capítulo 12, de certa maneira, é definir o sentido da realidade do inconsciente como sexual. Ele marca uma distinção óbvia entre a sexualidade biológica e aquilo a que chama a sexualidade social. Nessa oposição, a sexualidade biológica é orientada em direção à reprodução, ao passo que a sexualidade social se orienta para a busca de filiação ou aliança, isto é, uma combinatória de significantes. Lacan escreve:

> A existência, graças à divisão sexual, repousa na cópula, acentuada em dois pólos que a tradição secular se esforça por caracterizar como pólo macho e pólo fêmea. (...)Desde sempre, em torno dessa realidade fundamental, agruparam-se, harmonizadas, outras características, mais ou menos ligadas à finalidade da reprodução. (143)

Existe uma definição de sexualidade como reprodução, que é biológica e baseada na diferença entre os dois sexos, macho e fêmea, e existe uma definição social da sexualidade como filiação ou aliança. Lacan cita Lévi-Strauss duas ou três vezes nesse contexto.

Em seu trabalho clínico (não neste seminário), Lacan fala de um analista junguiano que está em supervisão com ele, e interpreta os sonhos que relata como todos centrados em torno da questão da filiação — a transmissão de um nome. Filiação é a transmissão de um nome ou significante, não da vida. No campo biológico, tempos a transmissão da vida ou da espécie, através da vida dos indivíduos. No campo social, temos a transmissão de um nome, isto é, a passagem de um significante de um indivíduo para outro. Lacan introduz a pulsão baseado nessa oposição.

Ele não dá ênfase à diferença entre pulsão e necessidade aqui, mas podemos situar a necessidade e o ser vivo à esquerda e o sujeito e a pulsão à direita:

Biológico	Social
reprodução	aliança/filiação
transmissão da vida	transmissão de um nome
necessidade	pulsão
ser vivo	sujeito

Qual é a relação entre pulsão e necessidade? A pulsão é definida em termos do significante, ou combinatória de significantes. Nada tem a ver com a diferença sexual biológica. Nada mesmo. Qual é o principal significante dessa construção? Qual é o principal significante sexual? O falo. E não há ligação entre o falo e o órgão sexual masculino. Uma das conseqüências dessa distinção é que, embora haja dois órgãos e dois sexos, só existe um significante. Como se produzem dois sexos com um significante?

Freud centra tudo no complexo de Édipo, sendo possível uma confusão entre o órgão e o significante. Lacan relê Freud utilizando a lingüística e separa o órgão do significante. Ele reduz o falo a um puro significante da diferença, ou ao que ele chama perda de gozo.

Nesse período de seu ensinamento, Lacan acredita haver um processo privilegiado de metaforização, que é o Nome-do-Pai. Pode-se imaginarizar o Nome-do-Pai de diversas maneiras, edipianamente, como faz Freud, ou logicamente, como faz Lacan em *Mais, ainda*, sem nenhuma significação mítica, reduzindo o significante fálico a um sacrifício de gozo, relacionado ao simples fato de se ter que falar. Temos que dizer algo sobre nosso gozo, e ao dizê-lo perdemos uma parte dele. É verdade que, falando clinicamente, a ocorrência deste princípio está relacionada com o pai. O agente deste sacrifício é o Nome-do-Pai. Naquela época, Lacan ainda é freudiano, mesmo que seu trabalho esteja bem-informado sobre lingüística e sobre estruturalismo. No fim de seu ensinamento, principalmente depois de sua obra sobre James Joyce, ele diz que não há privilégio, exceto pelo privilégio factual: o fato de que mais pessoas utilizam o Nome-do-Pai. Existem mais neuróticos que psicóticos.

Na psicose o Nome-do-Pai é foracluído. Ele não direciona o processo de significação. Na neurose, tudo tem uma significação fálica. Vamos voltar ao que Lacan diz aqui. Ele diz que a questão da realidade sexual do inconsciente é uma questão da relação entre a sexualidade humana e a combinatória de significantes. O que ele propõe, penso, é que no começo tem-se a necessidade e nada mais.

O significante barra a necessidade e produz a pulsão. A pulsão é o resultado da operação do significante sobre a necessidade, o que produz um resto. Algo escapa, que é o desejo. A pulsão é definida por Lacan como o resultado do funcionamento do significante, isto é, da demanda: a demanda do Outro.

Um bebê tem uma necessidade definida biologicamente, a qual tem um objeto biologicamente relacionado a ela. O leite está relacionado à fome. O que acontece? Como um pequeno ser humano, ele está situado num meio lingüístico. Sua mãe falava antes que ele nascesse, e continua a falar depois. Ela fala o tempo todo, mesmo enquanto dá ao bebê os objetos requeridos pela necessidade deste. O uso que ela faz do significante ou da linguagem tem conseqüências na alimentação da necessidade. Por exemplo, ela amamenta o bebê em determinadas ocasiões, de uma maneira específica. Para que a necessidade seja satisfeita, um pequeno ser humano tem que lidar com a demanda do Outro. Para se satisfazer, ele tem que levar em consideração a demanda do Outro. Daí ser a pulsão uma conseqüência da articulação na linguagem da demanda do Outro. É claro que a demanda do Outro não corresponde absolutamente à necessidade. Alguma coisa escapa na correlação entre necessidade e demanda, algo central para a compreensão da pulsão. É o desejo. Como diz Lacan, "o ponto nodal pelo qual a pulsação do inconsciente está ligada à realidade sexual. Este ponto nodal se chama desejo..." (146)

Logo, a pulsação do inconsciente é a demanda do Outro, e a realidade social está ligada à demanda do Outro, sendo o desejo o resultado. De certo modo, Lacan provê aqui uma nova articulação entre necessidade, pulsão e desejo, sendo a pulsão definida em termos de demanda do Outro. Em "Subversão do sujeito e dialética do desejo", ele também enfatiza essa articulação entre pulsão, necessidade e desejo. Não existe pulsão sem a demanda do Outro. E quando se introduz a demanda do Outro, introduz-se o Outro como combinatória de significantes. Introduz-se também o princípio do sacrifício do gozo, introduz-se deste modo o desejo; porque o desejo se origina não do que se tem, mas daquilo que falta. É por isso que Lacan diz, na época, que "a pulsão nunca é senão uma pulsão parcial" (*Écrits* 1966, 849).

Vamos ver por que ele diz isso no próximo capítulo, e também por que ele diz que "toda pulsão é, virtualmente, uma pulsão de morte" (*Écrits* 1966, 848). Isso não é particularmente freudiano. Freud sempre se refere à oposição entre as pulsões de vida e a pulsão de morte, enquanto Lacan diz que não há outra pulsão além da pulsão de morte. Por quê? Veremos isso da próxima vez.

NOTAS

1. Em *Television*, Norton, Nova York, 1990, 97-106 [Ed bras.: *Televisão*. Rio de Janeiro: Jorge Zahar, 1993.]

2. O termo francês *contrôle* tem muitos significados em francês, implicando verificação, monitoramento, supervisão, controle, aferição etc.

3. "Proposition du 9 octobre 1967 sur le psychanalyste de l'École", *Scilicet* 1, 1968.

A pulsão II

Marie-Hélène Brousse

Da última vez, tentei esboçar a distinção entre necessidade, pulsão e desejo. Tentei apresentá-la a vocês de uma maneira concernente aos seres vivos, humanos ou não. Depois, há ainda a demanda do Outro — na medida em que o Outro fala, ele demanda. Toda fala constitui uma demanda, mas Lacan fala da demanda do Outro, a demanda de um outro que não é barrado: um Outro real.

Nos *Écrits*, Lacan lida com a pulsão e o desejo ao apresentar a mãe como o Outro real. Logo, ele descreve o Outro real, mas também o Outro da linguagem. Ora, quando o Outro real demanda, quando ele está no campo da fala, então de alguma maneira ele está no campo da linguagem, sem ser barrado. Ele é real, mas também poderíamos dizer que ingressa no simbólico. A necessidade é barrada aqui, e a pulsão é um resultado desse processo: a necessidade é barrada pela demanda do Outro. A conjunção entre a demanda do Outro na fala e a necessidade produz a pulsão, mais um remanescente que fica implícito, isto é, o desejo. Pode-se escrever isso como o sujeito, porque a pulsão se relaciona com o sujeito barrado: o bebê tomado no campo da linguagem é barrado, marcado pelo significante.

De certa forma, $S_1 - S_2$ é uma representação de demanda do Outro. A conseqüência é a efetuação do sujeito como um resultado do processo significante, como uma significação da demanda do Outro. O sujeito é definido através do significante da demanda do Outro. Vamos tomar um exemplo clínico. Tenho uma paciente que está às voltas com o desejo de sua mãe, porque não consegue decidir ter ou não ter um bebê. Com referência ao desejo de sua mãe, ela só pode se lembrar de uma sentença. É uma lembrança de sua mãe furiosa com os filhos, correndo atrás deles e gritando: "Vou matar vocês." O significante do desejo de sua mãe é "Vou matar vocês". De certo modo, minha paciente foi constituída com base nesses significantes, matar uma criança. Esta é a sua interpretação da demanda do Outro. A demanda do Outro é: "morra!"

Morrer, aqui, se relaciona com a efetuação do sujeito, e o que se relaciona com o desejo é o objeto, como aquilo que é deixado pela operação ou constituição subjetiva. É isso que vamos ver aqui, pois é isso que Lacan está considerando nos capítulos 13 e 14. Qual é a correlação entre a pulsão e o objeto? Este é um problema imenso. Lacan fornece a fórmula da pulsão nos *Écrits*: ($ ◊ D). (321) Ora, o neurótico, seja histérico ou fóbico, identifica a falta do Outro com a demanda do Outro (D). Como resultado, a demanda do Outro assume o papel de objeto na fantasia, ou seja, a fantasia ($ ◊ *a*) é reduzida à pulsão ($ ◊ D).

No caso da neurose, o objeto é definido pela pulsão. Num certo sentido, o objeto na neurose é definido como, ou, pela demanda do Outro. Existe uma verdadeira fusão, na neurose, entre o objeto do desejo, o objeto causa de desejo e o objeto que o sujeito pensa que o Outro demanda de si.

No caso de minha paciente e sua mãe, a demanda do Outro é bastante simples: o silêncio definitivo dos filhos. Ela demanda que eles fiquem quietos, e esta é a última conseqüência. Nesse caso, a demanda da mãe, "fique quieta", pode ser entendida como "fique morta": o objeto da fantasia da paciente. Em sua fantasia ela sempre aparece como desaparecendo. Qual o seu objeto? O seu próprio desaparecimento como objeto. Este não é o único signo em sua vida, porque ela está colocada em posição fálica. Mas na sua relação com os homens, esta é a maneira como ela se vê. Quando tem um caso de amor com um homem, é importante para ela ver-se como um objeto mau, um lixo, algo desprezado.

Fazendo geléias para ninguém comer, ela fica em casa, só e abandonada. Na passagem dos *Écrits* acima mencionada, vê-se a conexão na neurose entre o objeto *a* na fantasia e a demanda do Outro. Isso significa que, na fantasia neurótica, o objeto de desejo ou o objeto causa de desejo é o objeto evocado na demanda do Outro. É por isso que, na literatura psicanalítica, os objetos são tomados freqüentemente como objetos de demanda, objetos demandados pelo Outro, ou pela mãe. É isso que Lacan afirma quando faz uma distinção entre o objeto *a* e o objeto tal como entendido na teoria das relações objetais: ali o objeto é claramente o objeto da demanda do Outro, embora isso não seja dito de maneira explícita.

Voltando ao que eu dizia na semana passada, existe uma operação da pulsão que envolve a substituição da necessidade pela pulsão, com o efeito de produção de desejo. Devemos lembrar que a demanda do Outro, a demanda da mãe, não é suficiente, em si e por si, para produzir o objeto causa de desejo. Por que não? Porque, se puderem imaginar uma criança e sua mãe, sendo a mãe o Outro da demanda, não basta pensar num processo de separação entre mãe e filho. Pode-se pensar em ações patológicas entre mãe e filho onde o filho é definido estritamente como objeto de demanda. Lacan indica isso nos *Écrits* (1966, 852), onde indica claramente as conseqüências de tal posição. Ele diz que o problema é que a criança permaneceria devotada ao serviço sexual da mãe, o que é um outro modo de dizer que a criança não pode funcionar como sujeito se permanecer na posição de objeto de demanda materna, dedicada à satisfação sexual desta. Para produzir uma pulsão precisamos apenas da demanda do Outro, sendo a mãe o Outro real; mas para produzir a conexão com o desejo, e com o objeto causa de desejo, precisamos efetuar uma separação entre o filho e a demanda da mãe.

Deixem-me mencionar o caso da menina que tinha todos os sintomas de psicose na sua relação com a mãe. A relação delas era extraordinária: era um laço real que não oferecia possibilidades de separação. Manifestava-se até corporalmente. A mãe tocava, repetidas vezes, na menina. Embora esse hábito viesse de muito tempo, ela dizia que iria parar quando a filha fizesse quinze anos. O hábito era reforçado pelo fato de que a menina não podia andar. Era como uma dinâmica que a ligava à filha, tanto mais que esta não podia dispensar sua ajuda. Mas, cada vez que a menina atingia algum grau de independência, a mãe se apegava a ela manifestando grande ansiedade.

"Serviço sexual" é o termo empregado por Lacan. Não é genital, mas libidinal. Em psicanálise há um problema: a perversão não é uma solução feminina, mas uma solução masculina para o desejo. Por quê? Ela é masculina porque, de certo modo, a relação do homem com a mulher envolve apenas o objeto. É sempre um tipo fictício de relação. Mas por que não o contrário? Penso que talvez isso se deva ao fato de a atividade perversa ser facilmente realizada na maternidade. A maternidade, num certo sentido, é estruturada do mesmo modo que a perversão. E como isso é encorajado socialmente, e até mesmo necessário, as mulheres não precisam da perversão. (Refiro-me ao quadro do Seminário 20, *Mais, ainda.*)

Há três pontos que gostaria de desenvolver hoje. Primeiro, gostaria de abordar o paradoxo da satisfação pulsional. A satisfação da pulsão é paradoxal, do ponto de vista do princípio do prazer, bem como do ponto de vista biológico. Em segundo lugar, veremos o que Lacan chama de "montagem", que tem conseqüências clínicas que podem ser tiradas da informação referente ao paradoxo da satisfação. Toda a argumentação de Lacan no capítulo 13 enfatiza que a pulsão não é organizada pela polaridade sexual.

A noção de que a pulsão não é organizada pela polaridade sexual significa que não há relação entre a pulsão, a satisfação pulsional e a oposição entre macho e fêmea. A pulsão tampouco é organizada pela outra oposição que, em Freud, substituiu a primeira: passivo e ativo. Lacan é muito claro neste ponto. Alguma outra polaridade organiza a pulsão? Em primeiro lugar, deixem-se mostrar que ela não é organizada por uma polaridade sexual. Seu sentido, penso, pode ser determinado pela maneira como Lacan analisa os quatro componentes da pulsão: a fonte, o impulso, o objeto e o alvo.

Toda a obra de Lacan destaca o fato de não haver uma base comum entre instintos e pulsões. Um instinto nasce, é momentâneo; a pulsão é constante, porque o consumo de um objeto não pode reduzir a força ou impulso da pulsão. A satisfação não implica em mudança na força pulsional; ela permanece constante, o que é um tanto paradoxal. Em segundo lugar, não existe objeto natural ligado a qualquer impulso. No entanto, existe um objeto que corresponde a cada necessidade ou instinto. À fome do bebê corresponde o leite materno. Mas não há objeto que corresponda à pulsão oral. Assim, qualquer objeto pode ser adotado como objeto pulsional, embora o objeto pulsional não seja um objeto qualquer. A demanda do Outro determina qual o objeto a ser adotado. Este é o significado da dissociação entre alvo e objeto. Lacan diz que poderíamos pensar ser possível comparar a pulsão a um animal selvagem emergindo de sua toca para buscar a presa e devorá-la, mas não é este o alvo da pulsão (157). O mesmo problema aparece no que diz respeito à fonte. A pulsão não se origina numa fonte biológica.

Por essas quatro razões, não existe polaridade sexual ou ativo/passivo que organize a pulsão. Por isso Lacan diz que esta é uma montagem. É uma montagem precisamente porque não é determinada por uma força momentânea, um objeto inato, um alvo na sua finalidade, ou consumo. O instinto, de certo modo, não é uma montagem: parece mais um programa. É um programa organizado de correspondência entre o mundo exterior e o programa internalizado. Para a pulsão, não há tal coerência entre o mundo exterior e o programa interno, por isso a montagem deve ser oposta ao programa. É uma montagem, porque une duas coisas heterogêneas: o Outro e a sexualidade, tal como definida pela necessidade de reprodução. Isso implica que a pulsão deve ser parcial, e que não deve haver pulsão genital. Isso pode ser um tanto difícil de se aceitar, mas está na obra de Freud.

A sexualidade nunca é determinada pela reprodução, mas não se pode ignorar o fato de ser um organismo vivo. Como reais, somos organismos sexuais. Uma vez no campo da linguagem, uma parte de nós escapa a este campo, permanecendo no campo da biologia. Isso não é de modo algum uma definição psicanalítica da sexualidade. É como qualquer exigência do real: não se pode fingir que ela não existe. Por exemplo, se considerarmos o caso do transexualismo: o sujeito, na sua confrontação com o real, quer mudá-lo. É preciso lidar com uma contradição: o sujeito está convencido, por exemplo, de que é uma mulher, mas vê-se onerado por um organismo masculino. É forçado a encontrar um meio de adaptar o real à sua convicção imaginária e simbólica. Embora esta não seja em absoluto uma definição da sexualidade no campo do inconsciente, parece ser a fronteira deste campo enquanto real. Portanto, como diz Lacan, a pulsão é um aparato pelo qual se traz a sexualidade, como real, para o campo do imaginário e do simbólico.

É a isso que Lacan chega quando diz que a pulsão escamoteia o real porque, ao controlar o objeto, faz-se dele seu prisioneiro, isto é, traz-se um pouco dele para o interior da estrutura simbólica (160). É para isso que serve a pulsão, e este é o tipo de laço que ela faz com a sexualidade, tal como definida em termos do real. O real não é a realidade. O real é feito tanto de simbólico quanto de imaginário. Quando alguém aparece pela primeira vez, achamos que podemos saber o sexo dessa pessoa, mas estamos enganados. Nunca se pode saber de imediato se a pessoa é um homem ou uma mulher na esfera inconsciente. Pode-se determinar o sexo do sujeito na esfera social e, na maioria dos casos, na esfera biológica. Mas não se pode dizer nada na esfera inconsciente, porque não existe pulsão possível que defina a sexualidade genital.

É por isso que Lacan diz que a pulsão é sempre parcial, significando que ela envolve as zonas erógenas que nunca estão ligadas a objetos, e são sempre parciais. Mas, como ele diz em "Position de l'inconscient" (*Écrits* 1966), estes objetos parciais não devem ser considerados como um conjunto ou totalidade. Jamais se pode construir um todo com essas partes. Estamos sempre envolvidos numa nova fantasia, um novo pedaço de desejo, que é precisamente a definição do objeto *a*. E este pedaço é definido por uma imagem, porque, como Lacan enfatiza claramente aqui, o próprio objeto é a falta. A pulsão contorna um furo, velado pelas imagens oferecidas pela história do sujeito. Por exemplo, no caso mencionado por Jacques-Alain Miller em sua "Conferência introdutória no Hospital de Sainte-Anne",[1] a imagem que reproduzia o objeto, naquela circunstância, era a morte, e as imagens foram desenvolvidas para enfatizar aquele significante: brancura, rigidez etc. A pulsão contornava este objeto que se manifestava sob a forma de uma imagem relacionada a um significante mestre. Esses pedacinhos estão em jogo nas fantasias e na escolha de objeto, num sentido freudiano.

Em "Position de l'inconscient" Lacan fala sobre a libido, dizendo que ela está relacionada à morte. Nesse texto, ele diz que toda pulsão é uma pulsão de morte: não existe outra pulsão além da pulsão de morte. Num certo sentido, pois, a libido é um aspecto, também, da pulsão de morte. Existe um filme baseado nessa realização: *Aliens*.

No Seminário 11, Lacan diz:

> A lâmina é algo de superplano que se desloca como a ameba. Simplesmente, é um pouco mais complicado. Mas isso passa por toda parte. E como é algo — já lhes direi por que — que tem relação com o que o ser sexuado perde na sexualidade, é, como o é a ameba em relação aos seres sexuados, imortal. Porque sobrevive a qualquer divisão, porque sobrevive a qualquer intervenção cissípara. E corre.
>
> Muito bem! Isso não é tranqüilizador. Suponham apenas que isso lhes venha envolver o rosto enquanto vocês dormem tranqüilamente...
>
> Não consigo ver como não entraríamos em luta com um ser capaz dessas propriedades. Mas não seria uma luta cômoda. Essa lâmina, esse órgão, que tem por característica não existir, mas que não deixa por isso de ser um órgão — eu lhes poderia dar maior desenvolvimento sobre esse lugar zoológico — é a libido. (186)

A vida biológica é limitada: começa e termina. A libido, por outro lado, é a representação da vida como indestrutível. O fato de a vida ser representada como indestrutível é relacionado por Lacan ao fato de que ela foi libertada do ciclo de reprodução sexual. Enquanto definirmos as pulsões de vida em termos de reprodução, não podemos nos referir à libido. A libido resulta da separação entre a sexualidade biológica e a sexualidade humana, tal como organizada pelo processo significante. Obtido este tipo de construção, pode-se ligá-lo à ordem simbólica, porque é somente aplicando a ordem simbólica aos seres vivos que se pode produzir essa abstração: "libido". A ordem simbólica é organizada mediante a referência básica à morte. Como afirma Lacan em "Position de l'inconscient", a ordem simbólica é organizada pela representação, e a representação implica a morte da coisa.

A morte está sempre ligada à ordem simbólica. É por isso que a pulsão definida por essa ordem é a pulsão de morte; para Lacan, a libido é um nome para a pulsão de morte. Isso é um paradoxo. Uma vez produzida a libido como uma representação da vida indestrutível, pode-se defini-la apenas como correlacionada com a morte, precisamente por ser uma pura representação.

Quando Freud opôs a pulsão de morte e as pulsões de vida, já estava propondo uma esfera que existe para além do princípio do prazer. Lacan, nesse sentido, é freudiano, porque ele também propõe uma dimensão que existe para além do princípio do prazer. Mas o que muda na obra de Lacan depois do Seminário 11 é a definição da pulsão, que aqui é puramente simbólica. O sujeito barrado e a demanda são puramente simbólicos. Logo, não há lugar para o real nessa apresentação. Não há conexão com o objeto *a*, porque, na fantasia do neurótico, o objeto *a* é definido como a demanda do Outro. Com o objeto *a*, Lacan introduz o real — isto é, o gozo. Na fórmula da pulsão ($ ◊ D), não há um sujeito barrado real, mas quando se passa da demanda do Outro para o objeto, que é o que acontece na análise, quanto mais se trabalha a fantasia, mais se desconecta da demanda do Outro. No fim, o objeto surge sem o véu da demanda do Outro. Por essa razão, o real é reintroduzido na construção da fantasia, e se revela como puro furo, puro nada.

Em análise, trabalha-se com a demanda do Outro porque esta é um aspecto da fala. Mesmo o silêncio do analista pode ser tomado como uma injunção, "fale", ou "cale-se". Uma vez, disse a um paciente: "Boas férias!" e isso estragou suas férias, porque ele achou que eu zombava dele, não querendo que saísse de férias. O que quer que se diga ou não se diga em análise é sempre tomado como a demanda do Outro. O problema é confrontar-se com o desejo do Outro, abandonar todas as identificações ligadas ao objeto da demanda do Outro. No fim, parece que o Outro não estava demandando absolutamente nada, o que Lacan escreve Ⱥ. A demanda do Outro não passa de uma construção, pois o Outro não existe. Em análise vai-se de A a Ⱥ, e da imaginarização do objeto ao puro vazio do objeto. Embora sempre nos escape, tornamo-nos familiares com o seu véu favorito, que sempre se manifesta em conexão com a angústia. Quanto mais angústia sentimos, mais próximos estamos do objeto.

Vimos que não há razão para se substituir a suposta polaridade sexual, macho-fêmea, pela polaridade ativo-passivo, e Lacan fornece a expressão *se faire* como a fórmula emblemática da pulsão. Este *se faire* indica que algo nos é feito por outrem. *Bouffer* significa comer, e a expressão *se faire bouffer* implica que alguém vai realizar algo para nós, já que não somos capazes de fazê-lo. Precisamos de um outro. Precisamos da demanda do Outro.

Isso não é o mesmo que *être bouffé*, ser comido. Por isso, é uma solução para a oposição ativo-passivo que Lacan tenta superar.

O exemplo dado por Lacan é fazer-se entender. Fazemo-nos entender, mas dependemos do outro a fim de fazer isso. Existem muitas expressões sexuais de uso comum em francês usando *se faire. Se faire* implica tanto a demanda do Outro quanto o uso da demanda do Outro para se obter satisfação. Isso implica que nossa satisfação depende do uso que fazemos da demanda do Outro. Para se satisfazer, é necessário construir a demanda do Outro como tal. Em cada fantasia existe uma oposição entre o ser falante no lugar do objeto e igualmente no lugar do sujeito: há divisão subjetiva no lugar do objeto do gozo do Outro.

Se faire é a montagem que mencionei acima. É uma maneira de conectar a própria satisfação sexual com a demanda do Outro, e de introduzir a própria satisfação sexual, de modo clandestino, no campo do Outro, para completá-lo.

Existe algo de muito importante sob o ponto de vista clínico neste capítulo que detalha a seqüência entre sintoma e interpretação, sendo o sintoma definido por Lacan pelo processo da metáfora. Lacan diz aqui que, se houvesse apenas essas duas coisas, a psicanálise seria pura teoria da interpretação. Não haveria problemas: a psicanálise seria uma ciência "exata". O problema é que entre essas duas coisas está a pulsão parcial como a sexualidade do sujeito. Esta é a questão do objeto. Uma vez que a pulsão introduz o objeto como satisfação, ele é real por sua conexão com a perda. Precisamos levar em conta o fato de haver um elemento de heterogeneidade na combinatória de significantes. A interpretação sozinha não pode tratar os sintomas. Para atingir o sintoma, é preciso usar a fórmula da fantasia, pois esta oferece a chave para o sintoma. Não se pode entender o sintoma de alguém referindo-se somente aos seus significantes. Deve-se levar em conta o modo de gozo daquela pessoa. Uma vez que o sintoma está ligado à fantasia, isso tem conseqüências: interpretar com base na fantasia não é uma defesa contra a pulsão: é a própria pulsão. Lacan ilustra especificamente essa distinção quando discute um dos casos clínicos de Kris.

É o caso de um homem que se queixa de que, toda vez que tenta escrever, pensa estar plagiando alguém. O que faz Kris? Pede ao homem que lhe traga algum trabalho seu. Depois de lê-lo, diz-lhe que está claro que ele não é um plagiário, mas que ele diz ser plagiário para defender-se do fato de ser capaz de escrever e de ter novas idéias não encontradas nas obras dos outros. Na sessão seguinte, o paciente diz, "algo me aconteceu; não sei por que, mas ao deixar seu consultório tive que ir a um restaurante e comer miolos frescos". Isso é o que se conhece por *acting-out*.

Lacan diz que o *acting-out* é uma interpretação, uma vez que a interpretação tem a ver com o desejo. É um meio de forçar o desejo do paciente contra a interpretação do analista relativa à defesa e ao eu. Lacan diz que o que temos que interpretar não são as defesas do eu, mas a pulsão. Mas o que é a pulsão? Aqui a pulsão se apresenta sob a forma que Lacan chama de "anorexia mental". A anorexia, no que diz respeito a idéias, é não ter idéias. Lacan menciona a conexão entre o pai do paciente e o avô, grandes produtores de idéias. Ele diz que o que se deve interpretar não é a defesa contra a pulsão, mas a própria pulsão e a demanda do Outro presente nela.

O objeto aqui é uma idéia. Mas ele nos oferece a forma de uma idéia nova, o nada das idéias. Interpretar a pulsão aí deveria ser feito enfatizando este nada, exatamente como se faz na anorexia. Na anorexia, o indivíduo se defende da própria gula, ou do próprio amor pela comida. Assim, o analista deve tentar trabalhar com o nada que se quer comer. Quer-se comer nada. No caso do paciente de Kris, ele quer não ter idéias, um nada de idéias. A interpretação deveria ser mais orientada em direção ao que representa este nada em relação à sua posição subjetiva, em relação à sua combinatória de significantes.

Em análise, vai-se do objeto como demanda, demanda do Outro, ao objeto como perda. No final, tem-se o objeto *a* como o seio perdido. Um novo objeto pode ser posto nesse lugar vazio. Uma vez estabelecida a relação do sujeito com o objeto *a*, não se pode encontrar outra definição da pulsão a não ser aquela relacionada com a fantasia fundamental. A pulsão se liga à fantasia fundamental, não como objeto da demanda do Outro, mas como objeto *a*. No trabalho analítico sobre a fantasia fundamental, pode-se ocasionar uma mudança na posição de gozo do sujeito, ou pelo menos espera-se poder fazê-lo.

NOTA

1. Ver, neste volume, parte VI.

A desmontagem da pulsão[1]

Maire Jaanus

... o desejo permanece essencialmente determinado pelas coisas e relacionado a elas.

Hegel

No esquema L de Lacan, o corpo foi figurado como uma distinção entre a imagem corporal e o corpo fragmentado. No Seminário 11, Lacan, com um novo corte, cria dois novos "corpos", o corpo dos instintos e o corpo das pulsões. A divisão separa o corpo previamente não-delineado, incoerente, pré-especular, em dois níveis topológicos distintos, de superfície e profundidade. O fato ordena uma tempestade de movimentos incompletos, desarticulados, num cosmos carnal estratificado e mais inteligível de diferentes tipos de objetos, alvos, fontes e impulsos.

Por trás da forma visível no espelho emerge a vida da carne, invisível e complexa. Merleau-Ponty chamou a carne de "logos selvagem", ou "bruto". Para ele este "ser selvagem" servia de oxímoro para indicar que o corpo era simplesmente o outro lado da mente, sua *Gegenseite* ou lado de avesso.[2] Para Lacan, porém, a carne é "selvagem" porque sem palavras, mas é um logos na medida em que tem uma vida inalterável e uma morte lógica próprias. O que Merleau-Ponty chamava de quiasma da mente e do corpo é, em Lacan, a mixagem de duas "substâncias" inteiramente diferentes. Linguagem e libido não são a mesma coisa nem mesmo simples opostos reversíveis. O "materialismo" (*motérialisme*) não faz parte da ordem do real libidinal, como os corpos.[3] Ainda assim, a recolocação, nossa e do mundo, nesse "logos selvagem" de oxímoro, e as questões não respondidas relativas a nossa emergência deste locus corpóreo estão no centro do capítulo 13. Como disse Lacan, "O projeto freudiano fez com que o mundo inteiro tornasse a entrar em nós, colocou-o de volta, definitivamente, em seu lugar, isto é, em nosso corpo, e em nenhum outro lugar".[4]

O corpo dos instintos é um corpo de necessidade (*Not*), e o corpo das pulsões é um corpo de querer, de falta ou de exigência (*Bedürfnis*).[5] *Not* se refere à necessidade, àquilo que é indispensável para a autopreservação. Precisamos comer e respirar para sobreviver. *Bedürfnis*, por outro lado, refere-se a um querer, a uma exigência forte, até mesmo avassaladora, sentida como uma necessidade, mas que de fato não é uma questão de sobrevivência. Em alemão, pode-se dizer *Ich habe ein Bedürfnis ins Kino zu gehen*, isto é, "preciso ir ao cinema", mas é óbvio que fazer isso não tem a ver com a autopreservação.

O corpo da necessidade e o corpo da pulsão são ambos reais, na medida em que sua fonte (*Quelle*) está no corpo, mas enquanto a necessidade envolve o interior do corpo, os órgãos internos (estômago, intestinos e outras órgãos vitais), a pulsão envolve as zonas de superfície do corpo e as aberturas erógenas. (O olho é um caso especial em termos de fonte, no sentido em que é um órgão meio interno, meio externo, e não um furo, como a boca e os ouvidos). As aberturas são pontos de evanescência onde o interno encontra o externo. As duas zonas corporais, embora distintas, são interfaciais. Elas são superpostas e conectadas através da figura do 8 interior (148). A continuidade e conexão das zonas torna possível a transgressão. O 8 interior escreve ou desenha um corpo sobre o outro como num palimpsesto ou pentimento.

> À medida que o tempo passa, a tinta velha em uma tela muitas vezes se torna transparente. Quando isso acontece, é possível ver, em alguns quadros, as linhas originais: através de um vestido de mulher surge uma árvore, uma criança dá lugar a um cachorro e um grande barco não está mais em mar aberto. Isso se chama *pentimento*, porque o pintor se arrependeu, mudou de idéia. Talvez se possa dizer que a antiga concepção, substituída por uma imagem ulterior, é uma forma de ver, e, mais tarde, ver de novo.[6]

As "linhas originais" são o instinto, sobre o qual se desenha a pulsão, e então o desejo. Às vezes é possível ver através das camadas, cada uma delas sendo uma nova e diferente leitura de prazeres e perdas. "Sua fonte no corpo é o que dá à pulsão seu caráter distinto e essencial, porém na vida mental nós a conhecemos simplesmente por seus alvos", disse Freud.[7] Dado o alvo (*Ziel*) comum de prazer, como então se pode distinguir o prazer da pulsão do prazer instintual?

Sem prazer, como formulou uma vez Wordsworth, não podíamos ser, pois o prazer é o "grande princípio elementar" pelo qual o homem "sabe, e sente, e vive e se move".[8] O prazer tem a ver com o querer ser, o persistir. O princípio do prazer, disse Lacan, é "a regra do instinto mais profundo".[9] Mas o prazer arcaico é desprovido de erotismo, ou, como expõe Lacan, é "o princípio do prazer não acossado pela pulsão".

> ... o real neutro é o real dessexualizado... Que haja um real, isto não é absolutamente duvidoso... Que o sujeito só tenha relação construtiva com esse real na dependência estreita do princípio do prazer, do *princípio do prazer não acossado pela pulsão*... (176) (grifo nosso.)

O corpo dos instintos é um corpo dessexualizado. O instinto é real, mas é somente real. O real é o dessexualizado. Isso, porém, não significa que o real seja sem prazer, apenas que o princípio do prazer, em seu estado inalterado e não acossado, é homeostático, mais que erótico. Existe um real ("que haja um real, isto não é absolutamente duvidoso") e nossos corpos provêm dele, mas enquanto o instinto é dessexualizado, a pulsão é erótica. Assim, comer porque se tem fome é uma coisa, mas comer num sonho requer a pulsão com seu erotismo alucinado (147). Para uma satisfação maior, há que haver erotização.

> A fera sai de sua cova *querens quem devoret*, e quando encontrou o que tem para morder, ela está satisfeita, ela digere. (157)

A zona dessexualizada da necessidade, alojada no organismo motor, ou naquilo a que Lacan chama *moratorium*, é capaz de ação e movimento concretos. Captura sua presa e a devora. Mas, Lacan pergunta, quão satisfatória é a satisfação instintual? Os pacientes procuram analistas porque não estão satisfeitos, entretanto não podem ser aliviados pela oferta de satisfação instintual. Porque o princípio do prazer é satisfatório, mas não *tão* satisfatório assim, o analista deve revelar a que pulsões os pacientes estão submetidos. Desde que os pacientes dêem satisfação a algo, estão submetendo a si mesmos a alguma outra e obscura "lei do prazer" (158) que opera diferentemente do princípio do prazer.

O estômago está vazio e precisa ser preenchido, ou a bexiga está cheia e precisa ser esvaziada. Sentimos que isso *deve ser* feito. É uma questão de pura necessidade. O ato instintual oferece um prazer instantâneo, no sentido em que uma pressão excessiva recua ou é subitamente eliminada. Mas a pulsão não é a pressão absoluta da necessidade como é o *Drang* (impulso). "A pulsão não é o impulso", diz Lacan (154). A pulsão não é regulada, como a bexiga e o estômago, por uma energia cinética momentânea, forte, e por impulsos. Com a pulsão, também não se trata de movimentos gráficos, físicos, do *moratorium*, ou da descarga real de substâncias. A pulsão segue a "lei do prazer" (158), mas a transgride, ou "força o prazer" (174). Forçamos o prazer *constantemente*, porque o impulso da pulsão é "*eine* konstante *Kraft*", uma força constante, persistente e contínua, mais que instantânea, como o ímpeto do instinto pode ser. A pulsão "não tem dia nem noite, não tem primavera nem outono, ela não tem subida nem descida. É uma força constante" (157). O que conhecemos fisicamente da pulsão é o prazer e nossa constante necessidade dele. Logo, esses dois níveis de nosso ser, instinto e pulsão, se movimentam, em essência, de duas maneiras distintas. O nível instintual, com seus ritmos orgânicos de sono e vigília, de fome e saciedade, ocasionalmente sossega; a pulsão é o próprio desassossego. Seu constante forçamento do prazer altera o fluxo instintual, programado homeostaticamente.

Em *A vontade de poder*, Nietzsche escreveu: "A força despendida na concepção artística é a mesma despendida no ato sexual: existe apenas *uma* espécie de força."[10] Lacan diz que não, diz que existem duas espécies de forças: existe a força instantânea, instintual, e a tensão estacionária da pulsão. A concepção jubilatória de "uma força" é uma ficção, tal como a saudação jubilatória da imagem corporal unificada no espelho. Um "grande princípio elementar de prazer" agrada à grandeza do imaginário, mas oculta o fato de que o prazer é dividido e heterogêneo. A noção de um único princípio do prazer ou uma única vontade, comum na tradição psicológico-filosófica do século XIX, é somente um outro exemplo de nosso desejo de unidade funcional e de simplificação, neste caso, de unificação dos prazeres parcializados da pulsão.

Instintual é a reação da galinha, que fará com que ela "se arrie contra o chão se vocês fizerem passar a alguns metros acima dela um papel recortado em forma de falcão" (160). O instinto oferece uma imagem racionalmente correlacionada a reações, com uma fonte, um objeto, um impulso e um fim, mas a pulsão produz algo mais parecido com uma colagem surrealista, sem pé nem cabeça, sem começo nem fim, sem fonte ou objetivo. A falta de começo e fim, de causas e objetivos, deixa-nos com um caminho fixo, ou com uma realidade definida. A imagem paradoxal resultante da pulsão é uma montagem que poderia mostrar "a marcha de um dínamo acoplado na tomada de gás, de onde sai uma pena de pavão que vem fazer cócegas no ventre de uma bela mulher que lá está incluída para a beleza da coisa". De modo inverso, "desenrolam-se seus fios, são eles que se tornam a pena de pavão, a tomada de gás passa pela boca da moça e pelo meio sai uma cauda de ave" (161).

A pulsão parece ser peculiarmente desqualificada e indeterminada. Ela é uma alteração do instinto tão radical quanto uma montagem das peças da realidade de que se compõe. Na pulsão, os elementos componentes do instinto não mais fazem sentido imediato. A reconstrução é descontínua e desarticulada (154), misturando o natural com o não-natural, o mecânico com o sexual, e o ilógico com simples intimações de intenção. O conjunto, absurdo e eclético, é algo como o *tableau changeant* ou anamorfose, descrito em *Nadja*, que deliciou Breton por não haver ali nenhum tipo de correlação racional entre as diferentes figuras (um tigre, um vaso e um anjo) que surgiam na gravura quando vista de diferentes ângulos.[11] A pulsão, comparada com o instinto, é mais artística, mais inventiva, mais livre ou, precisamente, surreal.[12]

É a pulsão surreal, e não o instinto, que demonstra a ruptura entre nós e a natureza, tema constante de Lacan. Os instintos, naturalmente, podem sofrer interferência. Até mesmo, por exemplo, os animais aos quais se dá acesso a quantidades ilimitadas de alimentos acabam comendo demais. Começam a responder a chamados externos, enquanto os animais em estado selvagem respondem apenas a chamados internos. Ainda assim, por não ter linguagem, um animal jamais desenvolve plenamente pulsão ou desejo. O cachorro de Pavlov nunca pode ser levado a desejar (215-6, 224). Ele nunca perdeu nada, o que seria o requisito fundamental tanto para a pulsão quanto para o desejo. Portanto, não tem concepção de uma alteridade radical. É a partir das perdas que as várias formas do Outro se desenvolvem.

É evidente por si mesmo que os humanos nunca estão, realmente, em estado de selvageria ou de puro instinto. Respondemos a apelos externos, ao outro e à linguagem desde o início. O programa instintual encontra de imediato a pressão de programas mais amplamente fixados de uma cultura histórica e social específica, e as exigências da linguagem, com sua trama implícita de significante a significante. Temos, pois, oportunidade de ampliar nosso prazer, conectando-o ao outro, ou ao significante. O ponto de conexão crucial e, por conseguinte, o ponto decisivo de emergência *humana* (e, em última instância, de sublimação) é a pulsão, não a necessidade, embora a filosofia e a psicologia tenham, no passado, suposto o contrário com maior freqüência. A razão para isso é que a linguagem se engancha fundamentalmente na pulsão, como veremos, e não no instinto.

A pulsão é também o que faz com que a ética aristotélica de moderação em todas as coisas seja inútil para nós, ou pelo menos não muito melhor que uma ética derivada do estômago.[13] Manter o estímulo em certo ponto, nem de menos nem de mais, é a ética do princípio do prazer, mas a pulsão força o prazer, rejeitando a moderação. Logo, existe um princípio de prazer moderado e um imoderado. Nosso núcleo *psíquico*, na medida em que originado de algo que não é inteiramente psíquico, mas é algo real, é a pulsão. Como humanos, estamos — e, num certo sentido, começamos — na pulsão, não no instinto. Passamos nossas vidas sendo conduzidos, e não em homeostase instintual. Queremos mais prazer. Como podemos tentar prolongá-lo e aumentá-lo? De onde, ou como iremos obtê-lo?

Quando a pulsão transgride, imoderadamente, na direção do instinto, ingressa numa zona excluída, dessexualizada (163). Dentro dessa zona de queda da sexualização, que está do lado do real, o objeto sexualizado pode novamente se tornar puro pedaço de carne, que está ali para ser consumido. Em tais situações, o parceiro sexual fica reduzido a uma função de real e a reação pode ser de desgosto, vômito histérico ou desejo canibalístico. Sempre que se volta para o interior do organismo, obtêm-se as reações *reais* e a força instantânea, não as reações eróticas. Pelos mesmos motivos, quando um objeto da pulsão é abordado de maneira instintual, como na anorexia, algo de meramente psíquico e ausente é "comido" como se estivesse presente e fosse nutritivo. Na perversão, ao contrário, um objeto instintual não-comestível pode ser literalmente consumido, com prazer erótico, como se fosse o objeto *a* da pulsão.

> O desejo de meu marido é ser chupado, e ... como um corolário para o seguinte: ao me agachar sobre ele, com minhas nádegas bem diante de seu rosto, e ao mesmo tempo em que o masturbo animadamente, devo cagar na sua boca! ... Ele engole![14]

A coprofagia é um exemplo drástico da transgressão da pulsão de volta ao instinto. Como uma instância radical da perversão, este momento de reinstintualização na *Filosofia da alcova* de Sade revela o extremo do amor auto-erótico: o amor como um tipo de autocanibalismo. O perverso de Sade, em vez de aceitar a falta de objeto fundamental da pulsão, procura preencher a lacuna, revelada na zona erógena da boca, com um objeto real. Uma maneira de assegurar-se de ter de volta as fezes perdidas é ingeri-las. Os instintos não deveriam operar como pulsões, ou as pulsões como instintos, mas isso pode ocorrer, mesmo que o prazer erótico como tal não seja real e a pulsão em si mesma não seja perversa (172).

O instinto, ou real dessexualizado, tem a ver com uma pura autopreservação que não conhece e nem reconhece qualquer alteridade. O instinto, não influenciado pela linguagem, não produz relações. Consumir não é uma relação. Se um objeto é consumido, não pode haver uma relação com ele. Sempre que partimos do erotismo de volta ao consumo e à mera autopreservação, movemo-nos da pulsão para a necessidade ou o instinto. Uma vez que consumimos alguma coisa, ela não está mais ali para que nos relacionemos com ela. Para que haja relações, algo tem que restar, algo *não* deve ser consumido.

O que não é consumido? A placenta, "o objeto mais profundamente perdido", diz Lacan (187), os restos do parto, o seio, fezes, urina, todos os produtos excretados que caem do corpo. "O *a*, o objeto, cai. Esta queda é primária".[15] É com esses materiais perdidos e caídos que, diferente dos animais, podemos ter as mais profundas relações narcísicas. Essas substâncias perdidas são coisas que, em última instância, apontam para a Coisa (*das Ding*), como veremos. Mas a perda é a exigência indispensável nas relações da pulsão e do desejo. Com a linguagem, tudo fica perdido. Logo, a constância do desejo na linguagem é facilmente explicada. Lacan agora formula uma nova questão que talvez possa ser exposta da seguinte maneira: existe uma perda material equivalente no corpo capaz de explicar a constância da pulsão?

Freud já sugeriu que o objeto da pulsão "pode ser uma parte do corpo do próprio sujeito".[16] Lacan diz, inicialmente, que o sujeito "não passa de um tal objeto".[17] Na pulsão estão em jogo os fragmentos perdidos, objetivos de nosso próprio corpo. E até mesmo a autopreservação instintual (em que se apóia a pulsão) dita que devemos, em primeiro lugar, preservar o que é nosso. "O objeto *pequeno a* é o que cai do sujeito em angústia".[18] A angústia é um sinal do investimento auto-erótico radical. A primeira perda, portanto, dado o nosso narcisismo, que nos convoca a atenção é a perda de uma parte de nossa própria substância corporal.

> É aqui que eu adianto que a importância que o sujeito dá à sua própria *esquize* está ligada ao que a determina — isto é, um objeto privilegiado, surgido de alguma separação primitiva, de alguma automutilação induzida pela aproximação mesma do real, cujo nome, em nossa álgebra, é objeto *a*. (83)

O sujeito falante é a conseqüência de uma dupla castração, lingüística e corporal. A castração física, diz Lacan, é uma "automutilação" (83) inescapável e inexorável que o força a desenvolver uma nova hipótese fundamental sobre a gênese dos objetos psíquicos, a partir do que aparentemente são partes de nossa própria carne, e a conjeturar a relação desses objetos com um conceito ampliado teoricamente do real.

Esta autocastração inevitável, ou divisão intracorporal, nos despedaça e espalha nossos fragmentos substanciais por todo o universo, mais ou menos como se fossem as partes do corpo do mítico Osíris. Subseqüentemente, a pulsão se torna uma busca fantasística pelo que, um dia, nós fomos, mas que agora é uma alteridade extracorpórea, alienada, que pode "aparecer" quase em todo lugar, e em qualquer pessoa ou qualquer coisa. Por esta razão, nosso ser fundamental, mesmo disperso em partes, jamais pode se tornar uma "síntese hegeliana" (210) consciente. O desejo permanece "essencialmente determinado pelas coisas e as elas relacionado", mas não no sentido literal e imediato que lhe deu Hegel.[19] Em primeiro lugar, é a pulsão, não o desejo, que se relaciona a coisas, e em segundo, as "coisas" lacanianas são psíquicas, ou simples traços de uma coisa real. Os objetos *a* são apenas os *objetos psíquicos* da pulsão e simplesmente a *causa psíquica* do desejo.

A castração física, que ocorre dentro do corpo pulsional, é tão necessária quanto a castração pela linguagem. Esta "separação primária" efetua alguma coisa real, uma morte, que tem de ocorrer a fim de que algo exista fora da estrutura para que a simbolização das substâncias se torne possível. Trata-se de um trauma, não de sentido e de falta de sentido, como é a linguagem, mas um trauma de ser a não-ser, em última instância de imortalidade e mortalidade, e portanto próximo aos maiores estados possíveis de angústia e de felicidade. A realidade está estruturada no objeto *a* rejeitado a partir de algo (um pedaço de nosso próprio corpo) relegado ao não-ser. Esta perda (na separação) produz simultaneamente o objeto *a* (o real) e a realidade. O objeto psíquico, uma vez que é o outro real, não mais pode ser visto ou ouvido. Invisível e inaudível, ele ainda assim nos olha e fala dentro de nós a partir de fora, despertando angústia. É o objeto arcaico, nos aniquilando ou atraindo do exterior de nosso ser com a iminência do não-ser ou com a promessa da realização.

Diversamente do corpo imaginário, os corpos do instinto e da pulsão são "objetivos" e relacionados em última instância ao real, não ao meramente virtual como é a imagem do corpo. Em comparação com a imponderabilidade das imagens e palavras, eles têm peso e substância. Em comparação com o sujeito falante, para quem os significantes ancoram seus significados, o "sujeito" da pulsão é um objeto ancorado no real pelas partes perdidas de sua própria carne. Este pedaço de substância (o *objet petit a*), como o carretel com que brincava o neto de Freud,

> é alguma coisinha do sujeito que se destaca embora ainda sendo bem dele, que ele ainda segura... (O homem) pensa com seu objeto. É com seu objeto que a criança salta as fronteiras de seu domínio... Se é verdade que o significante é a primeira marca do sujeito, como não reconhecer aqui... que é o objeto ao qual essa oposição [o *fort-da*] se aplica em ato, o carretel, que devemos designar o sujeito. (63)

O sujeito é primeiramente um objeto parcial. Começa brincando com partes de seu próprio corpo. Aprende seu ser a partir das partes divididas de seu próprio ser. "Pensa" primeiro com sua própria substância. Como não-falante, e portanto "sujeito acéfalo" (174), "salta" para além de si dentro de si, ou dentro de sua própria substância, ou com pedaços de sua própria substância. Os sons dos fonemas, *fort-da*, são tratados inicialmente como se fossem pedaços do corpo. A linguagem, emergindo aqui como pedaços de som, nasce do real, como esses pedaços de som pertenceram um dia ao corpo da criança, ou, mais precisamente, às aberturas erógenas de seus ouvidos. Os primeiros sons verbais se superimpõem às mais íntimas "coisas" físicas, com as quais se pode *agir*. A criança quer de volta aquilo que foi ejetado de si ou que perdeu, isto é, seu polegar ou seus sons. O jogo é uma espécie de "subjetivação" acéfala ou sem linguagem, ou uma subjetivação sem sujeito, já que na pulsão é-se simplesmente um objeto, brincando com objetos-partes psíquicas de si mesmo. Assim, o jogo básico efetuado pelo neto de Freud era um jogo pulsional, mas superimposto a ele estava o jogo da linguagem.

Os prazeres instintuais nos devolvem certo senso do peso físico do real, mas o inconsciente como instinto, diz Lacan, "não tem nada a ver com o inconsciente freudiano, absolutamente nada" (121). O inconsciente freudiano, estruturado como linguagem, "se engrena no corpo" no ponto da pulsão.[20] É a pulsão invocante que está na base de nossa relação erótica com a linguagem e com o balbucio jubilatório da *lalangue*. É ela quem torna os sons, inicialmente, tentadores. Como fica evidente no caso do jogo do *fort-da*, os significantes que Lacan chamou de "amarras que ancoram nosso ser" prendem-se ao prazer da pulsão invocante.[21] Entretanto, o significante também é, como era a memória para Proust, "como uma corda pendente dos céus" que por si só sustenta nossa possibilidade de sublimação.[22]

O prazer se expande para o exterior em todas as direções, a partir do interior de nossos corpos para os outros, para a linguagem e, em última instância, para a lâmina. Com a linguagem afastamo-nos mais das profundezas, do instintos e das pulsões, forçados a uma superfície. Onde nos permitiremos sentir prazer? Que prazeres escolheremos, o prazer com objetos (*Sachen*), com coisas (*Dinge*), com outros, ou com palavras?

O objeto *a*, separado de nós por uma "automutilação" introdutória, é algo que não conhecemos como um objeto formado, especular. Como essa castração primitiva ocorre antes da instituição da linguagem e do imaginário próprio, este objeto único é pré-lingüístico e pré-especular (nem simbólico, nem imaginário). Dele não temos imagens, nem palavras. Ele permanece o objeto não identificado, o objeto não-representado, o pré-objeto, ou o abjeto (*abjet*)[23] — não-visto, não-ouvido, não-cheirado. Ele é essa parte de gozo que jamais pode ser dita. Só pode ser vivida. Tem que acontecer. Assim, a pulsão é a liberdade de qualquer objeto visível, definido. É um movimento, ou simplesmente a reencenação de um movimento, guiado por algo obscuro, fragmentário e impossível. A "essência da pulsão" é o "traçado do ato" (161). Sem objeto, a pulsão simplesmente retraça um ato irrecuperável.

Como uma pulsão pré-lingüística a ser, a fazer com que o próprio eu corporal venha a existir, a pulsão pode atingir seu alvo apenas em parte. Estranhamente, ela visa fazer-se (*se faire*) ser comida, urinada, defecada ou escutada. A gramática, ou fórmula de Lacan para a pulsão, que muda o *werden* (tornar-se) de Freud para *machen* (fazer, *faire*) a fim de demonstrar a atividade da pulsão, está além da polaridade ativo-passivo (isto é, comer e ser comido) como a voz reflexiva média retornando ao eu (*se faire*, fazer-se ser comido) (184). Ainda assim, este *se faire*, essa maneira mínima de se fazer existir, é uma questão de perpetuar o nosso ser, mesmo que somente como objeto parcial, contra aquilo que nos conduz em direção ao não-ser. Porque esse jogo de ser e não-ser continua sem a linguagem, e para além dela (com o eu e o outro colocados como objetos parciais), não há, para Lacan, sujeito na pulsão. A pulsão é "uma estrutura radical — em que o sujeito ainda não está de modo algum colocado" (172). A voz reflexiva faz uma montagem do eu e do outro, mas como *objetos* parciais. O eu tem que conseguir ativamente ser comido pelo outro sem ajuda do significante.

Logo, quando a criança Freud urinava no quarto dos pais, como Lacan menciona no Seminário 2, não era por sentir necessidade de urinar, mas porque estava fazendo o circuito da pulsão: urinar, ser urinado, se fazer (*se faire*) ser urinado. Ele era conduzido a tentar ser reconhecido como urinando, ou como um ser urinador. Seu ato era a performance jubilatória do instinto, com o objetivo de demonstrar domínio, mais que sujeição. Urinar torna-se uma demonstração de um poder de prazer, de ser e de agir. É a exploração e modificação criativa daquilo que temos necessidade. É o instinto sublimado e dedicado a outro fim, para além da necessidade instintual.

Comparada à necessidade instintiva, irracional de urinar, talvez possamos chamar a atuação exibicionista de Freud de um livre uso da micção, ou simplesmente "micção livre", ou "micção como um jogo livre", no sentido em que Kant falava da experiência estética como sendo o "livre jogo" das faculdades mentais.[24] A pulsão, pois, é o paradoxo do "livre instinto". Assim como existe para nós um livre uso das faculdades mentais imaginativas no ato do julgamento, também existe para nós um livre uso de nossas potências instintivas quando estas foram dominadas. A comparação pode ir mais além, pois, tanto na pulsão quanto no julgamento estético, não é necessária a presença de um objeto real, dado que ambos evidenciam um paradoxal "interesse desinteressado" na existência das coisas, e focalizam, em vez disso, o sentimento subjetivo de prazer. Para o sujeito estético em animado estado de prazer, seu julgamento parece universal, mas isto é simplesmente uma "universalidade subjetiva" paradoxal. O "sujeito-objeto da pulsão", de modo similar, quer compelir o outro, mas tem de dominar-se, em vez disso, de modo masoquista, sem jamais alcançar o domínio sobre o gozo do outro.

A pulsão imita o ato instintivo sem lhe ser idêntica, sem ser satisfeita no ato e pelo ato. O propósito não é o ato, mas algo mais, um prazer mais intenso. Aqui, urinar passa de necessidade a pulsão. Torna-se um ato erótico:

> É em razão da realidade do sistema homeostático que a sexualidade só entra em jogo em forma de pulsões parciais. A pulsão é precisamente essa montagem pela qual a sexualidade participa da vida psíquica... (167)

Freud, o menino de sete anos, como um ser uretral, está dando um passo em direção a afirmar-se como objeto libidinal, como um objeto uretral para um outro. Este ato é claramente um ato de sedução, como mais tarde Freud afirmaria ser o do Homem dos Lobos: "Seu ato de urinar no chão era na realidade uma tentativa de sedução, e a garota respondeu a ele com uma ameaça de castração, como se tivesse compreendido suas intenções.[25] A reação do pai de Freud foi igualmente negativa, ao afirmar, conforme é relatado, "este menino não vai dar para nada".[26]

O instinto não urina *para* alguém, ou para o outro. Ele simplesmente faz o que tem que fazer. Os instintos são autônomos. Tampouco podem ser transferidos. O outro não pode urinar por nós. A pulsão, porém, tenta transferir a micção. Vai pô-la em circulação para o outro. E é nessa transferência que a função da pulsão é realizada, diz Lacan (169). Entretanto, para efetuar a transferência, um tipo especial de "passividade" tem que ser, momentânea e paradoxalmente, introduzido naquilo que é, em essência, pura atividade. Pois, no campo das pulsões, trata-se de "pura atividade *durch seine eigene Triebe* (por meio de suas próprias pulsões) para o sujeito", e não uma questão de reciprocidade (189). Assim, a passividade da pulsão é fundamentalmente ativa, já que a pulsão se volta, não permanecendo nem no movimento do "urinar", nem no passivo "ser urinado", mas somente no ato pulsional completo de "se fazer ser urinado". A pulsão é uma questão do domínio e controle, e estabelece como se é um parceiro *ativo* em qualquer coisa que nos seja feita.

Ainda assim, a fase passiva, mesmo que momentânea, introduz dor ou possibilidade de dor:

> *Em que momento vemos*, diz Freud, *introduzir-se, na pulsão sadomasoquista, a possibilidade da dor?* (...) É... quando o sujeito tomou-se por fim, por termo da pulsão. Nesse momento, a dor entra em jogo enquanto que o sujeito a prova pelo outro. Ele se tornará... um sujeito sádico, no que o fecho acabado da pulsão terá feito entrar em jogo a ação do outro. Aquilo de que se trata na pulsão aqui se revela enfim — o caminho da pulsão é a única forma de transgressão que se permite ao sujeito em relação ao princípio do prazer. (173-4)

A dor é aquela de quem se pode chamar um "objeto-sujeito", que não pergunta, como o sujeito desejante, "o que você diz ou pensa de mim?", mas "o que você vai *fazer* comigo?" A pulsão interroga a ação e o real: terei prazer ou dor? Serei eu o seu "carretel"? Na urina exibicionista de Freud, seu membro é, em certo sentido, "O carretel", e o jato ativo de urina "a linha". Lacan associa o fluxo das palavras, tentando transpor as imagens e o eu no sonho da injeção de Irma, com a pulsão e o erotismo uretrais de Freud.[27] Embora a questão seja *encenada*, mais que perguntada, é o primeiro reconhecimento do outro, mesmo que apenas como um vago "algo", um corpo em que o somário também deve formular demandas mentais do mesmo modo que o próprio sujeito.

> ... não há dois termos nessas pulsões, mas três. (...) é novo ver aparecer um sujeito. Esse sujeito, que é propriamente o outro, aparece no que a pulsão pôde fechar seu curso circular. É somente com sua aparição no nível do outro que pode ser realizado o que é da função da pulsão. (169)

A satisfação da pulsão requer nossa redução de objeto inteiro a objeto parcial. Freud é substituído por seu falo que urina. Há um deslocamento e investimento do eu numa parte que é oferecida ao outro. Esta é a humilhação masoquista. Mas a fim de ser reconhecido, mesmo se apenas como um ser libidinal parcial, um outro ser parcial (o "novo"... o "sujeito, que é propriamente o outro") também tem, por sua vez, que ser reconhecido. Precisamos do outro para fazer o ato de reconhecimento. O que o outro faz é decisivo. Freud foi perseguido pela reação negativa de seu pai pelo resto da vida.

A pulsão é um tipo de subjetivação ativa do sujeito-objeto, que ocorre, paradoxalmente, sem sujeitos. Ela é o resultado de um diálogo não-lingüístico entre prazer e dor, sadomasoquista em essência, conduzido por peças e olhares erógenos entre nós e os outros. A pulsão é a dialética hegeliana senhor-escravo em sua forma corporal. O outro é atraído, mas como objeto parcial de prazer ou dor, não como será mais tarde, como um significante para um outro significante no ato de comunicação verbal.

O ensaio de 1932 de Freud, sobre "A aquisição do poder sobre o fogo", é ainda uma outra elaboração da proximidade entre o instinto, a pulsão e a sexualidade, e de como a necessidade de fazer distinções é demonstrativamente operante nos vários fragmentos mitológicos e a chave para a estrutura destes. A confusão começa no corpo do macho, já que o homem primitivo "tinha que tentar capturar o mundo externo com a ajuda de suas próprias sensações e estados corporais".[28] O falo une, num só órgão, água (urina) e fogo (desejo sexual), e apesar da segregação das funções, a unidade sugere a fusão de instinto, pulsão e sexualidade, como de fato ocorre na fantasia infantil:

> As crianças ainda acreditam que podem combinar essas duas funções: uma de suas idéias sobre como os bebês são feitos é que o homem urina no corpo da mulher.[29]

Logo, a mera existência do falo apresenta ao homem de imediato uma oposição dialética que requer resolução, nomeadamente a presença conjunta de síntese e antítese num mesmo local. (O ensaio de Freud, inadvertidamente, também aponta para a origem física e masculina do tradicional pensamento dialético.)

A vara oca (o falo) em que Prometeu trouxe o fogo para a humanidade é somente uma instância de como as pulsões surgem a partir dos instintos, a fim de participar dali por diante do drama da lei, bem como do desejo homoerótico. A lei da Mongólia que proíbe "urinar sobre cinzas" sugere a Freud que essa lei, na sua essência, seria uma referência a uma "luta prazerosa com outro falo" (isto é, o homem extinguindo seu próprio fogo com sua urina também sugere uma situação homoerótica envolvendo somente falos).[30] O ensaio parece ser um admissão da antiga vergonha e culpa de Freud envolvidas na elaboração de seu próprio desejo homoerótico pelo pai. As distinções são tão difíceis de se sustentar no corpo quanto o são na lei e na realidade socioculturais.

A pulsão é um movimento psíquico em torno de um objeto (subseqüentemente ejetado) que um dia cercou nosso corpo e tampou nossos orifícios erógenos agora abertos e vazios (como o seio que enchia nossa boca ou o som que enchia nossos ouvidos). Esses objetos parciais caídos, porém, foram uma vez parte da totalidade que Lacan chama de lâmina. A lâmina é a libido que persiste sem sexualidade. Ela é a vida imortal, autopreservada:

> É a libido, enquanto puro instinto de vida, quer dizer, de vida imortal, de vida irrepreensível, de vida que não precisa, ela, de nenhum órgão,

> de vida simplificada e indestrutível. É o que é justamente subtraído ao ser vivo pelo fato de ele ser submetido ao ciclo da reprodução sexuada. (186)

A lâmina ou libido é a substância fundamental ou real a partir da qual nascem as existências singulares (185). É a vida imortal que perdemos ao nascer. Somos nós como *substância* libidinal, mas pré-sexual, não como sujeitos. É o real maior perdido pelo sujeito enquanto "objeto" imortal, ou o Outro do corpo biológico. Mas por ser uma imortalidade a que estamos conectados apenas pela morte, é fundamentalmente uma imortalidade negativa.

O mito da lâmina ou da vida imortal de Lacan, o falso instrumento ou órgão, no centro do campo das pulsões e seus objetos (185), é a sua tentativa de explicar a atração e prazer da morte (do suicídio, por exemplo) e o real da pulsão de morte. O mito, revertendo as idéias normais sobre vida e morte, mostra a vida sexuada como uma perda da vida imortal, de modo que o sexo se torna, paradoxalmente, a morte da imortalidade, enquanto a morte, por outro lado, se torna o desejo de vida imortal (187-8). Em troca de nossa imortalidade real perdida, temos apenas o sexo:

> Esta falta (da lâmina) é real, porque ela se reporta a algo de real que é o fato de o ser vivo, por estar sujeito ao sexo, ter caído sob o golpe da morte individual. (195)

O sexo é um dom de prazer que vem concomitantemente com a renúncia à vida imortal. A vida real, eterna, e nossa integridade ficam para trás e jamais podem ser recuperadas a não ser pela morte. O mito do amor de Aristófanes obscurece e realça essa perda mais fundamental da imortalidade. O mito da lâmina de Lacan pretende corrigir o mito de Aristófanes, e suspender assim este antigo recalque. Durante quase dois mil anos usamos o sexo e o amor para ocultar a pulsão de morte, sempre presente, que a lâmina, a libido superior, sustenta e inclui.

Do ponto de vista da libido imortal, a realização sexual é uma ilusão, impelindo-nos a um todo imaginário com o outro e provocando-nos a reproduzir um outro ser insatisfeito que, como nós, irá sofrer da falta de realização imortal. Do ponto de vista do mito da lâmina, o mito de Aristófanes é um engodo, ou um prazer simplesmente parcial. Mas, da perspectiva do singular, o ser mortal, o amor, a sexualidade e a sublimação são tudo o que temos. Porque fomos destituídos da imortalidade, não podemos também ser dessexualizados.

A existência como tal depende fundamentalmente da possibilidade de transferência para outros, para a linguagem e para os objetos. Devemos ser capazes de transferir e de sublimar. Quando tais transferências são bloqueadas, somos ameaçados e expostos à sedução de uma imortalidade que, para nós, é simultaneamente a morte. Como mostra o suicídio, o objeto *a*, liberto das características do outro e do outro como tal, dirige-nos à lâmina e à morte. O objeto *a* é o objeto psíquico significativo no interior da transferência e, conseqüentemente, a posição que Lacan, como analista, acabou por assumir nos quatro discursos.

Todas as formas do objeto *a* são basicamente representantes, figurações dessa libido perdida, que está para além da vida biológica (186-7). Os objetos *a são* "os resíduos das formas arcaicas da libido".[31] Assim, a perda dos vários objetos *a* particulares não é simplesmente uma "automutilação", mas uma repetição de nossa queda original da imortalidade para a mortalidade. Cada objeto *a* é um lembrete, ou uma reminiscência da totalidade maior de que outrora fizemos parte. Os objetos *a* se ligam fundamentalmente ao Outro e estão centrados nele, neste Outro superior que se opõe ao Outro maiúsculo radical, da linguagem. Este é um centramento na vida como tal que, sem linguagem, significa morte.

Em conseqüência, fica óbvio o porquê de, como representantes da imortalidade, os objetos *a* centrados nessa lâmina não serem suscetíveis de satisfação dentro da sexualidade mortal, e a razão pela qual a pulsão é também necessariamente uma pulsão de morte, a menos que se seja desviado e distraído pelo outro ou capturado pelo significante (*o fort-da*). Em essência, o significante (*fort-da*) é por si só capaz de nos afastar, não somente do "carretel", das partes do corpo, dos outros, dos instintos e das pulsões, mas da lâmina, em direção à *lalangue* (alíngua) e à comunicação. Este Outro radical da linguagem é o oponente, absolutamente necessário, de *das Ding*.

Existe a vida imortal da linguagem, a que Lacan chama o Outro radical, e existe o Outro absoluto da substância libidinal: a vida imortal da libido. Vivemos entre duas imortalidades (ou duas impossibilidades). Tanto a Coisa como a linguagem demandam um tipo de castração. Porém, a castração é a operação que dá significação ou sentido àquilo que anteriormente não tinha sentido. Ambos ameaçam nossa identidade e nos angustiam. A linguagem sempre acaba, e nós acabamos. E porque nossa pulsão está fundamentalmente focalizada na imortalidade, o outro jamais pode reduzir completamente nossa angústia:

> As mais arcaicas aspirações da criança são tanto um ponto de partida quanto um núcleo que nunca se resolve inteiramente sob algum primado da genitalidade, ou uma pura e simples *Vorstellung* de homem em forma humana por fusão andrógina, por mais totalizante que se a imagine. Sempre permanecem sonhos dessas formas primárias, arcaicas, da libido.[32]

A cena primária não é primária. Para além da imagem de nossos pais sexualmente fundidos estão sonhos mais primordiais de fusão com a lâmina. Como diz Clarice Lispector: "Sou mais aquilo que em mim não é."[33] As notícias dessa libido perdida e distante chegam pelas experiências que temos com os objetos *a*. Os mais extremos conflitos que, como substância originalmente imortal, nós podemos ter no interior de nossa condição biológica de mortalidade, envolvem esses objetos. Eles são parte de todo movimento pulsional extraordinário de transcendência.

Em *A paixão segundo G.H.*, de Lispector, a heroína volta a ingerir a substância primordial de que foi imemorialmente separada. E experimenta júbilo:

> Eu que pensara que a maior prova de transmutação de mim em mim mesma seria botar na boca a massa branca da barata. E que assim me aproximaria do... divino? Do que é real? O divino para mim é o real.[34]

Ela come as entranhas de uma barata a fim de redescobrir o outro lado do mundo humano, o mundo da neutralidade material pré-humana, desumano e aterrador, e faz isso com um desejo que está para além do nojo. Não é verdade, como afirmou Kristeva em *O poder do horror*, que o real como tal seja contrário a qualquer sublimação e horrorize a humanidade. Para Lispector, este contato com o real não-humano faz a inteira rede cultural humana, destinada a mantê-lo a distância, reverberar de forma mais forte e bela, tornando o conjunto uma oração de sons.

> O contato com a coisa tem que ser um murmúrio, e para falar com o Deus devo juntar sílabas desconexas. Minha carência vinha de que eu perdera o lado inumano — fui expulsa do paraíso quando me tornei humana. E a verdadeira prece é o mudo oratório inumano.
>
> Não, não tenho que subir através da prece: tenho que, ingurgitada, tornar-me um nada vibrante. O que falo com Deus tem que não fazer sentido! Se fizer sentido é porque erro.[35]

Lispector leva à dimensão do real, onde nada faz sentido.[36] Alcançaria ela o gozo mais original, o da fusão do humano com o não-humano, ou ainda mais primitivo, o da matéria com a própria matéria? A matéria gozando consigo mesma, será este o supremo prazer imortal? É assim quando "o divino é o real"?

O mito de Aristófanes focaliza o prazer mortal, mas existe também um prazer imortal sem sentido, sobre o qual nada sabemos, que ainda não começamos a explorar porque, realmente, nos tornamos demasiado humanos e porque, desde o advento da linguagem e, muito mais recentemente, desde a revolução científica, distanciamo-nos demais da vida pré-humana? Até para começar a corrigir uma cultura socio-histórica tão fixada na sensualidade, no imaginário narcisista — fama, dinheiro e sucesso —, teríamos que reaprender ou iniciar um novo gozo com algo para além da humanidade antropologicamente fixada: pelo menos, um gozo com o ar que respiramos, com o mar, com a floresta. E até mesmo isso seria o começo, apenas, de uma sublimação definida por Lacan como a elevação do objeto *a* "à dignidade de *das Ding*".[37]

NOTAS

1. A má tradução de *démontage* (desmontagem) por *deconstruction* (desconstrução) no título do capítulo 13 da versão inglesa do Seminário 11, *The Deconstruction of the Drive* (*Démontage de la pulsion*), foi usada por alguns críticos como base para se referirem a Lacan como um desconstrutivista.

A substituição pelo termo "*instinct*" (instinto) do alemão *Trieb* (quando Freud também dispunha de *Instinkt* se quisesse utilizar esta palavra, como o francês tem *l'instinct*, em "Os instintos e suas vicissitudes" (NT: palavra mantida na versão em português da Edição Standard das Obras de Freud) é particularmente infeliz. *Trieb*, do verbo *treiben*, significando dirigir, empurrar, forçar, pôr em movimento, propelir, impelir, impulsionar, estimular, promover, refinar, lançar (folhas ou rebentos) ou sustentar, praticar, está ligado a um registro de significados fortes, além daqueles culturais e históricos, muito maior que o que se liga a *Instinkt. Treiben* é usado freqüentemente em alemão com referência a si mesmo e aos outros, bem como à natureza. Uma mãe pode dizer ao filho: "*Was treibst du da*?" significando não somente "O que você está fazendo aí?", mas também, "O que você está empurrando ou dirigindo?" enfatizando o sentido de atividade. Do mesmo modo, alguém diz, sobre a natureza: "*Die Sonne treibt die Blütten hervor*", isto é, "O Sol está forçando as flores a brotar", o que novamente põe a ênfase na idéia de poder ou força ativa. Diz-se, comumente: "*Er treibt es auf die Spitze*", significando levar a extremos ou exagerar, o que, mais uma vez, sugere força. Schiller usou essa palavra para descrever sua noção do sujeito humano como um composto de pulsão de jogo, pulsão material e pulsão de forma. Na conexão feita por Schiller entre matéria e pulsão vemos novamente a ênfase no vir-a-ser, no desenvolvimento, na irrequietude, que se tornaram a própria definição do Espírito Absoluto na filosofia hegeliana e a concepção romântica do ser como um vir-a-ser acossado, dinâmico.

2. Maurice Merleau-Ponty, *The Visible and the Invisible*. Evanston, Illinois: Northwestern University Press, 1968, p.169, 211, 259 e ss.

3. A cunhagem de Lacan une os termos franceses *mot* (palavra) e *matérialisme* (materialismo). Conferência de Genebra sobre o sintoma, trad. ing. da Russell Grigg, *Analysis*, 1, 1989, p.14.

4. Jacques-Alain Miller, *The Seminar of Jacques Lacan* VII: The Ethics of Psychoanaylsis 1959-60. Nova York: W.W. Norton and Company Inc., 1992, p.92.

5. Jacques Lacan, *The Four Fundamental Concepts of Psycho-Analysis*, org. Jacques-Alain Miller, trad. ing. de Alan Sheridan, Nova York: W.W. Norton and Company Inc., 1978, p.167. As futuras referências no texto são a esta edição.

6. Lilian Hellman, *Pentimento*. Nova York: Signet, 1974, p.1.

7. Sigmund Freud, "Os instintos e suas vicissitudes" (1915), in *Edição Standard Brasileira das Obras Psicológicas Completas de Sigmund Freud*. Rio de Janeiro: Imago, v. XIV, p.129-37.

8. William Wordsworth, "Preface to the Lyrical Ballads", in *Selected Poems and Prefaces*, org. por Jack Stillinger (Boston: Houghton Mifflin Company, 1965), p.455.

9. Lacan, *Ethics*, p.96.

10. Friedrich Nietzsche, *The Will to Power*, trad. ing. Walter Kaufmann & R.J. Hollingdale (Nova York: Random House, 1968), p.432.

11. André Breton, *Nadja*. Nova York: Grove Press, 1960, p.59.

12. A imagem inventada por Lacan bem poderia ser também uma paródia de uma das múltiplas cenas da *Filosofia da alcova* de Sade:

> Vou enfiar meu membro no traseiro dela... você vai enrabá-la... na posição em que vou colocá-lo, ela será capaz de retaliar à altura... depois de algumas vezes no traseiro dessa criança, vamos mudar de figura: vou possuí-la, Madame, por trás; Eugénie, em cima, com a sua cabeça entre pernas, vai me apresentar o clitóris; Em seguida, vou alojar meu membro... [Marquês de Sade, *Three Complete Novels*, trad. ing. Richard Seaver e Austryn Wainhouse (Nova York: Grove Press, 1965), p. 240.])

Para Sade, havia apenas um corpo de instintos; para ele, não havia um corpo pulsional. Ele compreendia a lei do princípio do prazer e da descarga, mas nada sabia do impossível e inalcançável objeto psíquico da pulsão. Em vez disso, tentava realizar e encenar os vários estratos da sexualidade dentro dos limites da carne.

13. "Porque o que mais é a famosa redução de tensão que Freud associa ao prazer, senão a ética de Aristóteles?", Jacques Lacan, *Television*, trad. ing. Denis Hollier, Rosalind Krauss, Annette Michelson (Nova York: W.W. Norton & Company, 1990), p.19. Ver também *Ethics* p.110.

14. Sade, *Philosophy in the Bedroom*, p.227.

15. Lacan, *Television*, p.85.

16. Freud, "Instincts and their Vicissitudes", p.88.

17. Lacan, *Écrits*, Nova York: W.W. Norton & Company, 1977, p.315.

18. Lacan, *Television*, p.82.

19. G.W. Hegel, *The Philosophy of Fine Art*. Nova York: Hacker Art Books, 1975, p.49.

20. Lacan, *Television*, p.37.

21. Lacan, *Écrits*, p.174.

22. Marcel Proust, *Remembrance of Things Past*, vol. I, trad. ing. C.K. Scott Moncrieff & Terence Kilmartin (Nova York: Random House, 1982), p.6.

23. Lacan, *Television*, p.21.

24. Immanuel Kant, *"Critique of Judgement" in Philosophical Writings*. Org por Ernst Behler, Nova York: Continuum, 1986, p.200 e ss.

25. Sigmund Freud, "*From the History of an Infantile Neurosis*" (1918), in *Three Case Histories*. Org. por Phillip Rieff. Nova York: Collier Books, 1970, p.285.

26. Peter Gay, *Freud: A Life for Our Time*. Nova York: W.W. Norton & Company, 1988 p.23, 112. [Ed. bras: *Freud: uma vida para o nosso tempo*. São Paulo: Companhia das Letras].

Ver também os comentários de Leonard Shengold sobre a micção de Freud em seu *Halo in the Sky: Observations on Anality and Defense*. Nova York: The Guilford Press, 198, 168-71.

27. Jacques Lacan, *Seminar* II, The Ego in Freud's Theory and in the Technique of Psychoanalysis 1954-1955. Org. por Jacques-Alain Miller, trad. ing. Sylvana Tomaselli, Nova York: W.W. Norton & Company, 188, p.159.

28. Sigmund Freud, "The Acquisition of Power over Fire", in *Character and Culture*. Nova York: Collier Books, 1963, p.300.

29. Ibid., p.299.
30. Ibid., p.297.
31. Lacan, *Ethics*, p.93.
32. Ibid., p.93-4
33. Clarice Lispector, *A paixão segundo G.H.* Rio de Janeiro: Francisco Alves, 1995, p.127.
34. Ibid., p.171.
35. Ibid., p.164.
36. "Nous pouvons... être sûrs que nous traitons quelque chose de réel seulement quand il n'a plus quelque sens que ce soit. Il n'a pas de sens parce que ce n'est pas avec des mots que nous écrivons le réel." Yale University, Kanzer Seminar, 24 de novembro de 1975, *Le Séminaire de Jacques Lacan,* XXIII le Sinthome, Texto organizado por Jacques-Alain Miller.
37. Lacan, *Ethics*, p.112.

PARTE IV

O OLHAR E O OBJETO *a*

O olhar como um objeto

Antonio Quinet

Lacan afirma, no Seminário 11, que o olhar pode funcionar como um objeto, o que à primeira vista parece um tanto estranho. A maioria das pessoas familiarizadas com o Seminário 11 sabe que a referência lacaniana ao olhar como objeto *a* vem de *O visível e o invisível*, de Maurice Merleau-Ponty. Merleau-Ponty indica algo que vai se tornar central na obra de Lacan: existe um olhar preexistente, uma espécie de olhar que nos encara vindo do mundo exterior. Essa é a tese principal de Merleau-Ponty e, segundo ele, o visível depende do olho daquele que vê. A introdução desse que vê indica que, em sua obra, existe uma perspectiva platônica, com um ser absoluto que tudo vê. Para Merleau-Ponty, há um ser imaginário por trás do olhar eterno. Entretanto, esse ser não existe. O que existe é a cisão entre o que se vê e o olhar, um olhar que não é apreensível nem visível, um olhar cego que está apagado do mundo. É exatamente dessa maneira que a pulsão se manifesta na ordem escópica.

Para Merleau-Ponty, existe um onividente universal, enquanto para Lacan há a preexistência de um dado-a-ver. Lacan utiliza essa expressão para significar que, na relação inicial com o mundo, algo é dado-a-ver àquele que vê. Antes do visto há o dado-a-ver. Essa noção é fundamental para outros temas desenvolvidos por Lacan. A preexistência de um olhar é correlativa do dado-a-ver do sujeito. Em outras palavras, a pulsão indica que o sujeito é visto, que existe um olhar dirigido para o sujeito, um olhar que não podemos ver porque está excluído de nosso campo de visão. Este olhar nos dá a distinção entre aquilo que pertence à ordem imaginária e o que pertence à ordem do real, onde a pulsão se manifesta. O real pode ser definido como o registro em que a pulsão se manifesta: o que nos é mostrado e o que vemos pertence à ordem imaginária. Nosso mundo visível é um mundo de imagens cuja geometria é dada pelo espelho e o estádio do espelho é, de fato, um protótipo da ordem imaginária, em que o eu é constituído em relação ao *semblable*[1] ou semelhante, que está no centro da constituição do eu. O semelhante é protótipo do estádio do espelho, e sua ordem especular é marcada como ordem escópica, que vem a ser o registro do olhar.

O mundo visível de nossas percepções é um mundo de imagens. Além do mundo da visão, há o domínio do invisível que é o registro do olhar. O primeiro é de uma ordem imaginária, perceptiva; o último é real. Em um, temos imagens; no outro pulsões. E, como veremos, a manifestação pulsional predispõe o sujeito a uma atitude passiva. Existem duas atitudes gramaticais: "Eu vejo", que é de uma ordem especular, e o "ser visto", que indica o objeto *a* como uma modalidade do olhar na ordem escópica. O que corresponde ao objeto *a* no visível é a imagem do outro [i(a)]. O olhar não é visto, pois algo o mascara. O que vem mascará-lo é uma imagem: a imagem do outro. O objeto *a* é oculto pela imagem do outro, e isso é necessário para que meu semelhante possa despertar meu desejo. Trata-se de uma condição necessária, porque o objeto *a* é a causa do desejo.

Vamos agora considerar a leitura feita por Lacan do texto de Freud "As pulsões e suas vicissitudes". Este texto nos interessa, porque o objeto *a* (neste caso, o olhar) é o objeto da pulsão escópica. Como vocês provavelmente conhecem esse artigo, não vou resumi-lo. Mas gostaria de fazer alguns comentários sobre ele, com base na leitura feita por Lacan. Nesse artigo, freud distingue quatro aspectos da pulsão: o impulso, a fonte, o objeto e o *Ziel* (alvo), que Lacan divide em duas palavras inglesas, *aim* e *goal*. O impulso tem o caráter de atividade da pulsão. A pulsão é indestrutível, logo o impulso está sempre presente, demandando satisfação o tempo todo. O caráter da pulsão é dado pelo impulso. De acordo com Freud, a pulsão é indestrutível em seu impulso.

Voltemos à distinção entre *aim* e *goal*, o alvo e o objetivo. A satisfação da pulsão consiste em atingir seu alvo. O alvo é sempre satisfação obtida pela supressão do estado de excitação existente na fonte pulsional. Existe uma tendência em direção a um ponto zero de atividade, mas isso é impossível de se alcançar, uma vez que não é compatível com a vida. A satisfação, portanto, é paradoxal porque a tendência voltada para o ponto zero é uma tendência que vai além do princípio do prazer em direção ao domínio do impossível. Lacan define o real como impossível, mas impossível em que sentido? Impossível de suportar. É isso que torna a satisfação pulsional um paradoxo, como revelam os sintomas.

O alvo é sempre satisfação, e o objetivo é apenas um meio de se chegar a este alvo. A fonte é constituída pelas assim chamadas zonas erógenas localizadas nos orifícios da superfície do corpo, que têm uma estrutura de borda. As bordas do corpo estão conectadas ao mundo exterior ou, em outro sentido, ao Outro. Segundo Freud, "o objeto (*Objekt*) da pulsão é a coisa em relação à qual, ou através da qual, a pulsão é capaz de atingir seu alvo. É isso que é mais variável no que diz respeito a uma pulsão, e não originalmente ligado a ela, mas sendo a ela atribuído somente em conseqüência de ser peculiarmente adaptado a tornar possível a satisfação" (*Standard Edition*, XIV, 22). Logo, a pulsão pode ser satisfeita por qualquer objeto, mas não me refiro a um objeto que possa ser consumido, como uma maçã, ou alcançado como uma meta. Se um objeto é adequado à pulsão, é a pulsão que faz dele um objeto pulsional apropriado. O que torna um objeto o objeto da pulsão é a volta dada pela pulsão antes de voltar ao sujeito. É o impulso da pulsão que contorna um objeto na sua volta em direção ao sujeito.

Seguindo Freud, Lacan chama a pulsão uma montagem, uma coleção ou construção. Mas para ver o funcionamento da pulsão devemos voltar a Freud. Vocês sabem que Freud, gramaticalmente, desconstrói a pulsão, dividindo-a em três elementos: primeiro, atividade e passividade; segundo, sujeito e objeto, conforme estruturam sentenças; terceiro, as três formas do verbo, ativa, passiva e reflexiva. Ora, em relação a esses três elementos, Freud fala sobre duas vicissitudes: inversão em seu oposto e retorno sobre o sujeito. A inversão em seu oposto é muito fácil de observar: por exemplo, torturar e ser torturado. A inversão de atividade e passividade pode ser vista na dimensão escópica: olhar e ser olhado. O exemplo dado por Freud do segundo fenômeno discutido aqui — o retorno sobre o sujeito — é o do masoquismo e do sadismo, sendo o masoquismo equacionado com o sadismo voltado para sim mesmo. O retorno do sujeito sobre si mesmo pode ser relacionado ao exibicionismo, que inclui o olhar do sujeito para seu próprio corpo. Freud diz que o exibicionista quer que o outro (alguém semelhante a ele) reencene ou duplique o mesmo gesto, mas Freud mostra que as duas vicissitudes coincidem: a transformação da atividade em passividade e o retorno do sujeito sobre si mesmo.

As distinções seguintes decorrem do esquema ativo/passivo: torturar alguém e ser torturado por alguém; olhar como *voyeur* e exibir-se. Freud analisa a força do verbo no acionamento do mecanismo da pulsão e estabelece uma gramática das pulsões. Seu modelo é a perversão, e ele começa com o masoquismo e o sadismo.

A flexão procede a partir da instância ativa, "ele tortura" para a instância reflexiva, "ele tortura a si mesmo", culminando na passiva "ele é torturado". Existem três posições dessa flexão gramatical: a primeira oferece uma instância de sadismo, a segunda, uma instância de masoquismo e a terceira, que ocorre na dimensão sadomasoquista, uma instância de obsessão.

Mas surge um problema com referência à pulsão escópica. Freud observa que a reflexiva "ele tortura a sim mesmo" ocorre antes da instância ativa, o que pode ser demonstrado pelo estudo dos meninos. Freud afirma que um menino pequeno observa seu membro sexual, o que o obriga a introduzir um terceiro elemento na pulsão escópica: o pênis. De maneira notável, o pênis toma o lugar de objeto da pulsão.

Quando nos referimos aqui à pulsão escópica, vamos usar *isso* como substituto do pênis. Na primeira posição, ele *olha*; na segunda, ele olha para *isso*, na terceira, *isso* é olhado pelo Outro. Freud nota que o mais importante nessa construção e desconstrução pulsional é que essas três lógicas são sempre operativas: a pulsão é obrigada a satisfazer as três lógicas ao mesmo tempo. Lacan propõe uma expressão para discutir essas lógicas: diz ele que o mais importante na pulsão é que ela faz pensar. Nesse "fazer pensar" temos a fórmula verbal da pulsão.

O que vemos na terceira lógica? Vemos o sujeito gramatical da frase desaparecido, substituído por um objeto, e essa alteração é muito importante para a satisfação pulsional. Nesta, o sujeito é reduzido a um objeto. Podemos observar outras pulsões para encontrar semelhanças. Por exemplo, se substituirmos o olhar, na pulsão oral, pelo ato de sugar, vamos ter o menino de Freud engajado na seguinte progressão: ele suga um objeto, ele se suga, ele é sugado. E — numa frase que incorpora todos os três aspectos — ele se faz ser sugado. Se fizermos a substituição pelas fantasias de plagiato, podemos observar a mesma dinâmica em ação. Kris descobriu isso no caso de histeria que lidava com a questão do plágio relacionado à pulsão oral. Se substituirmos o ato de sugar pela tentativa de plagiar, ficamos com o desejo do plagiário de sugar as idéias de alguém, ou com seu medo de ter suas idéias sugadas por um outro.

O paciente de Kris acreditava ser incapaz de criar idéias por si mesmo. Estava certo de que tudo o que escrevia era plágio. Kris decidiu determinar se aquilo era mesmo plágio ou não, lendo a obra do paciente. Chegou à conclusão de que as alegações do paciente eram falsas, e disse isso a ele. Disse-lhe que suas idéias nada tinham a ver com as do professor de quem vinha falando. Mas, imediatamente depois de deixar o consultório do analista, o paciente foi a um restaurante comer miolos frescos, precisamente para provar alguma coisa ao analista. Para esse paciente, portanto, comer miolos frescos era um símbolo relacionado com o plágio e com a pulsão oral. Essa fantasia tem pouco a ver com o real, um domínio que não é crucial aqui.

O olhar também tem conotações para a pulsão anal. Lacan diz que a pulsão anal tem muito a ver com a merda. Podemos, assim, substituir o verbo "olhar" pelo verbo "cagar": podemos dizer que o sujeito caga um objeto, ou se caga, ou é cagado. Os neuróticos obsessivos sentem que estão sendo cagados o tempo todo, o que é uma manifestação de culpa. Um sintoma obsessivo muito comum é a crença de que cada presente dado é reduzido a merda. Para o obsessivo, o Outro rejeita o sujeito como merda.

Vamos agora examinar o objeto *a* a fim de vinculá-lo ao sujeito em consideração. Mas primeiro temos de perguntar exatamente o que é o objeto *a* com referência ao sujeito e ao Outro. Jacques-Allain Miller explicou essa conexão, dizendo que o objeto *a* é parte do Outro, mas não um elemento do Outro. No Seminário 11, Lacan tenta demonstrar a conexão entre o objeto e o sujeito, colocando o sujeito em relação ao Outro.

Em um de seus diagramas, Lacan situa o sujeito num círculo e o Outro (*Autre*) em outro; o objeto *a* cai entre o sujeito e o Outro:

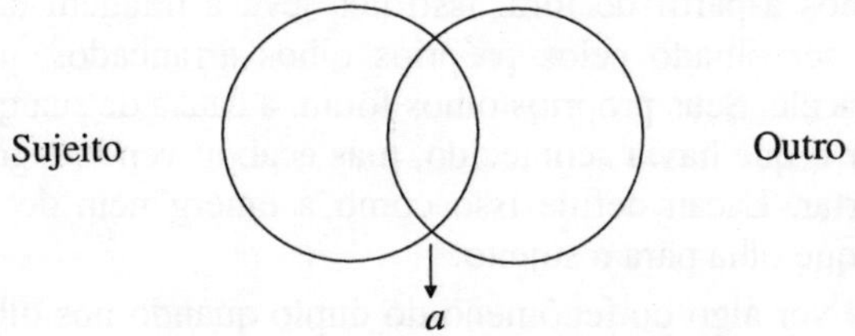

Essa ilustração mostra que o objeto a não pertence ao sujeito nem ao Outro (*Autre* ou simplesmente A). O sujeito de Lacan é definido como falta-a-ser; o olhar-como-objeto *a* é o seu ser. Assim, determinamos o sujeito como falta-a-ser. O objeto *a* é um ser a que falta consistência, um ser que não podemos capturar ou ver, mas que é, ainda assim, um ser. O que é muito estranho, já que ele é a causa do desejo do sujeito. Este objeto, que condensa gozo, é o objeto da pulsão. Em *A interpretação dos sonhos*, Freud teoriza que, para o sujeito, este ser está perdido em alucinação. Lacan afirma que, para o sujeito, este ser é perdido — cortado — apenas para deslizar pelo campo do Outro. Mas, se ele desliza pelo Outro, isso não quer dizer que o Outro o possua como a outros objetos. Esse deslizar por esse campo explica por que cada pessoa é atraída por seu semelhante ou parceiro. Se fosse somente um dentre outros objetos, o objeto *a* não seria causa de desejo.

O olhar como objeto *a* ou causa de desejo pode ser representado, e podemos ver como isso se pode realizar. Por exemplo, um raio de luz — um brilho nos olhos de alguém, um reflexo nos cabelos de alguém, uma jóia que cintila — pode representar um olhar que não está em nós. Em muitas representações na tradição filosófica, a luz é equivalente do olhar. É de conhecimento comum que, em tais tradições filosóficas, foram feitas muitas comparações entre a luz, a visão e o saber que, em retrospecto, evocam a noção lacaniana do olhar. Na obra de Freud, a brancura do corpo da sra. K. evoca o olhar que atrai Dora pois, como sabemos, o objeto de atração de Dora era a sra. K., e sua pele alva, que identifico como uma manifestação do olhar, acrescentado à atração. Num outro exemplo, um foco luminoso pode representar o objeto, causa de desejo, como uma presença que faz alguém se sentir olhado. Sentir-se submetido ao olhar do outro pode produzir não apenas desejo, mas angústia, o que é outra manifestação do objeto *a*.

No Seminário 10 (*A angústia*), Lacan diz que o olhar está sempre presente nas manifestações de angústia. Sem o objeto *a*, diz ele, não há angústia. O modelo, proposto por Lacan, do olhar no auge da angústia é o momento em que Édipo arranca seus olhos das órbitas; segundo Lacan, esse protótipo da angústia vem mostrá-lo sendo olhado por seus próprios olhos a partir de fora. Isso nos leva à imagem clássica da angústia: o ser olhado pelos próprios olhos arrancados, mas ainda olhando para ele. Seus próprios olhos foram a causa de sua queda. Ele queria saber o que havia acontecido, mas acabou vendo algo que não podia suportar. Lacan define isso como a emergência de um olhar impossível que olha para o sujeito.

Podemos ver algo do fenômeno do duplo quando nos olhamos no espelho mas não nos reconhecemos. Existe um estranho momento de angústia que também está presente no sinistro. Nas duas experiências, há uma presença que nos faz sentir observados quando não existe nada ali. Mas, nessas circunstâncias, alguma coisa está em funcionamento: a tela da imagem está preenchida, e podemos captar de relance o olhar que nos enche de angústia. Mas sabemos que não é somente a imagem que vela o objeto, porque também deve haver algo da ordem simbólica.

A função da tela é apagar o olhar do mundo, da amostra do mundo, do Outro como realidade, com todas as significações que ajudam a constituir nosso ambiente. O objeto é apagado nessa representação, o que significa que há uma tela que oculta o olhar, e isso é ilustrado pela mancha. Lacan diz que a mancha pode representar a tela; ao mesmo tempo, a tela esconde o olhar. A mancha esconde e revela o olhar. Uma mancha pode ser a testemunha de um crime, como para Lady Macbeth, que suplica, "sai, mancha maldita" ao tentar apagar uma marca de sangue que se recusa a sair. Nessa cena, a tela fracassa em sua função, pois ela não consegue apagar a mancha, um símbolo de sua loucura subseqüente. Aqui, a mancha simboliza o olhar que determina o sujeito como receptáculo da angústia causada por ser observado.

Como podemos entender o olhar no sentido psicanalítico? O lugar mais óbvio para observá-lo é na psicose, quando há uma falha do olhar. Para os neuróticos, o olhar como um objeto não tem consistência, não tem substância. Ele não aparece, não pode ser visto. Mas, para os psicóticos, o olhar pode às vezes ser sentido e visto, porque a tela falha, o que é um outro modo de se dizer que o complexo de Édipo falha. Na psicose existe alguma coisa que mostra ao sujeito que o objeto não está perdido. O olhar, então, ausente para os neuróticos, não está perdido para os psicóticos, um fato que se torna mais evidente se considerarmos a diferença entre o real e a realidade.

O que é o real? Quando falo em realidade, estou discutindo a realidade de nossas percepções e imagens. Mas, mesmo no registro do imaginário, a realidade é estruturada pela ordem simbólica, já que tanto o simbólico quanto o imaginário a compõem. O real como um corpo de experiência está excluído da realidade. O imaginário dá forma e feitio a coisas que podemos perceber através de nossas representações ou significantes. Sabemos que a realidade, que não é a mesma para cada pessoa, é estruturada pela ordem simbólica. Enquanto o real normalmente não faz parte da realidade, na psicose o objeto *a* (que em geral não é parte da realidade) retorna ao campo da realidade. Na neurose, o mecanismo do recalque implica a perda do objeto. A satisfação total se torna impossível porque o objeto que poderia satisfazer a pulsão foi perdido. Mas na psicose o caso é outro: o objeto pode aparecer como um olhar que observa o sujeito, ou como uma voz alucinatória.

O que vemos na psicose é uma desorganização do campo visual. Em casos de tal confusão desorganizada, o olhar como objeto *a* no campo escópico surge freqüentemente para o sujeito numa série ampliada de olhares múltiplos. Por exemplo, um paciente delirante sai à rua acreditando que todos estão olhando para ele porque é homossexual. Em outro exemplo, um paciente esquizofrênico alucinava que tudo, desde olhos até átomos, olhava para ele, sendo obrigado a usar óculos escuros para escapar ao escrutínio geral. Num hospital psiquiátrico, um grupo de pacientes tentou esconder-se do olhar alucinatório permanecendo em seus leitos, porque pensavam que havia espiões em toda parte, observando-os. Esse sintoma, que Freud chamou de ilusão de estar sendo observado, surge no começo da paranóia. Um delírio persecutório se desenvolve em torno do olhar, mas não é muito fácil distinguir esse tipo de fenômeno de uma fobia. Os analistas, ocasionalmente, têm pacientes incapazes de sair de casa, não devido a medos fóbicos, mas porque não podem suportar o olhar do Outro.

Vou concluir relatando uma anedota sobre como o olhar, mesmo não apreensível, pode ser deduzido de certos sintomas neuróticos em casos de cegueira histérica. Imaginem o seguinte: um homem vinha subindo as escadas de um restaurante quando de repente seus olhos encontraram os olhos do seu analista. Seus olhos se encontraram quando o analista vinha descendo a mesma escada que o outro subia. O paciente, imediatamente acometido de cegueira, foi obrigado a deter-se. Sua visão foi voltando aos poucos, mas de uma maneira bastante peculiar; como uma cortina que sobe num palco e pára no meio do caminho. A cortina permaneceu semidescida enquanto ele comia no restaurante. Até terminar a refeição e deixar o local, o analisando não podia ver nada numa parte de seu campo visual. Permaneceu cego parcialmente até chegar à rua; nesse ponto, seu sintoma desapareceu.

Para o analisando, este episódio se relacionava com um sonho de forte teor erótico por ele relatado, no qual ele e seu analista estavam comendo juntos. Seu sonho realizava o desejo de tomar uma bebida com seu analista. Com efeito, ele queria se encontrar com o analista para tomar alguma coisa tão logo sua análise terminasse. Isso era o que ele dizia querer fazer. "Tomar uma bebida", em francês, é *prendre un verre*. O sintoma do paciente, cegueira, apareceu precisamente ao encontrar o olhar do Outro. O sintoma era sustentado pela expressão *prendre un verre,* em que o termo *verre* é ambíguo. O significante que representa o olhar está presente em *verres*, que em francês significa copos (metáfora para bebidas) e lentes (ou óculos). O significante representa o olhar presente nas lentes dos óculos do analista. A pulsão escópica manifestou-se no sintoma, onde havia um "fazer-se ser olhado": ele ficou cego, não via. Na manifestação da pulsão escópica, este sujeito histérico nada via porque estava reduzido a um objeto. Naquele exato momento, ele era o olhar. Nesse sintoma, vemos o objeto. É ele parte do Outro ou parte do sujeito? Sabemos que se, no sintoma, o analista representa a Outro para ele, o olhar existe entre eles. No sintoma, ele é reduzido a um objeto. O sujeito desaparece; na sua reação histérica, ele desaparece literalmente, porque não mais vê.

Sobre esse tema, leiam o interessante artigo de Freud "Uma visão psicanalítica dos distúrbios psicogênicos da visão", que fala sobre a cegueira histérica. Ali ele explica a cegueira histérica como um recalque da escotofilia sexual. A escotofilia é a atividade da pulsão e o olhar relacionado a ela. Freud diz que a pulsão recalcada se vinga por ter sido contida em sua extensão psíquica, tornando-se capaz de estender sua dominação ao órgão que está a seu serviço. Em outra palavras, a pulsão encontra satisfação no sintoma, acarretando um gozo insuportável: cegueira. Segundo Lacan, a pulsão é o único veículo para a transgressão. Assim, é interessante, neste caso particular, o fato de ser a escotofilia representada por uma cortina que pára em meio à subida. Por quê?

Foi exatamente naquele instante que o olho do analisando pousou na braguilha do analista. Ele estava subindo as escadas, e o analista descendo, quando de repente a pulsão foi recalcada.

NOTA

1. "Semblable", em francês, significa outro ser humano que parece (*semble*) ser como nós. Também tem o sentido de similar.

O olhar fálico do País das Maravilhas

Richard Feldstein

> Por temperamento, Nora era uma cristã primitiva: acreditava na palavra. Existe uma falha em "dor de palavra" através da qual o singular cai, continuamente e para sempre; um corpo caindo no espaço observável, privado da privacidade do desaparecimento: como se a privacidade, afastando-se inelutavelmente, pelo próprio poder de suspensão de sua retirada, mantivesse o corpo eternamente em movimento para baixo, mas num mesmo lugar, e para sempre diante dos olhos. Tal singular era Nora. Havia qualquer desarranjo em seu equilíbrio que a tornava imune à sua própria queda (*Nightwood* 51).

Caindo pelo buraco no outro

Intrigada por um coelho branco que está atrasado demais para um compromisso muito importante, Alice o acompanha, como se ao flautista de Hamelin, até o País das Maravilhas. Levada por um desejo exploratório, ela persegue o coelho até um buraco na cadeia simbólica e, recolocada para baixo do discurso, cai pela fresta da consistência simbólica. Mas, por que dizer que Alice cai por um buraco no Outro simbólico, e não numa grande toca sob os arbustos, como se descreve no texto (*Wonderland* 2)? Numerosos escritores descreveram esse buraco como um aspecto da natureza ou um produto da fantasia que faz a protagonista aterrissar num mundo maravilhoso que cativa sua imaginação. Como Carroll indica que Alice cai num longo devaneio antes de acordar, no fim da história, os críticos literários leram a toca do coelho como um espaço de transformação imaginária, onde os sonhos transportam Alice do mundo da superfície para a terra encantada lá embaixo. Mas vamos definir este buraco, esta toca, como uma falha no Outro, um lugar codificado pela lógica do significante, mesmo sendo encoberto pela produção fantasmática.

Mas antes de desenvolver as implicações de semelhante estratégia, gostaria de ver o que nos diz o texto quanto à queda de Alice. Encontrando-se situada nesse espaço de transformação, Alice logo aprende que o conhecimento simbólico adquirido acima da terra tem uma utilidade imediata na interpretação de suas aventuras no País das Maravilhas. Essa realização ocorre no princípio da história, assim que ela é libertada do empuxo gravitacional da experiência terrena. Então, ela desce flutuando por um túnel marcado pela seqüência de significantes — com seus vidros de geléia de laranja, prateleiras, estantes de livros e outros representantes da domesticidade que revestem as paredes do poço onde ela experimenta uma extensa queda livre antes de aterrissar sobre um monte de folhas secas.

Embora o País das Maravilhas seja mais freqüentemente celebrado como fantástica obra imaginária, é a influência do significante que determina a estrutura e valoriza a experiência. Por que outro motivo Alice iria se incomodar em fazer uma reverência enquanto cai? "Imagine só, fazer uma *reverência* enquanto se está caindo no ar!" (a ênfase é de Carroll, 2). Por que "aproveitar a oportunidade para mostrar o que sabe", mesmo que não haja "ninguém para escutá-la" (2)? Por que, no meio da queda, recitar suas lições como se estivesse no meio de uma prova? E, o que é mais importante, por que as paredes do poço estão cobertas de grades significantes, como "mapas e quadros pendurados em pregos", que lhe são de pouca ajuda para orientá-la em sua situação atual (2)?

Sujeita aos ditames do desejo, Alice cai numa representação do inconsciente que, segundo Lacan, apresenta o discurso do Outro. Uma cadeia significante, o inconsciente é estruturado como uma linguagem, isto é, estruturado inicialmente por uma série de significantes livres flutuantes. Enquanto cai através do Outro, Alice imita um desses significantes flutuantes que estruturam o campo da linguagem, não através do processo de produção de sentido, e sim pela introdução de inumeráveis significantes à deriva que existem numa relação de oposição a outros significantes. Como diz Lacan em "Subversion du sujet et dialectique du désir dans l'inconscient freudien", "o significante é constituído somente de uma coleção sincrônica e enumerável de elementos, onde cada um é sustentado apenas pelo princípio de sua oposição a cada um dos outros" (304).

No início, esses elementos livres flutuam até se tornarem fixados num campo unificado de sentido, ligados por um *point de capiton* ou "significante-mestre" que dá coerência às séries diferenciais que, de outra maneira, deslizariam incessantemente numa progressão metonímica. Conforme essa lógica, Alice vai caindo até que sua queda seja bruscamente interrompida no nível do chão, onde ela *começa* a suturar-se a um significante-mestre que une retroativamente todos os demais significantes a ele, capacitando-a, assim, a iniciar o processo de fazer sentido nessa dimensão de não-senso que a confronta. De fato, toda a jornada de Alice — desde o encontro inicial com o coelho apressado, passando por sua permanência com o Chapeleiro Maluco e a Lebre de Março até sua interação com o Rei e a Rainha das cartas — pode ser entendida como uma tentativa de fazer sentido do País das Maravilhas, de encontrar um ponto nodal ou *point de capiton* que amarre o sentido retroativamente. Ao fazer isso, a *capitonnage* confere uma identidade ao sujeito estruturado pelo "anzol" que põe todos os significantes anteriores em relação consigo.

Mediante esse processo, Alice tenta fazer sentido numa situação de não-senso, na qual animais se vestem e falam como se fossem humanos. Pois os habitantes do País das Maravilhas utilizam a linguagem para se tornar seres falantes que significam. A tentativa de Alice de dar sentido ao que os animais falam e de compor a significação a partir da estranha seqüência de situações incompreensíveis está ligada a sua percepção de identidade. Esta identidade é uma construção criada nas experiências do mundo da superfície que foram transpostas para o País das Maravilhas, um campo não unificado de significação que se coloca como uma questão a ser respondida mediante a inserção de um *point de capiton*, o qual se situa no Outro e desse modo relança o código sincrônico em relação a uma cadeia diacrônica que totaliza o sentido. Em *O sublime objeto da ideologia*, Slavoj Žižek dá um exemplo preciso de um ponto de ancoramento que unifica uma série de significantes flutuantes:

> Para compreender inteiramente isso, temos somente que nos lembrar do exemplo citado acima de "estofo" ideológico: no espaço ideológico, pairam significantes como "liberdade", "justiça", "paz"... e então sua cadeia é suplementada com algum significante-mestre ("Comunismo") que determina retroativamente seu sentido (comunista): "a liberdade" é efetiva somente pela via da superação da liberdade formal burguesa, a qual não passa de uma forma de escravidão; o "estado" é o meio pelo qual a classe dominante garante as condições de seu domínio; o mercado de trocas não pode ser "justo" e "eqüitativo" porque a forma mesma de troca equivalente entre mão-de-obra e capital implica exploração; a

ALICE NO PAÍS DAS MARAVILHAS

> "guerra" é inerente à sociedade de classes como tal; apenas a revolução socialista pode acarretar uma "paz" duradoura, e assim por diante (102).

No exemplo de Žižek, os significantes flutuantes liberdade, justiça e paz são relançados por um *point de capiton*, o comunismo, que altera seu sentido de modo que cada termo é lido em relação com este significante determinante. Em *Alice no País das Maravilhas*, Carroll joga intuitivamente com esta lógica, pois em vez de introduzir termos como liberdade, justiça ou paz, o próprio processo de representação é questionado, como o que busca um significante-mestre para estruturar o processo de produção de sentido. Em outras palavras, *Alice* apresenta um estudo emblemático da representação do próprio processo representacional, enquanto relacionado à reconfiguração da identidade de Alice.

Depois que Alice deixa o mundo da superfície, ela desce a um território de sonho que a confunde tanto que tenta compreendê-lo aplicando os princípios anteriormente aprendidos à sua experiência atual, antes de tentar captar este conjunto de variáveis desconhecidas em seus próprios termos. Como o País das Maravilhas insiste em seu próprio discurso problemático, Alice é forçada a reconhecer que o não-senso é uma das únicas variáveis consistentes que ela encontra. Suas aventuras são tão impressionantes que ela começa a especular quem seria ela em relação a este novo *point de capiton* — o País das Maravilhas como um significante-mestre surrealista — que ironicamente introduz o não-senso como o anzol que une os aspectos irracionais de seu encontro em torno de seu reaparecimento onipresente como o elemento dominante na história. A cada aventura seguinte, o não-senso se torna o determinante rígido que insiste na lógica da ilogicidade estabelecida para desconstruir as lições logocêntricas aprendidas no mundo paralelo da superfície. Estas se transferem para as questões de como a lógica e a identidade são desestruturadas e reestruturadas em seu novo meio ambiente.

Em termos lacanianos, este foco sobre a estrutura acarreta um estudo da subjetividade em relação ao significante, ao significado, ao grande Outro (*le grand Autre*) e ao objeto pequeno *a* (*objet petit a*). E é essa relação do sujeito com a rede intersubjetiva que Alice enfrenta ao comparar suas experiências de um mundo para outro, numa tentativa desesperada de reconstruir uma identidade para si mesma em relação a esse novo ambiente. Na história, Alice desempenha muitos papéis no drama estruturalista, procurando situar-se geometricamente dentro dos parâmetros de sua trajetória imprevisível. Ela é, alternadamente, um sujeito cindido, dividido entre desejos competitivos de viver nessas duas esferas contrastantes de existência, um significante flutuante à deriva através de um campo não-unificado de representação, um significado em busca de seu sentido e uma forasteira no País das Maravilhas que zomba do grande Outro e se reduz a um *petit autre*.

No capítulo 5 a lagarta, que em outro mundo onde as leis da natureza se aplicassem iria se metamorfosear numa borboleta, torna-se uma professora de identidade-como-transformação quanto pergunta a Alice, repetidas vezes: "Quem é você?" Na verdade, este refrão de confusão identificatória ressoa imediatamente em sua cabeça assim que ela desce ao País das Maravilhas, antes de encontrar sua conselheira. Já no capítulo 2, Alice exclama: "Como tudo está esquisito hoje! E ontem as coisas estavam como sempre. Eu me pergunto se terei sido mudada durante a noite... Mas, se não sou a mesma, a próxima pergunta é: quem serei eu? Ah, *esta* é a grande questão" (12). Logo depois ela se indaga se será Ada ou Mabel: "Não, isso eu já decidi: se eu for Mabel, vou ficar aqui embaixo! Não adianta eles enfiarem a cabeça no poço e ficarem chamando: 'Volte para cima, querida!' Eu vou só olhar para cima e dizer: 'Quem sou eu, então?' Digam-me primeiro e aí, se eu gostar de ser essa pessoa, vou subir; senão, vou ficar aqui embaixo até ser outra pessoa" (13).

No mundo da superfície, Alice acredita que *é* Alice, uma menina habitante de um universo natural ordenado por ciclos perceptíveis. Mas, no País das Maravilhas, ela logo percebe que o signo é elevado à função do significante, uma vez que "o cachorro faz miau; o gato faz au-au", e o animal é desconectado de sua voz (Lacan: "Subversion", 303-4). A relação do significante com o signo indica o máximo desprezo pela verossimilhança, o que permite uma variedade de objetivações em que os animais falam, a Rainha e o Rei aparecem como cartas de baralho, as flores são pintadas de vermelho e, num jogo de críquete, as bolas são porcos-espinhos, os tacos viram flamingos e os soldados-cartas se contorcem para formar "arcos" através dos quais as "bolas" passam. Tudo isso deixa Alice "imaginando se alguma coisa *algum dia* voltaria a acontecer de maneira natural de novo" (grifo de Carroll, 97). Alice, repetidas vezes, reflete sobre sua confusão de identidade causada por essa jornada em tão estranhas paragens. Sua passagem enigmática deixa-a aturdida, porque está dividida entre dois mundos. Assim, quando ela pergunta "quem sou eu", o que quer realmente dizer é "quem sou eu neste mundo" onde a natureza está tão deslocada que tenho dificuldade de fundamentar meu reconhecimento da realidade.

Na história emblemática de Carroll há o problema de como situar o sujeito em relação à falta de saber produzida pelos eventos sem sentido que subvertem uma compreensão da situação de Alice. Este processo começa quase de imediato, quando ela cai na toca do coelho, correlacionado no esquema lacaniano com o grande Outro que no segundo grafo do desejo está superimposto ao *point de capiton*:

Grafo I

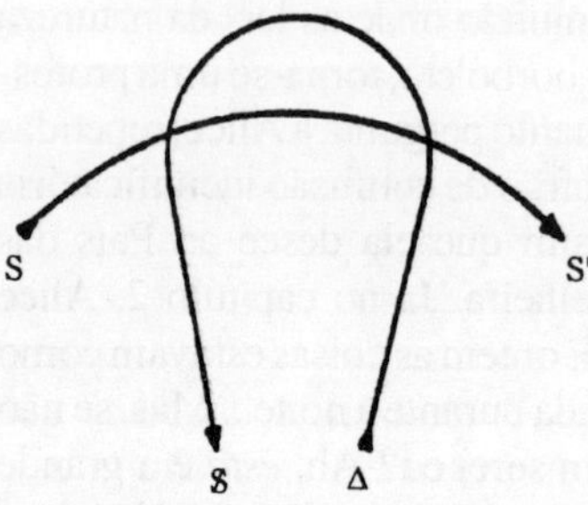

Grafo II

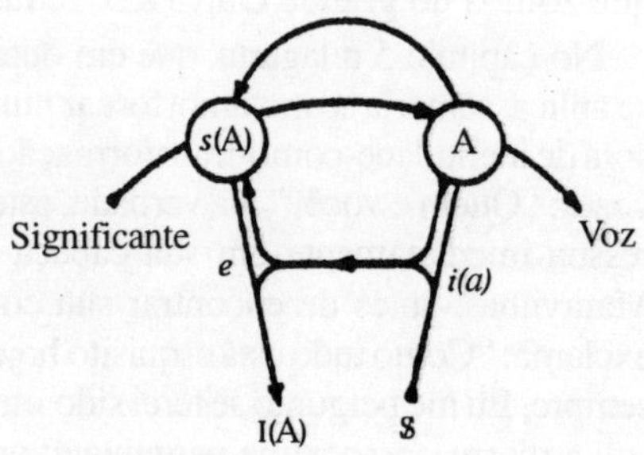

No primeiro grafo do desejo de Lacan, uma intenção mítica intercepta a cadeia significante S.S' e exerce um *capitonnage* no processo de amarração no ponto de intersecção acima à direita. O efeito imediato deste processo é uma amarração do "puro significante"; seu produto é o $\not{S}$ do lado inferior esquerdo do primeiro grafo. Lacan superimpõe o segundo grafo do desejo sobre a primeira seqüência. Isso feito, é evidente como a intenção mítica, pré-simbólica, é transformada no sujeito barrado que intercepta o vetor S.S', agora concebido como s(A)-A. A seqüência superimposta nos permite ver que o *capitonnage* ocorre no campo do Outro, e seu efeito é s(A), um significado que é uma função do Outro. Fica evidente que o Outro é dominante no vetor, em virtude de aparecer duas vezes, como um duplo referente: à esquerda, como s(A), e à direita, como A.

É através do Outro que Alice cai, sendo o Outro um lugar estrutural dado antecipadamente, anterior ao nascimento do sujeito. Ele é "o lugar em que se situa a cadeia do significante que comanda tudo o que vai poder presentificar-se do sujeito", e determina todos os códigos a partir dos quais o sujeito do significante recebe as mensagens pelas quais ele é constituído (Seminário 11, 193-4). Em outras palavras, o Outro lacaniano é o campo simbólico organizado através da cadeia de significantes onde as palavras garantem valor pelo simples fato de que falamos. Sob a influência do significante, o sujeito é constituído no lugar do Outro onde o eu fala para o "um que escuta", só que este *um* não é outro ser humano, mas a estrutura da linguagem, a cadeia significante no campo do inconsciente (Seminário 3, 309).

A cadeia designada como o vetor S_1-S_2 é a abreviatura do Outro, que estrutura o campo do inconsciente, determina o desejo como desejo do Outro e marca o sujeito em relação ao significante. A fala ajuda a organizar a ordem do significante, que não é um espaço, mas um lugar, o "lugar do Outro, do Outro testemunha, a testemunha Outra que não um dos parceiros" existente para além de qualquer personalidade individual ("Subversão", 305). Neste lugar, o sujeito permanece submisso "à lei do um e todo", o todo abrangente na medida em que indica a cadeia de significantes como o lugar do desejo disperso e da lei regulatória (Lacan, "O desejo em *Hamlet*", 49).

O Outro é o primeiro aspecto do País das Maravilhas que Alice enfrenta, porque é o signo inicial de que a extensa seqüência onírica não é inteiramente dela mesma. À primeira vista podemos assumir que, uma vez que Alice está sonhando, todos os aspectos do sonho oferecem representações de seu desejo. Afinal, é a consciência de Alice que constrói os personagens amalucados com quem ela se encontra e as estranhas cenas que se desenrolam. Mas, se aceitarmos sem problemas que todos os aspectos do sonho são dela, ficamos com um gesto positivista de presença integral onde o emitente da afirmação enunciada conscientemente é igualado ao sujeito inconsciente da enunciação. Dada essa perspectiva positivista, teríamos de aceitar o que Alice diz como equivalente ao seu desejo, ao que é dito nas entrelinhas, ao que é demandado independentemente das palavras utilizadas por ela para articular suas demandas. Mas, uma vez que o significante intervém, o eu que fala é desmentido pelo que o inconsciente tenta afirmar. Mais ainda, quando Carroll constrói o País das Maravilhas como uma dimensão alternativa que existe como uma aberração do mundo da superfície, ele insiste na divisão básica implicada na cisão da subjetividade. Uma ramificação imediata dessa lógica é que o Outro não pode ser reduzido a um aspecto internalizado da subjetividade. Ele não pode ser interpretado apenas como uma voz articulada do interior do sujeito.

O Outro ocupa um lugar que não a sede do sujeito. Sendo um conjunto autocontido de significação, o Outro insiste na alteridade do inconsciente: ele tem sua própria demanda, seu próprio desejo, seu próprio tempo e seu próprio efeito lingüístico, tudo isso podendo ser entendido como impessoal. Pois, sempre que nos movemos do pessoal "creio que você deve fazer isso" para o impessoal, "é imperativo que você faça isso", testemunhamos uma inversão lingüística que indica nossa identificação com o lugar do Outro. Alice acaba reconhecendo essa intencionalidade estranha no interior do País das Maravilhas, bem como em sua introjeção de seus processos regulatórios. Ela também reconhece — depois de suas aventuras iniciais se concluírem e de encontrar a chave do jardim mágico, entrar ali e jogar críquete com a Rainha — que está sujeita a alguma *coisa* no País das Maravilhas que existe para além do grande Outro. Esta *coisa*, que escapa ao simbólico por ser parte do sujeito, porém mais que isso, é o remanescente deixado do encontro do sujeito com o Outro. É o mais-gozar, ou objeto *a* que escapa à castração simbólica, na qual o sujeito deve renunciar a algum gozo primário e seguir as voltas significatórias do Outro.

Eric Laurent explica que, quando o sujeito é estruturado pelo Outro, ocorre uma perda de gozo definida como um "deserto do gozo": "Nesse 'deserto', nessa substituição feita pela castração (o fato de que o gozo seja substituído pelo Outro), há algo que sobra e é por isso que se aceita a castração." O resto é o mais-gozar, ou gozo a mais, distinto do gozo primitivo sacrificado ao Outro. Quando Alice olha a seu redor no seu estranho novo mundo, observa que alguns aspectos da experiência permanecem totalmente desconhecidos da consciência, escapando à divisão sujeito/Outro. No esquema lacaniano esses aspectos são compreendidos pelo mais gozar, a substância objetal que permanece depois que o objeto é peneirado através da grade simbólica. Esses objetos *a* permanecem em nós, porém são mais que nós, e portanto não podem ser representados como tais, pois excedem os limites da simbolização.

Logo, é através da castração simbólica no lugar do Outro e da perda do gozo implicada por este sacrifício que o mais-gozar é criado e vamos perceber que o Outro é insuficiente em si. Com esse reconhecimento, podemos entender que o Outro é barrado devido à inconsistência simbólica em seu campo, ligada ao que Lacan irá chamar mais tarde de processo de alienação e separação. Durante o período em que o Seminário 11 foi escrito, Lacan utiliza essa formulação para substituir o grafo do desejo elaborado em "Subversion du sujet et dialectique du désir dans l'inconscient freudien". Tanto no grafo do desejo, que elabora uma teoria de metáfora e metonímia, quanto na teoria da alienação e da separação, Lacan demonstra como o objeto *a*, atuante no processo da castração simbólica, ajuda o sujeito a mover-se da demanda do Outro ao reconhecimento do desejo do Outro como distinto do seu próprio. Para fazer isso, o sujeito deve conceber o Outro como barrado, inconsistente ou faltoso, como Alice começa a fazer quando desce pelo furo do Outro na primeira seqüência da história. No fim do livro, depois de ser acusada de roubar as tortas, ela apresenta evidências em causa própria e desobedece às injunções do Rei, crescendo para além dos confins simbólicos do País das Maravilhas. Alice nega o desejo do Outro, detecta suas limitações e distingue seu status politizado como faltoso.

Entre dois nascimentos

Na teoria lacaniana existe uma expressão, *traversée du fantasme*, que indica o atravessamento da fantasia. Essa travessia permite ao sujeito lidar com as ramificações estruturais da fantasia: como a formação da fantasia disfarça inconsistências simbólicas no Outro e encobre os múltiplos furos no Outro que minam sua autoridade e questionam a sua própria existência. Enquanto o gozo do corpo é submetido aos desfiladeiros do significante, o eu tenta negar a interpenetração do simbólico com o real, bem como a auto-imagem assimétrica relacionada à mortificação simbólica do gozo que resulta da interpenetração dos registros. Isso considerado, torna-se evidente que a formação da fantasia no imaginário é uma estratégia defensiva que permite a construção compensatória de imagens espaciais coerentes ligadas a ficções de desempenho que se estendem no tempo de maneira a fornecer a ilusão de uma presença temporal à personalidade.

Em outras palavras, a construção do grande Outro pressupõe o real do gozo que desestabiliza o significante, atribuindo-lhe inconsistência. Como o processo de significação não pode simbolizar o gozo que o precede ou o mais-gozar que é peneirado através do corte simbólico mas que escapa à lógica da rede discursiva, o Outro se torna poroso com um mais-gozar que permanece ininterpretável. Para defender-se da porosidade do Outro acometido de excesso de gozo, o eu (aquilo em nós que seria "um") recorre a um sucateamento imaginário da fantasia sobre qualquer fragmentação desconcertante que mine sua auto-imagem unificada.

Este aspecto da teoria lacaniana se aplica a Alice, que descobriu um mundo não-humano onde as espécies predominantes são animais falantes e cartas de baralho significantes. Uma vez nessa terra de contradições, Alice reconhece que o Outro que antes estruturava sua inserção simbólica na tradição social é inconsistente com o Outro que influencia as bizarras relações intersubjetivas do País das Maravilhas. Esta é a ramificação mais imediata de sua experiência desconfirmadora no País das Maravilhas. A aceitação infantil anterior de Alice de sua inscrição simbólica na sociedade vitoriana é desafiada uma vez que ela encontra um Outro onde a interação humana é deslocada por uma lógica significante que inscreve animais e cartas inanimadas falantes no interior de relações textuais. Essas criaturas recebem um papel enigmático a ser desempenhado no drama sem sentido de suas existências. Recebem rituais sob forma de jogos a encenar, são induzidas a adotar um mandato simbólico na construção da identidade cultural e, dessa maneira, tornam-se sujeitos historizados cujo desejo está ligado — por um *point de capiton* — ao desejo do Outro e sua situação simbólica com referência a ele. Observando este estranho psicodrama, Alice reconhece as inconsistências simbólicas reveladas através da comparação entre suas experiências passadas e presentes. Em conseqüência desse reconhecimento, ela começa a subverter a autoridade do Outro, questionando seu desejo e distinguindo-o do seu próprio.

Como Carroll ressalta que é o extenso devaneio de Alice que perdura até o fim da narrativa, não importa o quão estranhos se tornem os eventos, existem todas as indicações de que o inconsciente que sustenta o sonho é o de Alice. De fato, Carroll nos dá muitos meios de ler a sua seqüência de devaneio. Por exemplo, podemos interpretar os personagens que sobem ao palco e encenam o drama como uma criação da consciência de Alice, ou podemos atribuir tão espantosos episódios à produção de Lewis Carroll (Charles Lutwidge Dodgson), que insiste numa intencionalidade estranha existindo no interior da consciência de Alice. Há também a opção de explicar o processo interpretativo como um precursor, no século XIX, da teoria leitor-resposta, onde vemos Alice ler o texto ao encontrá-lo, produzindo uma interpretação dos eventos na medida em que se reconfigura com referência a este mundo estranhamente familiar, porém muitas vezes incompreensível.

De outro ponto de vista, a jornada pelo País das Maravilhas oferece a Alice uma experiência muito semelhante a um segundo nascimento no espelho cultural onde ela é espacialmente capturada pelo campo do Outro. Confrontada com esta bizarra seqüência de eventos, Alice tenta reestruturar seu mundo imaginário, e com ele a noção de um eu unificado ligado à "assunção jubilosa da (sua) imagem especular" na configuração de um senso integral de si ("Mirror" 2). Em outras palavras, uma vez que Alice entra no País da Maravilhas, a auto-imagem de menina é repetidamente desafiada, à medida que seu corpo se expande e se contrai, causando uma perda dos limites físicos que a desorienta radicalmente. Assim, ela experimenta sintomas associados ao psicodrama inicial que se desenvolveu diante do espelho, onde ela iniciou o processo de nascimento cultural através da assunção de uma auto-imagem que a tornou capaz de conceber a si mesma como uma unidade, simbolizando sua própria "permanência mental" ("Mirror" 2). Isso foi feito pela identificação do corpo com uma imagem estatuesca representante do eu recém-emergido em relação a outros numa rede intersubjetiva que ainda não tinha emergido inteiramente ("Mirror" 2).

Na experiência inicial diante do espelho, a criança constitui um eu idealizado cuja fundação repousa numa construção ficcional de limites integrais numa identificação com uma imagem virtual objetivada. No espelho ela se apresenta com uma falha entre o observador e o observado, sendo a assunção de sua posição crucial ao desenvolvimento da personalidade. Compensamos essa falha e nossa "incompletude anatômica" causada pela "prematuridade de nascimento", antecipando um domínio futuro, projetado, sobre nossos corpos. Para fazer isso, alinhamos coordenadas geométricas para construir uma totalidade que compensa pelas experiências pré-especulares de fragmentação associadas ao corpo despedaçado.

Entretanto, em situações onde a auto-imagem unificada de alguém é severamente ameaçada (por um esgotamento nervoso, por ser colocado num campo de concentração, ou por chegar de repente a um mundo onde os animais falam), pode ocorrer um processo de desidentificação. Isso acontece a Alice quando ela viaja para o País das Maravilhas e se desorienta nesse processo. Qualquer unidade previamente percebida se dissolve quando seu corpo começa a assumir formas estranhas, incoerentes, até mesmo irreconhecíveis, que não se relacionam com sua auto-imagem internalizada.

Cada vez que seu corpo cresce e encolhe, Alice toma conhecimento dessas esquisitices enquanto sua identificação especular original é substituída por uma desidentificação, e por conseqüência ela fica situada emocionalmente entre um abismo de incoerência e uma unidade ficcional pré-elaborada para erigir o eu ideal, o qual, com o advento do desejo, se metamorfoseia em ideal do eu.

Uma razão pela qual Alice desafia as criaturas do País das Maravilhas a agir de acordo com as leis conhecidas da natureza é capacitá-la e dramatizar a si mesma dentro do local circunscrito de uma grade reconhecível de relações espaciais. Uma vez que o estádio do espelho é "um drama cujo ímpeto interno é precipitado da insuficiência à antecipação", o ímpeto em cujo palco ela projeta suas ações para outros permite a Alice reinventar o aspecto dramático da existência, narrativizá-lo e escalar a si mesma, narcisicamente, para o papel principal, cuja perspetiva totalizada é vista e julgada em relação ao olhar do outro ("Mirror" 4). Mas, uma vez que se defronta com um segundo nascimento no espelho que a captura espacialmente numa reflexão de relações não-humanas, Alice reativa a memória de sua experiência original diante do espelho, que insiste em reafirmar sua fundação de figura cada vez que os acontecimentos se tornam bizarros demais para serem aceitos à primeira vista.

Mas no segundo estádio do espelho a audiência de Alice é o grande Outro, que estrutura a experiência em relação a um *point de capiton* no sistema significante que se solidariza com o discurso. Segundo Lacan, o discurso é o "laço de união" entre nós e a rede intersubjetiva e seu mandato simbólico, onde o destino cultural de alguém é assumido em concordância com o desejo de Outro (Seminário 20, 51). Pois, quando Alice se desidentifica de sua experiência original diante do espelho e tenta se reorientar em seu novo ambiente, a experiência inicial do estádio do espelho é complicada por uma identificação simbólica secundária com um significante que está defeituoso com relação ao processo original. Nesta reidentificação simbólica, o "significante-mestre" de não-senso do País das Maravilhas a representa para outros significantes que a constituem num lugar para além das coordenadas da subjetividade: para além de sua posição dentro da estrutura simbólica e de sua inscrição no interior de seu texto, para além da aceitação de um mandato simbólico, a assunção de papéis atribuídos e a experiência de duas mortes: a primeira ligada a um colapso do organismo biológico e a segunda à incapacidade do simbólico em contextualizar a primeira.

O País das Maravilhas insiste em que Alice desempenhe outro papel no *script*, porque ela deve lançar questões a um Outro enigmático que permanece incompreensível para si. Ela lida com essa situação de duas maneiras. Primeiro, tenta dominar o momento, conjurando memórias de experiências passadas e aplicando-as a cada situação que encontra. Segundo, chega a compreender que o não-senso tem uma densidade que indica a si própria como uma mensagem a ser lida ou, como pode ser o caso, a ser comida como um meio de efetuar a transformação corporal e a reforma da identidade. A identidade de Alice nesse novo mundo, pois, liga-se a instâncias de captação espacial tanto no primeiro quanto no segundo estádios do espelho e para diferenciá-los como lugar de transformação. Depois que Alice cai no furo do Outro, sua personalidade se altera dramaticamente, à medida que ela vivencia uma rápida transformação corporal. Essas transformações se repetem com tamanha freqüência que se tornam significantes de fluxo ligados à repetição de eventos ilógicos, sem sentido.

Para defender-se da fragmentação radical associada ao processos de desidentificação, Alice tenta impor uma continuidade temporal a um meio ambiente enlouquecido que ela tenta dominar apropriando-se do poder do intérprete para dominar o interpretado (Bivona 161). Pode-se dizer que ela supervisiona o meio. Daniel Bivona chega a dizer que ela é uma "criança imperialista" que quer "dar sentido à matéria rebelde extraindo-se daquilo que iria interpretar, em última instância, uma asserção da 'primazia' do intérprete sobre o que é simples material, o direito de Alice, a criança imperialista, de impor um significado ao comportamento das 'criaturas' ilógicas" (161). Lida dessa maneira, Alice nos diz "mais sobre seu próprio etnocentrismo do que (...) sobre o comportamento das 'criaturas'", mais sobre essa estranha invasora que repetidamente tenta decifrar o código desses rituais semelhantes a jogos que se oferecem como base para a compreensão de tais situações sem precedentes. Situada defensivamente em reação ao desconhecido, Alice se põe numa posição de domínio da sua situação mediante a criação de um domínio sobre os habitantes do País das Maravilhas, o qual, por definição, ali está para excitar a imaginação, mais que para

Conselho de uma Lagarta

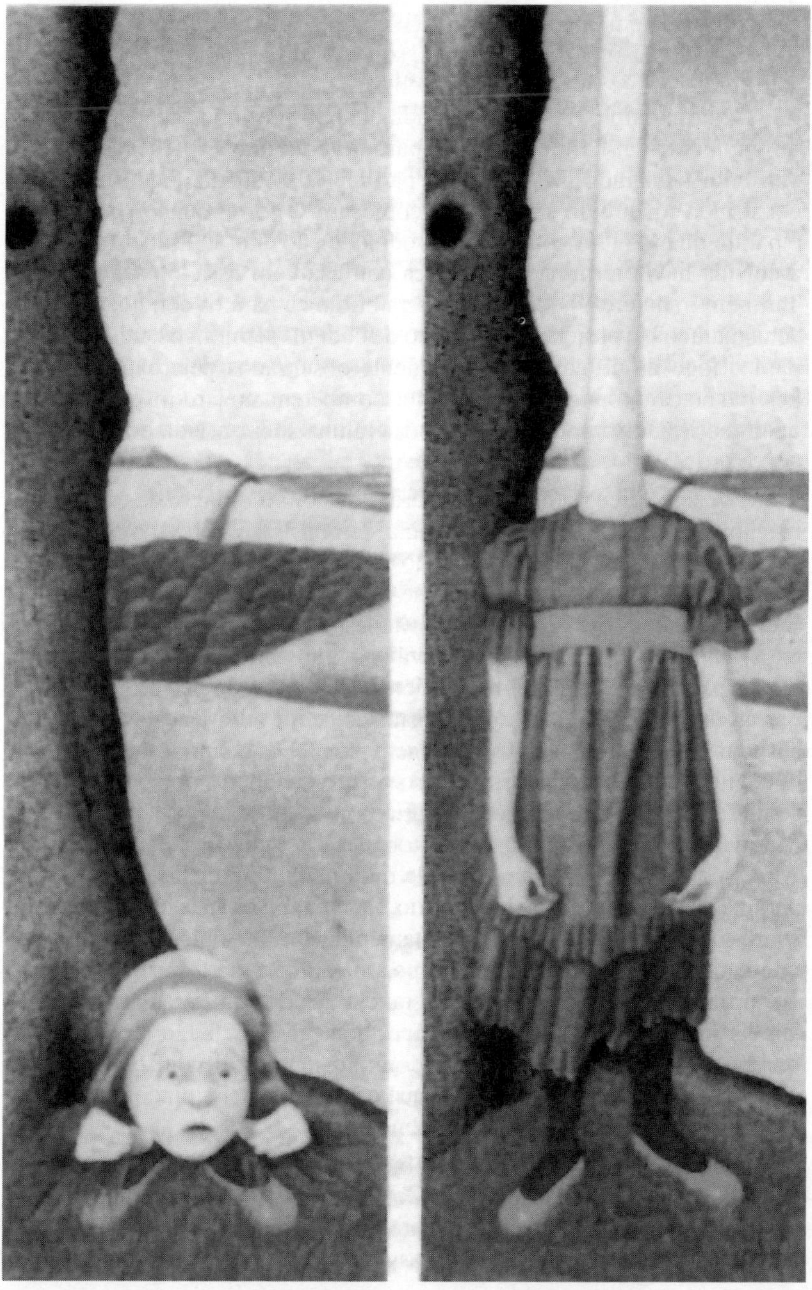

submeter-se a qualquer código de interpretação sistemática universal que iria circunscrevê-lo dentro de seus parâmetros.

Na medida em que Alice projeta o comportamento regrado, que lhe foi ensinado na superfície da Terra, sobre as séries indiscriminadas de estruturas sociais ritualísticas descobertas no caminho, ela se vê frustrada. Por exemplo, Alice é frustrada quando presume saber como se faz uma corrida: há um ponto de partida, uma linha de chegada, um vencedor declarado. Mas, quando participa da corrida onde a pista é construída em círculo e os animais começam "a correr quando querem, e param quando têm vontade, de modo que não era fácil saber quando a corrida havia terminado", ela fica confusa com essa situação (20). Também transfere a noção de etiqueta britânica para os convidados ao "chá maluco", e projeta um conjunto de códigos semióticos previsíveis para o jogo de críquete (possivelmente observados pela experiência pessoal no campo inglês) sobre os que competem, no jardim, em rituais que "reafirmam o poder do Rei e da Rainha sobre a vida e a morte" (Bivona 150).

Às vezes, Alice realmente se maravilha com o milagre da transformação extática, mas com freqüência demonstra a agressividade associada por Lacan ao trauma, quando a ilusão do estádio do espelho não pode se manter, e o sujeito deve se confrontar com a cisão entre as imagens real e virtual percebidas no espelho. Quando aspectos da experiência anteriormente inobserváveis emergem no âmbito das relações especulares, eles vêm questionar a natureza da performance da narrativa e o condicionamento histórico, cuja autorização se torna suspeita. Essas circunstâncias emergem para Alice quando ela intui que o sujeito *e* o Outro são barrados e o objeto encoberto por um código semiótico incapaz de conhecer-se. Embora a passagem pelo País das Maravilhas requeira que o sujeito obedeça aos ditames do discurso, Alice, por si mesma, está ciente de que o simbólico é inconsistente, paralisado e rompido consigo próprio. Sendo uma criança, ela acha que sua experiência se relaciona diretamente com as pulsões e com a intencionalidade estranha a seu corpo, que adere a um ímpeto impulsivo, imprevisível, cuja força é substancial. Por mais que tente, Alice jamais fará relações textuais idênticas a si mesmas. Algo na história sempre escapará ao impulso para o domínio conceitual, confrontando-o com os inassimiláveis fenômenos que não podem ser situados geometricamente e assimilados intelectualmente.

Como um sujeito que se torna objeto dos sonhos dominados pelos desejos do Rei e da Rainha de Copas, Alice tenta renegociar sua transformação de sujeito como agente para um objeto de uma intencionalidade estranha que não pode ser assimilada pela consciência. Embora Alice faça uso dos preceitos aprendidos de sua mãe, pai, escola e sociedade para ler as implicações espaciais e temporais do texto desejante, isso de nada adianta até que o próprio não-senso emerja como uma função significante, coesiva e dominadora, indicando sintomaticamente sua própria incapacidade estrutural.

A regra fálica quarenta e dois

O não-senso está ligado a um outro tipo de sentido relacionado com um *point de capiton* que exerce sua influência imperialista sobre as criaturas que sentem a presença palpável da dor sintomática causada por sua conformidade com o tempo monárquico do País das Maravilhas. Pois mesmo que ninguém no texto tenha realmente a cabeça cortada, quando a Rainha dá sua ordem infame, "cortem-lhes as cabeças", a ameaça ainda existe como uma expectativa ou um indicador temporal de angústia antecipatória para aqueles que estão sujeitos a ela. Logo na seqüência narrativa inicial, Alice confronta-se com o desejo da mãe-Outro como o "Coelho Branco com olhos cor-de-rosa que passou correndo perto dela", exclamando "Ai meu Deus! Ai meu Deus! Vou chegar muito atrasado!" (1). Quando "o coelho realmente *tirou um relógio do bolso de seu colete* e olhou para ele, apressando-se em seguida, Alice levantou-se depressa" para seguir sua aderência compulsiva ao tempo da Rainha, que provavelmente havia convocado a presença de sua corte para o jogo de críquete no jardim (2). Deixando um mundo onde sua mãe e seu pai não aparecem na narrativa, Alice se vê cativada pela presença da Rainha, que anuncia-se antes mesmo de aparecer na história. Acossada pelo desejo temporal da Rainha antes de entrar na toca do coelho, a menina deve aprender a diferenciar seu desejo daquele do Outro para escapar ao avassalamento do desejo real. Este arranca o tempo dos outros dentro de um campo que os ordena no círculo da ameaça de "cortem-lhes as cabeças" (74).

Se a Rainha compensa sua ansiedade quanto ao tempo do Outro subjugando os súditos às suas demandas, o Rei se contenta em esconder seus desígnios autoritários por trás da ira da Rainha. Mas, no fim, revela seus desígnios falocêntricos, pois na corte de justiça é a sua lei que governa, sua vontade que deve ser obedecida, é seu consentimento à ira da Rainha que deslancha a força da pulsão, fazendo "todo o baralho voar pelos ares" e "cair sobre ela", de modo que Alice solta "um gritinho, meio de medo e meio de raiva" tentando derrotá-los (116). Ao final da história, a violência putativa da afirmação "cortem-lhes as cabeças" manifesta uma agressão real contra a forasteira Alice, que se recusa a obedecer as ordens do Rei. Uma vez que a injunção fálica do

Rei foi transgredida, seu desejo é questionado, embora ele tente reafirmá-lo invocando a "Regra Quarenta e Dois".

Para responder à demanda do Outro, não a substituímos pela nossa própria, porque a nossa só pode ser uma variante da demanda do Outro. A análise lacaniana se preocupa, em vez disso, com a construção do desejo... Marie-Hélène Brousse afirma que a análise deve formular o desejo do sujeito, "decidi-lo, não pela demanda do Outro, mas pelo Outro barrado, pelo fato de o Outro ser barrado. No fim, sempre se fica só com aquilo que se deseja ou que não se deseja. É-se deixado com isso". O sujeito barrado, dividido, e o Outro barrado, faltoso, estão ligados um ao outro via significante-mestre, o garantidor da significação, que unifica significantes flutuantes substituindo o que continua faltando à medida que o significante se aproxima do não-simbolizável. Em *Alice no País das Maravilhas*, o Rei tenta inserir um significante mestre para o consumo geral nessa junção impossível onde o significante se aproxima de seu limite, no lugar onde não há relação sexual, onde a relação sexual não pode ser adequadamente significada. Ali, no lugar onde seu poder perde suas garantias, o Rei faz suas reivindicações e tenta defendê-las citando a "Regra Quarenta e Dois".

A Regra Quarenta e Dois prevê que "todas as pessoas com mais de um quilômetro e meio de altura devem abandonar a Corte", mas seu ponto de definição é realmente uma variante da *regra não-escrita* que provê carta branca àqueles a quem é dado o poder (Carroll, 112). Numa folha em branco, o Estado simplesmente inventa versões da regra quarenta e dois para se adaptar a um fim particular, para uma aplicação específica. Aqui ela se refere a pessoas com mais de um quilômetro e meio de altura, neste caso a Alice, que cresceu superando seu quadro de referência. Mas se Alice tivesse se submetido a um processo de miniaturização e encolhido, a Regra Quarenta e Dois teria mudado seu sentido para digirir-se àquela circunstância, condenando-a com a mesma exatidão pandêmica. O próprio Rei admite que a Regra Quarenta e Dois é a "regra mais antiga do livro" (112). Sendo este o caso, Alice argumenta que lhe deveria ser dada uma prioridade cronológica a fim de sublinhar sua importância na construção da experiência cultural: "'então ela deveria ser a Número Um,' disse Alice" (113). Mas a ligação de Quarenta e Dois a um princípio de estruturação cronológica é absurda, porque o Rei inventou regra e número para serem utilizados de acordo com seu desejo temperamental.

Ter sua importância certificada por meio de uma contagem cronológica confere à Regra Quarenta e Dois uma ilusão de sentido quando, na verdade, não diz nada de especial, não provê qualquer função perceptiva que não a de preencher uma lacuna cultural com um significante consagrado. O significante sancionado historicamente para o preenchimento dessa lacuna é o falo, o significante "mestre" que se apropria do poder de iniciação no império dos signos patronímicos. Mas a tentativa de certificar sua importância omite o fato de que a Regra Quarenta e Dois é uma regra feita sob medida, aplicável a qualquer propósito, dando livre margem a possibilidades significatórias que fracassam quanto ao referente considerado. Este significante ao qual todos os demais se referem representa ou encarna o sujeito para todos os outros significantes. O significante fálico encarna uma falta, erigindo-se em lugar desta, e assume a aparência de ser o "um" significante que iria representar, "adequadamente", ou "por inteiro" o sujeito. Mas ele somente desrepresenta o sujeito, pois seu poder é estabelecido pela inserção do significante num processo reflexivo criado na objetivação da falta e sua encarnação no sistema significante.

Através da *capitonnage*, o falo toma seu lugar numa inversão reflexiva que, como uma rocha, erige seus efeitos narcisísticos, uma rocha auto-erótica que, diz Lacan, simboliza sua rígida emergência sobre um campo fluido, não-unificado, "uma ilha rochosa que segue à deriva rio abaixo" (Seminário 9). O poder desse rígido designador fálico repousa em sua objetivação e na capacidade de instituir a auto-reflexão como um processo psíquico dominante, um fator determinante na construção da identidade. A auto-objetivação envolve uma volta reflexiva de modo que o sujeito da necessidade se torna — por meio dessa inversão e da subseqüente obediência ao significante reflexivo — o objeto da demanda do Outro. Isso é realizado mediante a conversão da bateria de significantes livres, flutuantes por um campo unificado. Em *For They Know Not What They Do* (*Pois eles não sabem o que fazem*), Slavoj Žižek caracteriza o falo como aquilo que representa para o sujeito sua falência definitiva: "como a representação da falência da representação (ele está) 'mais próximo' do sujeito que todos os outros...(coincidindo) com a sua própria impossibilidade; ele nada mais é que o vácuo inaugurado pela falência de sua representação" (25).

O falo imitado pela Regra Quarenta e Dois, falsamente significada, é o significante do desejo do Outro, marcando o lugar onde "logos se une ao advento do desejo" ("Falo", 288). Ele designa a cisão, a ruptura ou o corte causado pela superimposição da grade significante sobre o desejo e o processo de objetivação associado a este processo: nesse sentido, o falo dá acesso à experiência objetivada associada à visão da vida desde o lugar do Outro. Falsamente significada em seu sentido específico, a Regra Quarenta e Dois representa uma inadequação fálica do saber (que, ou é demasiado pouco, castração simbólica, ou é demais, turgescência do eu), na medida em que a regra obriga Alice a aceitar a injunção fálica dos significantes oficiais do desejo. Se Alice aceitasse a lógica do Rei, ela se tornaria direcionada pelo Outro, satisfaria um desejo estranho às suas próprias necessidades. Precisamente neste ponto de não-relação, a Regra Quarenta e Dois, patriarcal, manipula a estrutura do discurso condicionando o sentido como um efeito de seu ímpeto.

Existe uma convergência abordada por Alice na sua interação com o Rei. A convergência está na junção onde a imagem especular, revelando a irracionalidade disforme do corpo despedaçado, intercepta a *falta de referência* significativa que causa um equívoco na linguagem e uma inadequação do saber. Tal inadequação equívoca se origina da quebra de referência em relação à sexualidade, ao real e ao gozo, que se torna um elemento constituinte na construção do saber. É verdade que não existe *rapport sexuel* (relação sexual ou proporção como razão passível de se saber), portanto a busca de sentido revela o objetivo de "uma significação única que ocupe o lugar da referência", que não exibe nenhuma ligação natural a ela (Miller, 29). Testemunhamos aqui uma razão desproporcional entre o voto nostálgico de uma ligação natural e a alienação radical que ocorre quando a significação insiste em seu privilégio, precisamente onde a referência deseja tornar-se idêntica a si mesma — no lugar da falta onde o significante põe e dispõe. Aqui — num só golpe — algo é castrado e preenchido pelo significante, constituindo o sujeito do significante mas simultaneamente barrando-o, criando seu deslocamento em significação ao longo das vias metonímicas do desejo.

Tendo isso em mente, torna-se evidente que uma vez que o Rei decreta que Alice deve deixar o tribunal, esta é forçada a ficar ciente do sacrifício que lhe é exigido. Porque Alice fala e cresce, e cresce e ousa falar, deve submeter-se ao monarca fálico que erige seu privilégio no lugar onde seu poder é mais vulnerável. O Rei de Copas, que pretende encarnar o falo (afinal, ele é uma carta num baralho e, portanto, um significante sem ser), rompe a injunção pela qual alguém pode ter o falo mas nunca sê-lo. Somos ensinados desde cedo a não nos identificarmos com o falo imaginário, mas somente com o falo erigido a um significante na sua capacidade simbólica. Ensinam-nos que o falo imaginário deve ser sacrificado juntamente com o objeto de nosso gozo e que deve ocorrer uma substituição elevando o falo à categoria significante. Mas, como Alice vai aprender, o falo não tem qualquer privilégio além de seu uso costumeiro em sociedade.

Em desafio aberto ao Rei, Alice se apropria do direito de *encarnar* o falo, o que se torna aparente uma vez que ela cresce sem se alimentar, o que no entanto não é o componente principal de sua transformação.

Contra os primitivos ditames dos ancestrais Alice se torna o falo túrgido, de maneira muito semelhante àquela pela qual o Dr. Jekyll acaba se transformando em Mr. Hyde sem beber a fórmula criada por ele para a reconfiguração. No tribunal, Alice começa a crescer sem ingerir comida. Neste ponto da narrativa, ela perde a ligação com a necessidade biológica, com um apetite que possa ser satisfeito. Assim, ela desafia o desejo do Outro e enraivece o Rei *tornando-se* o falo, *encarnando o* grande Outro e assumindo sua posição. Mas, ao criar essa não-relação com a necessidade, Alice revela o falo enquanto tal, ao mesmo tempo em que rompe com a injunção paterna contra a identificação direta com o objeto, exceto através da ausência deste (depois de ter ingressado nos desfiladeiros do significante).

Desde o começo do livro, Alice intui que o Outro é faltoso, mas na cena final ela já está convencida disso. Toda a sua viagem pode ser interpretada como uma leitura da sua relação com os dois significantes-mestres divergentes que atam suas identidades diurna e noturna. Ela acaba por enfraquecer o Outro-das-Maravilhas ao rejeitar seus valores quando não se dirige a ele. Enquanto ainda o faz, Alice jamais se cansa de expor o furo na ordem simbólica e a qualidade construída, produzida, contingente da injunção fálica. Através de sua história, Alice mantém uma relação ambivalente com o significante fálico que iria petrificá-la sob sua marca. Este significante-mestre é instituído como uma norma mitológica que Alice parodia no tribunal. Ali ela se torna livre para *tornar-se* o falo túrgido do País das Maravilhas sem sentido: então ela cresce, numa resistência direta aos desejos do Rei. Mas, à medida que Alice supera o quadro de referência, ela tem uma experiência direta do trauma não-simbolizado que o falo tenta deslocar na ereção de seu privilégio. Com essa desconcertante experiência, ela desperta.

Alice revela um elemento faltoso de uma fundação "universal" estabelecida para apoiar o poder do significante fálico, mas chega perto demais da coisa não-simbolizável e acorda subitamente, a partir da irrupção da angústia. Por experimentar a interpenetração do simbólico pelo real, Alice se aproxima do ponto onde a conceitualização é barrada, conscientiza-se das gritantes inconsistências do Outro e busca uma saída para seu dilema. Mas, antes de fazê-lo, Alice é mantida cativa pelo olhar do País da Maravilhas, ligado às pulsões, mais especificamente ao desejo de Alice de encontrar maravilhas que a intriguem ao examinar sua situação incompreensível. No País das Maravilhas surrealista, Alice é sujeita a criaturas bizarras e cenas fantásticas que se desenrolam do outro lado do olhar, num mundo imaginário que descreve Alice para si mesma como se fosse um sonho. Em outras palavras, sua jornada toda assume forma somente a partir do momento em que Alice, usando a imaginação, representa-se em seu devaneio como uma parte do País das Maravilhas.

Enquanto Alice se projeta pictoricamente para o olhar, é através dos olhos do mundo que ela se vê neste novo lugar físico. Enquanto se contenta em fazer isso, Alice é cativa dali, "manipulada, capturada no campo da visão", situada estruturalmente na cena enquanto sua atenção permanece captada pelo Outro (92). Uma experiência do olhar ativa algo de real, "no nível do ponto luminoso onde está tudo o que me olha" (Seminário 11, 94). Mas, no nível reflexivo do ser visto, uma relação geometricamente construtível pinta Alice no seu campo de alcance. Assim, uma predisposição para ser vista num mundo de luz e cor posiciona Alice no País das Maravilhas, sendo o ponto de colocação estrutural, pois ela é grafada numa grade de relações como uma tela entre o olhar e o quadro, dentro de cujos parâmetros ela é inscrita geometricamente. Mas Alice é posicionada pelo Outro somente na medida em que seu desejo é idêntico ao local de onde ela se observa, um lugar sancionado pelas relações simbólicas como um ponto de vista validado, codificado e um meio de visão. Depois que Alice desafia o Rei, tudo muda para ela, à medida que encena uma identificação cruzada com os dois mundos, o superior e o inferior. Isso dá margem a um último distúrbio corporal cataclísmico, antes que a consciência da vigília seja restaurada.

O olhar do País das Maravilhas

A tela que separa o olhar dos significantes da representação não é um espaço ótico possível de se atravessar geometricamente. Antonio Quinet descreve a tela como aquilo que apaga "o olhar da (...) cena do mundo, do Outro como realidade, com todas as significações que ajudam a constituir nosso meio ambiente" (cf. "O olhar como um objeto" neste volume). Quando Alice persegue o coelho até o País das Maravilhas, o mundo-objeto é velado por um tal jogo de luz e sombra, velado de modo que o olhar fica bloqueado parcialmente. De fato, o todo da seqüência do sonho de Alice é uma marca indicando, estruturalmente, onde ela é pintada dentro de um ser-vista que a vela do real, cuja apreensão direta é angustiante e cujos efeitos e retroefeitos são inquietadores. Assim capturado, seu desejo lança luz de um objeto a outro, ligando-os numa rede de percepção. No mundo pictórico do País das Maravilhas, Alice marca seu lugar como uma tela entre o olhar e espaço geometricamente delimitado. Ela faz isso mascarando aspectos observáveis no campo da procura; criando, assim, um desalinhamento ainda maior do imaginário, do simbólico e do real, cujos circuitos são alternadamente sobrecarregados, mascarados imaginariamente, bloqueados, mediados de forma simbólica, sobrecarregados — alternada e sucessivamente, ambos ao mesmo tempo.

O olhar-como-*objeto a* na dimensão escópica funciona para não simbolizar nada: antes, ele reavalia o desejo do Outro para o sujeito. Porque o olhar é uma função da presença dos outros que olham para nós, a falta criada por essa cisão bipolar do sujeito e objeto focaliza a tentativa da significação de negociar essa falta, instituindo uma geometria simbólica para aferir a experiência. Lacan descreve o olhar como o avesso da consciência — aquilo que é inconsciente e no entanto exerce efeitos muito reais que produzem desejos contrários para elidi-lo. Conhecemos a perspectiva: o universo está olhando para nós; alguma parte de nós olha para nós mesmos. Esta perspectiva oferece uma "relação reflexiva bipolar" ao mundo dos objetos onde o objeto primário, nascido da cisão em nós, é simbolizado pela barra que atravessa o sujeito ($). A cada vez que o olhar cai sobre nós, encaramos uma ruptura psíquica que indica o lugar de onde o olhar nos foi lançado. Pois o olhar desejante nasce de uma experiência na qual "nenhum alimento jamais satisfará a pulsão oral", nenhuma luz irá inundar o campo visual da compreensão, porque o objeto é um vazio "que pode ser ocupado" (Seminário 11, 77).

O olhar não é visto, mas imaginado. Os efeitos de sua divisão (e da repetição relativa a ela) permitem a ligação do eu com a fantasia, que tenta recapturar via memória uma continuidade nostálgica que atravessa a falta, faz ponte sobre a falha e impede o aniquilamento do sujeito. A fantasia está implicada na estrutura do cogito cartesiano, que se vê vendo-se. Desse modo a fantasia imaginária de ver-se vendo-se é substituída pela falta, como a relação reflexiva bipolar estabelece a fantasia do eu como a base da certeza, o suporte, o fundamento, o invólucro que permite à consciência idealizar a si, em vez de tomar conhecimento de sua relação com um texto incompleto (Seminário 11, 80-2).

Depois de cair num vazio, Alice pinta a si mesma num ambiente que tem alguma continuidade com os modelos de experiência do passado histórico, ilustrando a não-relação entre o saber e o maravilhoso e a distorção anamórfica que acompanha a imposição do *logos* sobre o desejo no mundo das profundezas. Na maior parte do tempo Alice tenta negar que haja um limite para o seu saber, mesmo que não possa captar o sentido do real. Em compensação por essa incapacidade, Alice cria uma tela a partir da imagem de sua amada Dinah, o gato que reaparece nas profundezas sob a aparência do sorridente Gato de Cheshire, uma das poucas criaturas que é bondosa para com Alice. O Gato de Cheshire aparece e desaparece, como a própria fantasia em torno do corte da castração simbólica, o que é sintomático de alguma nodulação entre simbólico e real. Aqui, algum aspecto defeituoso de nós é elevado ao simbólico, uma rede de inconsistências de que escapamos pela produção da fantasia. No *País das Maravilhas*, a produção da fantasia é conceitualizada no aparecimento e desaparecimento do Gato de Cheshire e seu sorriso.

"Por que esse gato sorri?"

Possivelmente porque o seu sorriso é um produto enigmático da fantasia que conjura um afeto prazeroso relativo a Dinah, e, para além disso, a esperança da própria relação. Alice cria tal relação afirmando uma referencialidade dual — ao mundo da superfície e ao mundo das profundezas — o que a torna capaz de mapear aspectos insituáveis do País das Maravilhas que resistem à referência ao mundo acima. Alice não somente tenta elidir o olhar, mas desafiar a injunção do significante de submeter-se à Regra Quarenta e Dois, ou, em sentido mais amplo, ao discurso do País das Maravilhas.

O Gato de Cheshire oferece um exemplo de como desafiar o olhar quando se materializa — parcialmente — no jogo de críquete da Rainha. Pois apenas a cabeça do gato aparece, sem relação com o corpo. Ao se materializar, o Gato de Cheshire recusa-se a beijar a mão do Rei. Este gesto desconcerta tanto o Rei que ele declara sua intenção de não só executar aquele gato sem modos mas também de "ir buscar eu mesmo o carrasco"(79). Como o gato se manifesta como um gato parcial (a cabeça já separada do corpo), engendra-se uma disputa entre o carrasco, o Rei e a Rainha, que não podem se decidir quanto a uma lógica para implementar a execução:

1. O argumento do carrasco: não se pode cortar uma cabeça a menos que haja um corpo;
2. O argumento do Rei: qualquer coisa que tenha uma cabeça pode ser decapitada.
3. O argumento da Rainha: se algo não fosse feito imediatamente quanto a isso, ela mandaria executar todo mundo(80).

O Gato de Cheshire termina a discussão deles dissolvendo-se no ar enquanto falam, dissolvendo-se num _____ sobre o qual a fantasia é projetada — uma fantasia de relação, de amor, da tentativa fantasmática de superar a falha da impossibilidade e recuperar o gozo perdido para o falo. Este gozo é alvo ao mesmo tempo de renúncia e deslocamento na fantasia de Alice, do Gato de Cheshire/Dinah.

Imagens fantasiadas são projetadas no lugar velado da castração simbólica. Essas imagens evocam tentativas imaginárias de produzir transformação onde houve alienação e separação, nas falhas onde o simbólico está nodulado ao real. Além da materialização e desmaterialização do Gato de Cheshire em torno da falta significante, há a transformação da "criança horrorosa" num "bonito porquinho", a dramática alteração no corpo de Alice à medida que ela cresce e encolhe, e a transformação de Alice numa parte corpo/parte objeto sem relação com um campo unificado de significação capaz de constituir uma identidade coerente (56). Há outras transformações: do mundo da superfície para o País das Maravilhas, de suas loucas criaturas em seres falantes e, na última cena, das cartas em folhas. O ímpeto para a transformação transfigura o cenário geométrico.

Evadimos o olhar criando um duplo passo de transformação no lugar de tropeço, onde há uma falha na relação significante. Ali, reexperimentamos o corte da cultura, sob cujos significantes representativos tomamos nossas posições como sujeitos representados para outros significantes. Tornamo-nos sujeitos sob a determinação do significante de auto-identificações subseqüentes, que dependem do desejo do Outro de estruturar, narrativizar e dramatizar o sujeito.

As mulheres sob o olhar

*As aventuras de Alice no País das Mara*vilhas revela uma estrutura de fantasia baseada na busca romântica de sublime completude no Outro, seguida por uma derrisão dessa fantasia. A fantasia assume um corpo textual quando Alice tenta ter acesso ao jardim, cuja entrada promete produzir uma transformação do sujeito, na medida em que uma sublime recuperação do objeto é possível, isto é, uma recuperação da própria subjetividade através de uma ressubjetivação do eu-como-objeto, o que implica retirar-se do Outro. Durante toda a história, Alice está obcecada por encontrar a cobiçada chave que abre o portão do "mais lindo jardim que você já viu... (com suas) flores brilhantes e fontes refrescantes" (7). Toda a jornada pode ser lida através do desejo de Alice de se espacializar nesse jardim de realização de desejos. Mas uma vez que entra nesse espaço cobiçado, Alice aprende que as fantasias transcendentais de felicidade transformacional são atravessadas pelo significante-mestre, aqui descrito como o desejo da Rainha, o seu tempo, o seu jardim onde até mesmo a cor das flores é governada por seu desejo manifesto. Este desejo é o desejo do Outro que é simbolicamente castrado, barrado, deslocado para outra parte, de modo que em torno da Rainha há a presença palpável da dor relativa à sua ira consumidora, que se extravasa na ameaça freqüentemente repetida, "cortem-lhes as cabeças".

Com a visita de Alice à Rainha, o espectro do romantismo é ridicularizado pelo significante da simulação, já que o lindo jardim desmente suas aparências e se torna uma réplica da vanguarda precedendo a si própria:

> "Pode me dizer (...) por que está pintando essas rosas?"
> "Bom, na verdade, veja só, senhorita, esta roseira aqui deveria ser vermelha, e pusemos uma branca por engano, e se a Rainha descobrir, vamos todos ter as cabeças cortadas." (71)

No jardim, a origem das flores é nominal, não natural. Elas crescem a partir do ditame do supereu, de que "esta aqui *deveria* ser uma roseira vermelha", e não a partir do solo orgânico. E quando as rosas crescem naturalmente, as cartas-funcionários pintam-nas com o pincel simbólico-imaginário da simulação, de modo que as cartas não tenham suas cabeças cortadas (71). No jardim, as flores não são o que parecem ser, e as criaturas trapaceiam em jogos de esperteza, numa charada encenada para que a realeza se espelhe — seus desejos/seus ideais — numa produção fraudada da realidade. Os Outros no jardim são implicitamente convidados a espelhar essa versão da experiência, e a manter a ilusão de que a Rainha tem roupas, de que sua autoridade está fundamentada no real por uma injunção fálica de um texto fundador que existe fora de seus parâmetros, insituável no olhar do País das Maravilhas.

O olhar se estende pelo espectro de perspectivas; estende-se desde o objeto que olha para nós a partir do campo de visão. Por fazer isso, o olhar induz um esforço a codificar a falta e os afetos brutos associados com o fantasma fálico que assombra o corte da castração simbólica como uma repetição subseqüente gerada dele. Por exemplo, se olharmos para o quadro de Hans Holbein, *Os embaixadores*, vamos encontrar um "objeto estranho, suspenso, oblíquo, no primeiro plano, à frente desses dois personagens", que Lacan descreve como "hirtos, duros" diante do objeto anamórfico que cativa o domínio da aparência ao projetar-se pelo ar. Em *Alice no País das Maravilhas* o objeto voador de Holbein se expande como o próprio olhar, estendendo-se sobre o campo de visão para abranger o País das Maravilhas e suas criaturas de histórias em quadrinhos e cenas mirabolantes que insistem em que Alice entrou numa outra dimensão da experiência. O País das Maravilhas paira como o objeto voador de Holbein, um mundo de sonhos nas profundezas girando em sua trajetória distorcida, prenhe de desejo. Na história de Carroll, é o nosso mundo que enrijeceu, tornando-se um ponto de referência estático, de clichê.

Ao comentar a pintura de Holbein, Lacan afirma que é somente ao nos desidentificarmos com o objeto no quadro de referência, "escapando às fascinações do quadro", que podemos nos afastar de sua influência e, olhando de viés, perceber o objeto de desejo a partir de uma outra perspectiva. Em *Os embaixadores*, de Holbein, quando o observador se volta para olhar o objeto, um crânio se destaca da Gestalt relacionada ao "fantasma anamórfico", assombrando o sujeito que fica aniquilado na "encarnação como imagem" da castração simbólica produzida pelo corte do desejo e da lei. Na história de Carroll, esta "encarnação como imagem... da castração" revela algo sobre o desejo de Carroll, bem como sobre "o olhar como tal, em sua função, pulsátil, explosiva e estendida, como ela o é nesse quadro" (Seminário 11, 88).

É importante considerar essa dinâmica ao examinar como as mulheres são pintadas no País das Maravilhas. O desejo de Carroll de reduzir mulheres fortes a vilãs vaidosas cuja raiva histérica não tem limites é um fantasma que assombra a história. Por exemplo sabemos que a Rainha é uma terrorista verbal que atribui significação às massas. Mas, diversamente da Polícia do Pensamento em *1984*, o poder da Rainha é tornado histérico, uma vez que nenhum de seus súditos chega a ser realmente executado. Suas palavras são ameaças, sua vontade é subvertida, seus decretos descritos como fanfarronices imaginárias numa fantasia de poder que tem efeitos muito reais.

A duquesa também é denegrida como a própria duplicidade, posta em posição de escrava do suposto domínio da Rainha. A tapeação da Duquesa atinge seu ponto máximo de dissimulação no comprimento de seu "queixinho pontiagudo" apoiado no ombro de Alice enquanto lhe explica sua posição na vida:

> nunca imagine que você não é diferente do que pode parecer aos outros que o que você foi ou poderia ter sido não seria diferente daquilo que o que você seria teria parecido diversamente para eles. (83)

Assustada, com medo de que a Rainha queira a sua cabeça, a Duquesa se torna uma eminente erudita na leitura do desejo hipercrítico daquela. Torna-se sua intérprete não-oficial, e seu conselho é lidar com as aparências, identificar-se como uma imagem de consumo para o Outro, ajustando-se aos valores do Outro e pedindo assim que o desejo seja transformado por esse desvio.

Na criação do País das Maravilhas por Carroll, uma fantasia fabricada para o consumo seduziu gerações de leitores. Esta fantasia reduz, abertamente, mulheres de vontade forte a mentirosas histéricas, manipuladoras da iconografia imaginada do Outro. A narrativa fantasiosa de Carroll foi bem-sucedida na cobertura da falta e de outros pontos de disjunção entre imaginário, simbólico e real. Para aquelas sociedades que replicaram a visão de Carroll, esta fantasia assume proporções míticas, como um meio de deslocar o olhar através da construção de uma narrativa que projeta o olhar sobre o País das Maravilhas, e não sobre as mulheres como tais, ou as crianças como tais, mas sobre as mulheres como crianças emocionais, desprovidas do direito de crescer.

Quanto a Alice, se algum dia crescesse, provavelmente tomaria seu lugar junto com as outras mulheres denegridas na história, o que indica a ambivalência de Carroll com relação às mulheres. Esta descrição é mais complicada ainda pelo uso por Carroll de uma estratégia retórica que parodia o discurso dos monarquistas da época, que diminui as mulheres.

No furo do Outro pelo qual Alice sem dúvida continuará a cair no País das Maravilhas, atingimos o sintoma nodulado a uma mostra geométrica que nos oferece um convite a lançar nossos olhares para este testemunho de uma infância perpétua fixada pelo significante fálico do desejo.

OBRAS CITADAS

Barnes, Djuna, *Nightwood*. Nova York: New Directions, 1961.

Bivona, Dan, "Alice the Child-Imperialist and the Games of Wonderland", in *Nineteenth Century Literature*, 42:2 (1986) p.143-71.

Brousse, Marie-Hélène, "A pulsão (II)", neste volume.

Carroll, Lewis, *Alice's Adventures in Wonderland*. Nova York: Knopf, 1988.

Lacan, "Desire and the interpretation of desire in Hamlet", in *Literature and Psychoanalysis*, org. Shoshana Felman, p.11-52. Baltimore: Johns Hopkins University Press, 1982.

———. O Seminário, Livro 2, *Os quatro conceitos fundamentais da psicanálise*. Rio de Janeiro: Jorge Zahar, 1985.

———. "La signification du phallus", in *Écrits*. Paris, Seuil, 1966.

———. "O estádio do espelho", in *Écrits*, op. cit.

———. O Seminário, Livro 3. *As psicoses*. Rio de Janeiro: Jorge Zahar, 1988, 2ª ed. rev.

———. Le Séminaire, Livre IX. *L'Identification*. Seminário inédito, 1961-2.

———. O Seminário, Livro 20. *Mais, ainda*. Rio de Janeiro: Jorge Zahar, 1989, 2ª ed. rev.

———. O Seminário, Livro 2, *O eu na teoria de Freud e na técnica da psicanálise*. Rio de Janeiro: Jorge Zahar, 1985.

———. "Subversion du sujet et dialectique du désir dans l'inconscient freudien", in *Écrits*, op. cit.

Miller, Jacques-Alain, "Elements of epistemology", in *Analysis* I (1989), p.27-42.

Žižek, Slavoj, *The Sublime Object of Ideology*. Nova York: Verso, 1989.

O “mau-olhado” da pintura: o olhar em Jacques Lacan e Witold Gombrowicz

Hanjo Berressem

Lendo o Seminário 11, fiquei cativado por uma curta passagem sobre o “mau-olhado”. O que se segue é uma tentativa de leitura dessa passagem “fascinante” à luz dos extratos do *Diário* do escritor polonês Witold Gombrowicz, e vice-versa.

No Seminário 11, Lacan desenvolve sua distinção entre o olho e o olhar, o olho representando a gramática visual, geométrica, e o olhar a posição do sujeito dentro dessa gramática. Enquanto o olho representa o *cogito* — o sujeito consciente, auto-reflexivo e o sujeito do conhecimento — o olhar representa o *desidero*: o sujeito do inconsciente e do desejo. Porém, quero lidar menos com essa topografia visual do que com uma referência um pouco mais enigmática ao mau-olhado que encerra a discussão de Lacan. Nessa passagem, a separação, relativamente clara, entre as estruturas do olho e do olhar é perturbada porque Lacan fala do olho como um órgão, mais que como uma convenção geométrica. O fenômeno do mau-olhado encarna o fato de que o “olho leva consigo a função mortal de ser em si mesmo dotado (...) de um poder separativo” (Seminário 11, 112). À primeira vista, isso é surpreendente, porque, na discussão anterior, o olho tinha representado uma “inclusividade”, enquanto o olhar se relacionava com a falta e a separação. Se antes, pois, o olho se *justapunha* ao olhar, agora a função separadora do olho *se relaciona* diretamente com o olhar, e com ele ao *desidero*.

Essa mistura de registros torna essa passagem bastante difícil. Ela é permeada por ecos dos ensaios de Lacan "O estádio do espelho" e "A agressividade em psicanálise" (*Écrits*), especialmente com referência ao fato de no interior do registro visual o olhar simbolizar o "objeto *a*" — o objeto na sua separação do sujeito:

> O objeto *a* é algo de que o sujeito, para se constituir, se separou como órgão. Isso vale como símbolo da falta, quer dizer, do falo, não como tal, mas como fazendo falta (Seminário 11, 101).

Lacan dá um exemplo usado pela primeira vez em "Agressividade em psicanálise" (*Écrits* 20), para mostrar que o olho como um órgão tem uma relação fundamental com a separação. No exemplo, a *invidia*, inveja, que deriva etimologicamente de *videre*, ver, é desencadeada precisamente por se olhar para uma imagem de "uma completude que se refecha" (Seminário 11, 112), isto é, o sujeito olha para alguém que aparentemente está de posse do objeto *a*. No exemplo, esse objeto é o objeto de satisfação *per se*: o seio materno.

A resposta do sujeito a essa cena é um mau olhar. Esse olhar venenoso e, em última instância, fatal, vem simbolizar a função separadora do olho, "o olho como desesperado pelo olhar" (Seminário 11, 112). É este aspecto do olho, fundamental e ontologicamente agressivo e voraz, que a pintura pacifica, porque o pintor:

> oferece algo como que alimento para o olho, mas convida aquele a quem o quadro é apresentado a depor ali seu olhar, como se depõem as armas (Seminário 11, 99).

É este elemento do *dompte-regard* (Seminário 11, 108) em que se tem que buscar "a ação pacificadora, civilizadora e encantadora, da função do quadro" (Seminário 11, 112).[1]

O quadro pacifica, instigando uma economia visual específica. Por parte do pintor — ou, mais precisamente, do próprio Outro "através" da função do pintor — está envolvido o desejo de mostrar seu olhar, ou a si mesmo como olhar: "uma espécie de desejo *ao* Outro *a*, na extremidade do qual está o *dar-a-ver*" (Seminário 11, 111). Por parte do observador, o quadro funciona, literalmente, como "festa para os olhos".

> Esse apetite do olho, que deve ser alimentado, constitui o valor de encanto da pintura. Este valor é, para nós, a ser procurado (...) naquilo que é a verdadeira função do órgão do olho, o olho cheio de voracidade, que é o mau-olhado (Seminário 11, 112).

Lacan define ainda mais essa economia visual ligando o mau-olhado àquilo que ele chama de "tempo terminal do olhar" (Seminário 11, 114), que é o tempo da incisão ou quebra no domínio do "movimento natural". Por meio dessa referência, ele a liga à pintura. Diferente dos animais que, se *pudessem* pintar, fariam isso naturalmente — "Será que se um pássaro pintasse, não seria deixando cair suas penas?" (Seminário 11, 111) — "a autenticidade do que vem à luz na pintura é minorada em nós, seres humanos"(Seminário 11, 113), o que quer dizer, nada mais nada menos, que a arte é artificial. O objetivo de Lacan é a estrutura específica dessa artificialidade "pictórica".

Como mostra o exemplo dado por Lacan do filme sobre a pintura de Cézanne, a pintura não é o resultado de uma ação natural, mas de um gesto terminado. Essa terminação do gesto que produz, "o efeito fascinatório" (Seminário 11, 114) "bloqueia" o movimento (114)[2]. É por meio desse bloqueio que a pintura vai "despojar o mau-olhado do seu olhar, para conjurá-lo" (114). Há, pois, a situação paradoxal em que o pintor trabalha com uma constante parada da vida e do movimento de si próprio ("No momento em que o sujeito pára, suspendendo seu gesto, ele é mortificado" (114)) bem como o gesto, que chega à tela apenas como seu "término", para conjurar e pacificar algo que, de modo semelhante, "pára" o movimento:[3] "O mau-olhado é o *fascinum*, é o que tem por efeito parar o movimento e literalmente matar a vida" (Seminário 11, 114). Ao banir e pacificar o mau-olhado, a pintura repousa formalmente na sua função de estancamento. Na imagem de Cézanne pintando, pode-se seguir essa dialética de *movimento* e *parada* na qual a *parada* se relaciona com o imaginário, ao passo que o *movimento* se refere ao simbólico:

> O instante de ver só pode intervir aqui como sutura, junção do imaginário e do simbólico, e é retomado numa dialética, essa espécie de progresso temporal que se chama precipitação, arroubo, movimento para frente, que se conclui no *fascinum* (Seminário 11, 114).

Lacan utiliza essa dialética de mostrar e ver para indicar que, no registro escópico, o sujeito é fundamentalmente "determinado pela separação mesma que determina o corte do *a*; quer dizer, aquilo que o olhar introduz de fascinador" (Seminário 11, 114). Embora durante toda a discussão Lacan jogue com o duplo sentido de fascinação significando tanto "encantar" como "lançar um feitiço", o latim *fascinum* também quer dizer "falo" ou "emblema fálico", um terceiro significado que capta perfeitamente a relação de *fascinum* com falta, castração e morte — e portanto com momentos de término.

O simbólico descongela o registro imaginário, dando ao caráter terminal da relação imaginária uma trajetória progressiva:

> Não esqueçamos que a pincelada do pintor é algo onde termina um movimento... a temporalidade original, pela qual se situa como distinta a relação a outro é... na dimensão escópica, a do instante terminal. O que na dialética identificatória do significante e do falado se projetará para frente como precipitação é aqui, ao contrário, o fim, o que, no começo de toda nova inteligência, se chamará o instante de ver. (Seminário 11, 111)

Porque o elemento de separação determina o sujeito no imaginário, todo confronto chega a uma parada opressiva. No simbólico, por outro lado, ali onde o sujeito é indeterminado, o espaço de manobra é aberto:

> O que sublinho é a distinção total do registro escópico em relação ao campo invocador, invocatório, vocacional. No campo escópico o sujeito não é essencialmente indeterminado. (Seminário 11, 114)

Pode parecer inusitada a escolha dos comentários de um escritor contra a pintura como um exemplo aqui, mas a polêmica de Gombrowicz em seu *Diário*[4] — em si muito agressiva, "imaginária" e "especular" — ressalta precisamente a relação do rígido domínio do imaginário com a dinâmica do simbólico:

> Comparem, nesse sentido, linha e cor com palavra. A palavra se desenrola no tempo, como uma procissão de formigas, a cada uma traz algo de novo e inesperado; aquele que se expressa em palavras nasce de novo a cada segundo; mal uma sentença foi completada e já a próxima a suplementa, a completa, e eis que no movimento das palavras o *jogo incessante da minha existência (ser)* se expressa. (*Diário II*, 50)

O mundo "congelado" da imagem pintada é posto em comparação com o mundo "líquido" da palavra:

> Se eu expulsasse o estonteante redemoinho de forma, luz e cor, este é o mundo para seu reino inerte onde nada se move. (...) Pois o mundo é forma em movimento (...) Mas você, nas suas telas, condena a natureza à paralisia (...) Por que não confessar que um pincel é um instrumento desajeitado?... É como se você se pusesse a pintar explosões de luz cósmica com uma escova de dentes (*Diário II*, 48-9)[5].

Como Lacan, Gombrowicz liga a agressividade subjacente à economia do imaginário ao *olhar* e ao *olho voraz*.[6] O gênero em que o olhar do pintor tem a relação mais estreita com o sujeito é, naturalmente, a pintura de retratos, e não é surpreendente que esse gênero seja o alvo privilegiado da polêmica de Gombrowicz. Um retrato deveria apresentar a "essência" do modelo, mas, para Gombrowicz, ele realmente o mata e destrói:

> Pergunto-me se minha rebelião contra as artes plásticas não começou com meus retratos... os olhos daquele estranho movendo-se sobre toda a minha forma, por ter sido eu sacrificado àqueles olhos alertas (a que servi de pasto). (*Diário II*, 47)

Para Gombrowicz, o olhar do pintor é um olhar verdadeiramente "imaginário". Porém, este olhar de pintor é apenas um de todo um reino de olhares que abrangem o sujeito; o olhar da cultura. Lacan também menciona esse olhar cultural "por trás" de um quadro: no caso dos murais do Palácio dos Doges, o daqueles que deliberam naquela sala: "Por trás do quadro, é o olhar deles que está lá" (Seminário 11, 110).

Gombrowicz experimenta esse olhar cultural como eminentemente violento:

> Você pensa que está se aproximando da arte voluntariamente... Na verdade, uma mão o agarrou pelo colarinho, arrastou-o até este quadro e o lançou de joelhos... Aquela não é a mão de um único homem, a vontade é coletiva, nascida numa dimensão inter-humana, muito estranha a você. Portanto, você não admira em absoluto, mas simplesmente tenta admirar. (*Diário I*, 25)

Ambos os olhares — o do pintor tanto quanto o da cultura — "matam", algo que se torna óbvio na descrição posterior de Gombrowicz sobre a pintura de seu próprio retrato:

> Ele (o pintor) não era capaz de dominar minha forma... Presumo que, se um rochedo ou uma árvore pudessem sentir alguma coisa, iriam experimentar exatamente essas espécies de sentimentos triunfalmente irônicos dirigidos ao pintor que os *atacasse* com seu pincel... porque essa mesma "coisa" regula a pintura e nos amarra com sua incansável coisice...O que aconteceu? Ele me transformou numa coisa!... Então, o que importa se seus olhos não me capturaram?... Ele me pintou como se não fosse eu, mas sim o meu sapato, que era importante. (*Diário II*, 47-8)

Na referência à "Coisa", Gombrowicz evoca outro dos tópicos abordados por Lacan no Seminário 11, a relação aparentemente natural entre a "coisa em si" de Kant e o sujeito contra o qual Lacan argumenta:

> Por trás do fenômeno, ou númeno, por exemplo. Sem dúvida, não posso fazer nada a respeito...E depois, no fundo, é assim mesmo — tudo se arranja do modo feliz.
>
> Para nós, não é nessa dialética da superfície para com o que está mais-além que as coisas se contrabalançam. Partimos, de nossa parte, do fato de que há algo que instaura uma fratura, uma bipartição, uma

esquize do ser, à qual este se acomoda, a partir da natureza (Seminário 11, 104).

Para Gombrowicz, a diferença e separação categóricas entre sujeito e objeto instigam uma fratura igualmente insuportável, sobretudo na medida em que a pura existência da "Coisa" parece *demandar* uma relação quebrada, algo a que Lacan chama a insistência do real, ou o encontro assustador com a cabeça da Medusa, que naturalmente também "congela" o sujeito:

> A verdadeira cabeça da Medusa... A revelação daquilo que é menos penetrável no real... do real último, do objeto essencial que não é mais um objeto, mas essa alguma coisa diante da qual cessam todas as palavras... o objeto da angústia *por excelência*. (Seminário 2, 164)

Como Lacan, Gombrowicz ancora sua discussão da diferença entre a "Coisa" em si e sua representação numa discussão sobre a pintura, porque com sua afinidade específica à alucinação, o processo primário, e ao real, a pintura pode chegar a simbolizar precisamente a substituição do real pela realidade:

> A pintura... Não sei. Talvez eu exagere nessa fobia.
>
> Não posso negar que apesar de tudo existe alguma coisa num quadro, mesmo que seja apenas uma cópia fiel da natureza, que desarma e atrai. O que é? Uma paisagem pintada sem dúvida diz alguma coisa a mais para nós do que diz a mesma paisagem na natureza; seu efeito sobre nossa alma é diferente. Mas não que a pintura seja mais bela que a natureza, não, a pintura sempre será uma beleza incompetente... É possível, no entanto, que esta seja a razão por trás da atração (fascínio). O quadro nos mostra a beleza que foi sentida, vista por alguém...
>
> Se considerarmos a contemplação de um objeto... enchendo-nos com o desespero da *solidão* — porque então você se vê a sós com a *Coisa* e a Coisa o esmaga — talvez esse medo da coisa (o terrível encontro com o real) como tal explicaria o fenômeno paradoxal de que um tronco de árvore pintado imperfeitamente esteja mais próximo de nós que um tronco natural em toda a sua perfeição. *Um tronco de árvore pintado é um tronco filtrado através do homem.* (*Diário II*, 41)

Na ficção de Gombrowicz, os registros imaginário e simbólico complementam um ao outro porque toda ela descreve figuras da paranóia. A mudança de registro do simbólico para o imaginário é espelhada numa mudança de registro verbal para visual. As histórias do crescimento gradual de sistemas paranóicos são constantemente pontuadas — como no exemplo dado por Lacan da Ópera de Pequim — por paradas do enredo em "olhares" e "cenas" que simbolizam o "tempo terminal do real". Em *Pornographia*[7], essa dinâmica é realmente encarnada numa série de *tableaux vivants*, que congelam modelos vivos. Essa encenação de tropos imaginários, porém, é contrabalançada pelo movimento propulsivo da narrativa simbólica e do processo de escrita, que escapa constantemente a si mesma, ao contrário da pintura que, como mostrou Gombrowicz, não pode fugir do espaço representacional da tela e é forçada a criar constantes palimpsestos.

Não apenas num nível temático, porém, os livros de Gombrowicz são cheios de olhares distorcidos e paranóicos — leia-se anamórficos — e descrevem constantemente estruturas especulares imaginárias. A própria narrativa também é subvertida por uma estrutura de espelho, a do narrador e de seu *alter ego*, uma cisão que define quase todos os seus romances. Em *Pornographia*, esse sistema intersubjetivo de espelho dá margem, de fato, a algo que a escrita de Gombrowicz sempre tenta oferecer: o pensamento do recalcado no vazio oscilante, intersubjetivo, entre o sujeito e seu *alter ego*:

> Devia ser isso que Frederick estava pensando. Ou talvez eu apenas atribuísse a ele meus pensamentos? E talvez ele atribuísse os seus pensamentos a mim... de modo que cada um de nós cultivava amorosamente seu pensamento, mas na mente do outro... Que maravilhoso sistema de espelhos: ele estava refletido em mim, eu estava refletido nele — e assim, enquanto tecíamos sonhos um para o outro, chegamos a conclusões que nenhum de nós queria admitir serem suas. (*Pornographia*, 59)

NOTAS

1. Infelizmente, a versão inglesa traduz *charmeur* por *fascinating* (fascinante).

2. Ver, nesse sentido, a noção freudiana de inibição (*Hemmung*).

3. Porque ela é exatamente "a função antivida, antimovimento, desse ponto terminal, (que é) o *fascinum*" (114).

4. Witold Gombrowicz, *Diary: Volume I* e *Diary: Volume II*. Evanston: Northwestern University Press, 1988, 1989.

5. Ver também: "Que ilusão afirmar que Van Gogh ou Cézanne comunicavam suas personalidades... Um homem expresso por uma maçã! Uma maçã imóvel! Se eu, um escritor e um poeta, soubesse que deveria me comunicar por meio de maçãs, ia me sentar e chorar de humilhação" (*Diário II*, 50).

6. A passagem do olho voraz do espectador para o do pintor é paralela àquela vista por Lacan na história da arte, entre a espécie de pintura que pacifica e aquela onde nasce o "monstro incomparável", "isto é, o olhar do pintor, que pretende impor-se como sendo, apenas ele, o olhar" (Seminário 11, 110).

7. Witold Gombrowicz, *Pornographia*. Calder & Boyars: Londres, 1966.

A arte e a posição do analista

Robert Samuels

Por que Lacan se volta para o campo da arte, e em particular para o domínio da pintura, em sua elaboração da teoria do objeto *a* e do olhar no Seminário 11? Sabemos, por textos posteriores, que Lacan faz equivaler esse objeto à posição do analista no discurso analítico. Podemos inferir daí que Lacan ligue a presença do analista à presença do objeto de arte?

Para começar a responder a essa pergunta, vou traduzir um poema de Aragon encontrado duas vezes no Seminário 11 (23 e 79):

É em vão que tua imagem chega ao meu encontro
E não me entra onde estou, que mostra-o apenas
Voltando-te para mim só poderias achar
Na parede do meu olhar tua sombra sonhada.

Eu sou esse infeliz comparável aos espelhos
Que podem refletir mas que não podem ver
Como eles meu olho é vazio e como eles habitado
Pela ausência de ti que faz sua cegueira.*

Neste poema, encontramos não somente o resumo da teoria da arte e do olhar em Lacan, mas também sua concepção da posição do analista.

Pois o que indica a primeira estrofe é que o sujeito busca em vão sua própria imagem ou sombra no outro. Isso representa o que Lacan articula como a ordem imaginária da consciência e do narcisismo,

*Este poema, do livro de Aragon *Fou d'Elsa*, intitula-se *Contre-chant* (Contracanto).

estruturada pelo estádio do espelho, de reflexo especular e representação.

Assim, como no mito de Narciso, o sujeito quer ver apenas o reflexo perfeito de seu ser como uma unidade unificada e total. Lacan chama a essa imagem especular do outro uma ilusão, porque se baseia numa representação ideal de espaço e forma. Podemos igualmente apontar que é a relação narcísica entre o eu e a imagem do outro [i(a)] que serve para regular o princípio de prazer da consciência. Isso significa que o que o eu quer ver no outro é apenas uma forma estável, identificável, que reforça o senso de unidade e coerência egóicas.

No começo da maioria das análises, é evidente que o sujeito põe o analista nessa posição ideal de reflexo e reciprocidade. Supõe-se que o analista veja o que o analisando vê, compreenda o que o Outro diz e ame o que o sujeito ama — que é, afinal, o seu eu. O analista, portanto, é tomado como um puro espelho que reforça o senso de compreensão e conforto do sujeito. É isso que Lacan chama de análise do eu, ou psicologia do eu.

Opõe-se a essa relação especular de reflexão e reciprocidade a posição do analista como o ponto cego no campo da consciência e representações do eu. Para elaborar essa noção de análise, podemos voltar à segunda estrofe do poema, que afirma que o espelho (ou analista) pode refletir, mas não pode ver. Em outras palavras, o espelho é cego, porque está cheio da ausência do sujeito.

Lacan argumenta que, em todo quadro, este ponto cego ou ausência está presente no campo central da tela. Em outras palavras, cada representação contém em si um ponto de evanescência, que indica o limite do campo da visão e da consciência, assim como sempre há um ponto de fuga no horizonte de nosso campo de percepção. É este ponto ou limite que podemos equacionar com a noção lacaniana do objeto *a*.

Nesse sentido, a ausência que torna cego o espelho representa a limitação do mundo imaginário de consciência e narcisismo do sujeito. Com efeito, Lacan argumenta que o objeto *a* não tem imagem especular, e representa, portanto, o outro lado da visão e da consciência.

Na estrutura do enquadramento analítico, quando o analista se posiciona por trás do analisando deitado no divã, ele está abstraído do campo de visão do sujeito e pode, assim, se tornar o olhar ou ponto cego para o analisando. De fato, é essa presença do olhar que causa a inversão da consciência e do narcisismo do sujeito. Pois, enquanto minha consciência se baseia na ilusão de que me vejo ver-me, o olhar representa o fato de que sou visto.

Lacan ilustra isso recorrendo a uma passagem em *O ser e o nada* onde Sartre demonstra a presença do olhar. Vamos fazer de conta que eu sou o sujeito da consciência de que Sartre está falando. Entro num parque e vejo as árvores que vejo sempre, a fonte que eu reconheço e as multidões que estão sempre ali. Em suma, tudo é familiar e a cena inteira é regulada pela minha intencionalidade e por meu ponto de vista. Entretanto, de repente, surge um rosto que se volta para mim e me encara. Agora sou o objeto do olhar do Outro e alvo de desejos e julgamentos desconhecidos. Não sou mais o olho, ou o "eu" da consciência, isto é, não sou mais aquele que vê o que quero ver, mas em vez disso sou visto de um modo pelo qual não quero ser visto. Encontramos aqui uma inversão das perspectivas e um descentramento de meu campo de visão.

O que liga essa presença do olhar e da reversão da consciência à arte é o argumento de Lacan de que, em muitas formas de pintura, pode-se encontrar a evidência do olhar e a subversão das leis da perspectiva e da representação. Em outras palavras, o objeto de arte pode nos mostrar o que não queremos ver, forçando seu olhar sobre nós.

Um exemplo disso é o quadro *Os embaixadores*, de Hans Holbein, que representa em primeiro plano um objeto alongado, que só se torna reconhecível como um crânio quando o observador se afasta e o olha num certo ângulo. Segundo Lacan, esse crânio representa o "aniquilamento do sujeito" da consciência dentro do campo central do quadro. A presença do limite do sujeito é, pois, inscrita dentro da representação. Entretanto, deve-se ressaltar que não é o ponto de desvanecimento que está ausente do quadro, pois de fato ele está ali; o que está ausente, ou melhor, o que se desvanece é o sujeito.

Podemos escrever essa relação entre o ponto do olhar e o desvanecimento do sujeito como $a \rightarrow \$$. Isso significa que a presença do objeto *a* causa a divisão do sujeito ($\$$). Essa fórmula é, de fato, parte do discurso do analista: a presença do analista causa o *fading* do sujeito e a emergência do inconsciente.

Além disso, em sua leitura desse quadro, Lacan acrescenta que o crânio representa não apenas o aniquilamento do sujeito, mas também a falta do falo no real. Devemos ter em mente que, para Lacan, o falo é o significante (S_1) da sexualidade, e por conseguinte encontramos na presença do crânio ou do olhar a prova da ausência do falo, isto é, a ameaça de castração. O quadro, pois, apresenta um objeto que não tem significante e não pode ser uma fonte de identificação para o sujeito. Isso se inscreve dentro do discurso do analista, onde Lacan situa o significante na posição de perda, abaixo do sujeito:

$$\frac{\$}{S_1}$$

Isso significa que o encontro com o objeto *a* causa a perda do significante da identificação e da sexualidade.

Ora, se argumentarmos que no ato da criação o artista produz esse mesmo objeto, estaremos dizendo que não há diferença entre arte e análise? Não, porque há uma outra parte do discurso do analista que falta na produção artística. No discurso do analista, Lacan acrescenta que o saber (S_2) é colocado em posição de verdade, sob o objeto *a*:

$$\frac{a}{S_2}$$

Isso indica que existe um discurso da verdade e uma verdade do discurso que é gerada através da análise.

Podemos agora voltar à nossa questão original, respondendo que a arte representa a presença do objeto sem análise, e sem a colocação do saber na posição de verdade. Será essa, porém, toda a verdade da análise? É claro que não, porque a verdade nunca é toda.

A relação entre a voz e o olhar

Ellie Ragland

O Seminário 11 elabora a idéia de uma ordem do real para responder à questão de Lacan quanto ao que sustenta a identidade do campo do gozo. Numa definição, o real é aquilo que resulta do trauma da perda. A perda de satisfações tem o efeito de constituir marcas no corpo, marcas que chamamos de zonas erógenas. Ainda que saibamos que os significantes constituem o campo da linguagem numa rede imaginária/simbólica de imagens e palavras, sabemos menos a respeito do objeto *a* que Lacan chamou de um excesso de gozo, um excesso que estanca o deslizamento dos significantes, fixando, desse modo, um limite para o sentido no real.[1]

$$\frac{S_1}{\$} \rightarrow \frac{S_2}{a}$$

Se captamos a idéia do *a* no nível dos impasses reais, funcionando como ponto nodal (ou um nó de sentidos) não assimilado pelo saber como tal, começaremos a ver como Lacan pode argumentar que a "representação" desempenha seu papel na constituição do sentido ao tentar encobrir ou velar algo de irrepresentável. Mas este encobrimento não opera de modo consistente ou total. Isto é, algo de disruptivo ou excessivo sempre volta a perfurar o sentido como enigma. Lacan via este excesso como tendo seu próprio sentido, como o que torna algo palpável (ou positivo) a partir da *aparente* negatividade ou do nada dos impasses ou *fadings*.

Logo, não existe uma ordem lingüística como sistema unificado. Somente o *campo* da linguagem *no qual* tentamos satisfazer a "pulsão" por reconhecimento e realizar a particularidade de nosso desejo. Mas a pulsão sempre faz dirupção na linguagem de maneiras que não podemos explicar, e assim costumamos dispensá-la como "nada significando". E o desejo atua mediante combinações precisas de significantes que constituem o sentido do desejo inconsciente, o qual, ainda assim, é enigmático para o pensamento consciente. Portanto, Lacan argumenta que a linguagem é movida pelo próprio gozo-a-mais, denotado pelo objeto *a*. Na medida em que os três gozos — do sentido (o simbólico), do corpo (o imaginário) e do organismo fisiológico (o real) — buscam manter consistência (isto é, encerrar os conflitos do real que rompem a *ilusão* consciente de que o corpo, o ser e a linguagem trabalham em harmonia uns com os outros), o objeto *a* marca um ponto-limite.

Mas, o que é o objeto *a*? No nível mais primordial, *a* denota os botões de ancoramento do real, ou aquelas partes do corpo que *parecem* estar ligadas a um órgão ou serem produzidas por um órgão. Mas, de fato, elas são perceptualmente destacáveis do órgão e do corpo. Lacan lista esses objetos como o seio, as fezes, o falo (imaginário), o fluxo urinário, o fonema, a voz, o olhar e o nada (*le rien*).[2] Entre o objeto primordial perdido e o órgão tomado pela própria coisa — o objeto *a* causa-de-desejo — existem miríades de objetos de engodo que usamos para tentar concretizar nosso desejo de fetichizar coisas, pessoas ou atos. Camadas sobre camadas de associações heterogêneas constroem o sentido sublimado, "assunções implicadas" sobre o que irá apaziguar a falta e preencher o espaço vazio.[3] Consideremos as fezes, por exemplo, como um objeto-causa-de-desejo. Mais precisamente, Lacan liga as fezes ao olhar social e à pulsão escópica, referindo-se, numa ocasião, ao seguinte exemplo: a fonte das cores do artista se encontra nas nuanças de coloração das fezes, o que vai além da referência literal de Freud à sujeira como símbolo dos excrementos.

Poderíamos dizer que os "objetos invisíveis" — o efeito particular da cor sobre uma determinada pessoa, por exemplo — flutuam continuamente no ar de toda atividade e troca humana, criando a estática do desejo que, por sua vez, serve como força motivadora por trás das pulsões parciais. E o objetivo das pulsões é reencontrar os objetos parciais, *Ur*causas-de-desejo que, embora pouco numerosos, agem então como pontos nodais não-especulares. Lacan chamava a isso o forro do real. Mais adequadamente, vastas colagens de sentidos associativos constroem montagens que constituem as pulsões. Assim consideradas, as pulsões não são forças instintivas cegas, mas uma rede concreta de objetos heterogêneos e significantes fetichizados pelo desejo.

O símbolo, porém, não é objeto *a*. Antes, é a unidade básica do sentido a partir da qual se constrói a cadeia significante. Embora os símbolos representem a Coisa em si — isto é, o ato que representam —, eles só podem ser abordados por palavras e imagens. Mas como são captadas essas partes do mundo? Como é que elas se transformam de material do mundo em redes subjetivas de sentido? Os teóricos das relações objetais alegam que esse processo de transformação, ou de introjeção e projeção, é dirigido pela fantasia. Mas esses teóricos nunca dizem o que possibilita às fantasias primárias se reconstituírem em sentido. Lacan respondeu a Freud e aos pós-freudianos quanto à questão do que constitui a pulsão, mostrando assim que os símbolos são em primeiro lugar *incorporados* por dois processos, separação e alienação.[4] E se os primeiros cortes são incorporados (*Bejahung*) ou expelidos (*Ausstossung*), seja como for eles deixam uma marca no nível do efeito corporal (o real). O que Lacan chamou de objeto *a* é um símbolo que denota tanto um *lugar* vazio no ser e no corpo quanto o "objeto" utilizado para tamponar este vazio, pois ele produz angústia. O corte (a marca ou efeito de perda) surge em palavras e imagens como um traço unário, unindo a perda [S (A̸)] aos objetos do mundo. Logo, os objetos fenomenológicos que *parecem* estar "ali" não são, em si e por si mesmos, as coisas que cortam ou fendem o símbolo que Lacan (re)definiu como *não sendo dual*. Antes, o símbolo significante, que não é transcrição, nem expressão codificada, nem realidade semiótica fixa, inaugura complementaridades ligando-se aos lugares onde falta algo. Não se pode dizer, porém, que o símbolo reflita as encruzilhadas da psicanálise e da fenomenologia. O objeto *a* tenta erradicar os efeitos de um furo real no ser, mostrando que os limites do sentido estão no gozo, S(A̸), não no simbolismo.[5]

Embora o desejo seja o desejo de encerrar os efeitos da perda — em ambos os sexos —, esse fechamento nunca é atingido porque o próprio desejo de repressão significa que alguma coisa já está pressionando de volta. E essa pressão interna (*Drang*, a pulsão freudiana) vem dos objetos-causa-de-desejo primordiais que dão origem a um excesso no desejo que Lacan chama de gozo. Essa base concreta do gozo dá novo sentido ao gozo letal que as pessoas sentem na repetição de situações que terminam em impasses semelhantes. O objeto *a*, como *Ur*-objeto fundamentalmente perdido, reside no centro das fantasias a partir das quais cada pessoa constrói o desejo em torno de objetos substitutos que nunca podem preencher uma lacuna no ser. Este ponto será de importância mais adiante, quando virmos que Lacan lia os sonhos de trás para a frente, retroativamente, num fluxo de fantasias que coalescem em torno de *objetos* sublimados, habitados por fragmentos do real.

No Seminário 11, Lacan desenvolveu sua teoria do olhar como um dos objetos parciais que causam desejo. Ligando o olhar à marcha, descrita por ele como marcando "a preexistência, ao visto, de um dado-a-ver", ele formulou o argumento de que algo existe antes do objeto *a tomado como objeto-de-desejo* (74). Este algo é o vazio pensado como ponto de escuridão, o ponto onde não vemos o mundo tão claramente quanto pensamos: nossos pontos cegos. De fato, vemos ("pensamos") contra uma superfície de escuridão onde o sentido ("assunções implicadas") é a perda radical que produz angústia, isto é, o próprio vazio como um lugar que dá origem ao tudo (*tout*) ou nada (*rien*). Uma das questões — e não a menor — respondidas por essa teoria é o enigma de por que as crianças começam a ter medo de dormir no escuro por volta dos quatro ou cinco anos ao mesmo tempo em que começam a conhecer a falta como falta de fazer Um com a mãe. A tortura de Marcel Proust ao apagar as luzes, observando as sombras lançadas pela lâmpada enquanto rezava pela bênção de um último beijo de sua mãe antes de dormir, é enaltecida como saber poético. Em linguagem psicanalítica, poderíamos chamar *Em busca do tempo perdido* de um saber sobre o gozo.[6] A vida informa a literatura, e não o contrário.

No olhar, um ponto de luz é refletido sobre um fundo escuro. Algo é dado a ser visto, algo que Lacan equipara à *consciência* da consciência. Essa consciência é como a luz do dia que nos surpreende quando despertamos numa cama estranha, incertos, por um momento, quanto ao que constitui o "eu" como uma identidade. Nossa consciência de estarmos conscientes também se assemelha à experiência de acordar no meio da noite, confusos quanto a onde estamos (quem somos). O estranho aspecto inconsciente desses momentos é simplesmente o seguinte: eles demonstram que o "eu" não é uma unidade inerente ou inata. É um significante que se constitui em palavras, imagens e sensações corporais que coalescem como num caleidoscópio sobre um fundo de "sistemas" que parecem fixos porque são unificados. Lacan vê essa interface de luz e trevas no olhar no nível do real, portanto, e não como uma espécie de metáfora lockeana. Ele enfatiza que só se "vê" alguma coisa como esta realmente é *quando ela está iluminada.* O que chamamos em geral de consciência, em outras palavras, são apenas nossas identificações programadas subjetivamente com palavras, imagens e efeitos em nossos corpos, que tomamos erroneamente por saber objetivo.

Como objetos-causa-de-desejo parciais, tanto o olhar como a voz dirigem a linguagem. Como tais, eles perfuram continuamente nossas miríades de ilusões de consistência. Vamos tomar outro exemplo literário para demonstrar isso. Em *House of Mirth*, de Edith Wharton, a heroína Lily Bart não é somente um objeto imaginário ("pedaço de carne") do olhar desejante masculino, como dizem as feministas de hoje.[7] No nível do real, ela é o que Lacan chamou um objeto extímico. Ou seja, ela é um objeto de seu próprio olhar *subjet*(ivo) cujo sentido é o dos ideais e juízos introjetados que formam um eu ficcional. A tragédia particular de Lily está na sua incapacidade de encontrar um lugar no interior da cadeia significante social que habita. Jamais tendo se identificado aos significantes no Outro que lhe permitiriam aceitar uma das posições possíveis designadas para ela pela sociedade — esposa, amante, mãe —, ela não consegue encontrar um "modo de ser". O importante não é que ela não o faça, e sim que ela *não possa.* Em termos lacanianos, ela é uma histérica, uma mulher que não se identifica com o significante mulher, uma pessoa do sexo feminino cindida numa identificação psíquica entre a identificação com o pai e a rejeição à mãe.

No nível do real onde Lacan mostra a voz e o olhar como dirigindo a linguagem, ancorando-a na demanda de amor, a demanda de cada pessoa porta um brasão particular de sua subjetividade e seus sintomas. E o real dos impasses (contradições, sofrimento e alegria) é também específico do gozo dessa pessoa. Na medida em que o real habita a própria linguagem, Lily Bart está presa na estase de seu próprio olhar histérico. Não encontrando simetria no mundo das normas sociais entre seu gênero biológico e seu desejo, ela dramatiza o trauma edipiano. Retomado por Lacan, o trauma se refere a como alguém assume o saber da diferença sexual no nível do ser.

A voz e o olhar acrescentam uma dimensão à linguagem que nem a lingüística nem as teorias filosóficas do conhecimento podem explicar. O gênio de Lacan foi descobrir a pulsão nesses objetos que causam desejo. Embora utilizemos a linguagem para tentar encapsular o desejo experimentado no gozo da voz ou do olhar, jamais capturamos a essência buscada, exceto por breves momentos. Lacan chamou a este esforço de captura do gozo a demanda (*demande*) de algo mais. Mas não existe espelho acústico de uma voz materna comparável à linguagem da mãe que ensina a criança, como o crítico de cinema pós-estruturalista Kaja Silverman compreende Lacan. Isto é, em sua mudança epistemológica entre "mente" e gozo, o olhar e a voz não são planificados numa equação entre a mãe e a linguagem. Em *The Acoustic Mirror*, Kaja Silverman escreve: "A mãe é a primeira professora de linguagem, comentarista e contadora de estórias — aquela que em primeiro lugar organiza o mundo, lingüisticamente, para a criança, e a primeira a apresentá-la ao Outro. A voz materna também desempenha um papel crucial durante o estádio do espelho, definindo e interpretando a imagem refletida e 'adaptando-a' à criança. Finalmente, ela (a voz materna) provê o espelho acústico em que a criança se ouve pela primeira vez."[8] Quando a voz e o olhar são, como ensina Lacan, objetos parciais que *causam* o desejo que comanda as pulsões parciais, eles não podem fazer unidade com a fala da pessoa, ou com a visão intelectual da vida.

Em *Os quatro conceitos fundamentais da psicanálise*, Lacan surpreende seus leitores com sua imagem do outro especular como um muro (77). Com essa realidade topológica, ele nos afasta do imaginário em direção ao real, onde o espelho/mãe é somente um organizador do mundo da fala e da "auto-imagem" da criança. No real, o discurso da mãe produz algo além de gestos; ele dá uma direção ao desejo infantil. A primeira metáfora paterna de Lacan —

$$\frac{\text{Nome–do–Pai}}{\text{Desejo da Mãe}} \cdot \frac{\text{Desejo da Mãe}}{\text{Significado do sujeito}} \cdot \rightarrow \text{Nome–do–Pai}\left(\frac{\text{Outro}}{\text{Falo}}\right)$$

— é uma reescritura da fórmula do Édipo em Freud. A maneira precisa pela qual cada pessoa se identifica com a diferença entre os sexos produz neurose, psicose ou perversão. Mas a linguagem que vem da mãe, do pai, da babá, dos irmãos, de parentes e outros representa apenas um lado do que ordena o sentido (o Outro). O outro sistema de sentido — a energética do gozo — é inseparável do desejo que sustenta a pulsão para manter a consistência. Nesse sentido, o gozo é uma cola libidinal que solda os grumos associativos de sentido em cadeias significantes borromeanas. Tendo inicialmente teorizado o real da voz e do olhar em 1960 como dois dos quatro objetos principais (causas de desejo), é lógico que Lacan iria conectá-los à voz e ao olhar maternos no nível onde um gozo primordial faz da criança um falo — um objeto desejado — constituído pelo desejo da mãe (enquanto realizado [ou não] pelo pai). Como tal, o desejo materno primordial situa a pulsão *na* linguagem para todos os humanos, assegurando que esta jamais venha a servir somente como um simples espelho lingüístico organizador do mundo.

Agora tentarei responder a pergunta que formulei no começo: o que fundamenta uma identidade de gozo? O desejo fundamenta uma identidade de gozo. Isto é, a energia psíquica é criada a partir do núcleo absoluto de gozo no desejo que dá origem à fantasia de unidade que dirige a linguagem:

($ ◊ D)	a pulsão como demanda de gozo
↑	
($ ◊ *a*)	a fantasia como organização subjetiva da linguagem
↑	
a	o desejo como causa

O sexo como postura discursiva é escolhido em resposta ao desejo da mãe face ao nome do pai (que constitui a diferença chamada por Lacan de castração). Mas, enquanto a posição sexuada responde ao desejo inconsciente, a sexualidade responde às pulsões parciais: oral, anal, escópica e invocante. Logo, existe uma cisão dentro de um indivíduo determinado entre amor objetal e desejo objetal.[9] Com efeito, Lacan qualifica sua idéia do olhar num esforço para mostrar como o desejo se torna pulsão: "Não é preciso de modo algum nos reportarmos a não sei que suposição da existência de um vidente universal. Se a função da mancha é reconhecida em sua autonomia e identificada à do olhar, podemos procurar sua inclinação, seu fio, seu traço, por todos os estádios da constituição do mundo no campo escópico" (75). Embora as culturas inventem, e depois invoquem verdades, mitos ou folclore como verdades naturais para explicar a função do olhar, um conceito muito mais simples pode resolver: o da mancha. Mas, o que significa dizer que o olhar e a mancha estão identificados um ao outro e, mais ainda, que a mancha é autônoma? Talvez possamos entender a descoberta de Lacan aqui se voltarmos ao "sonho exemplar da criança queimando" recontado no Seminário 11.

Aqui, Lacan fala de um sonho narrado por Freud, contando a história que um de seus pacientes ouvira numa conferência. Uma criança, um filho que estivera doente e febril por muito tempo, havia morrido. Antes do enterro, seu corpo estava sendo velado por um velho que adormeceu em seu posto. O pai também adormecera no quarto ao lado daquele onde jazia seu filho. Na realidade, uma vela acesa ao lado do corpo havia caído, pegando fogo nos lençóis sobre o braço do menino. O sonho do pai ocorreu depois desses eventos. No sonho, seu filho aparecia junto à sua cama, tomava-o pelo braço e sussurrava em tom de censura: "Pai, não vês que estou queimando?" (59). Lacan pergunta: o que despertou o pai? Freud disse que a "realidade" do ruído de uma vela tombada incendiando a cama do menino morto acordara o pai. Lacan discorda, alegando que Freud usou este sonho em particular para confirmar sua tese referente aos sonhos: que estes são realizações de desejo. O despertar do pai não poderia ter sido causado por um evento externo, físico, insiste Lacan, se o propósito do sonho é realizar um desejo não-realizado na vida cotidiana. "*O que é que desperta*? Não será, *no* sonho, uma outra realidade?" (59).

Lacan continua desenvolvendo sua teoria de que os sonhos são cenas imaginárias que mesmo assim se movimentam virtualmente paralelas ao real indizível que causa o despertar de alguém a fim de não saber dele. Se, como ensina Lacan, a sexualidade é a realidade do inconsciente, o que o pai não pode suportar ver é que seu filho representa o *queimar* com desejo sexual. Assim, o sonho conta a história do real — do filho *em chamas*, tocando o pai. É o desejo inflamado do filho que o pai não pode suportar ver, ou aquilo que o desejo desperta *nele*? Ele desperta do sonho para a vigília. De fato, a consciência reconquistada ao despertar oferece um lugar de conforto onde se pode recalcar, denegar e recusar a ver a realidade da estória inconsciente contada sobre o fundo escuro do dado-a-ser-visto.

Quando a consciência se revira sobre si mesma nessa "forma de visão que se satisfaz consigo mesma imaginado-se como consciência... *como vendo-se ver-se*... Aí se opera uma *evitação* da função do olhar", diz Lacan (75). Não reconhecemos, idealizamos e recusamo-nos a ver a nós mesmos como somos. Assim, quando pensamos ter captado no nível da compreensão, já perdemos nosso alvo. A *verdade* é que mentimos, pintando-nos como deveríamos ser, não como realmente somos. Ao referir-se à "criança queimando" como um sonho paradigmático, Lacan nos diz não somente o que de fato desperta, mas também põe as imagens oníricas em perspectiva como o acesso do sujeito às "formas imaginárias que lhe são dadas pelo sonho, como opostas às do estado de vigília" (75). Dito de outra maneira, Freud errou em sua interpretação deste sonho porque reduziu pai e filho a pessoas identificadas com seus papéis sociais. O sonho do pai, diz Freud, é um voto ou fantasia prazerosa em que a vida de seu filho é prolongada. A interpretação freudiana desse sonho é coerente com sua noção do complexo de Édipo como base da estrutura familiar, onde mãe, pai e filho são pessoas reais, cujos desejos são conscientes, não inconscientes. Tomando essa imagem pela coisa em si, Freud considera o sentido do sonho como direto. O pai ama seu filho e o quer vivo. Não há desejo inconsciente aqui. Logo, Freud não consegue ver o que o sonho realmente mostra ao pai: a *forma* do filho, como um horrível, sinistro corpo em chamas que toma o pai pelo braço, tocando-o.

Nos sonhos, as formas imaginárias — representações — não conseguem suturar o real de todo. O olhar e a voz não são domados nos sonhos, como na vida. A interpretação do sonho por Freud transforma o menino num filho amoroso que toma o pai pelo braço como o fizera em vida. Tal interpretação faz deste pesadelo uma lembrança paterna de simples prazer. Lacan argumenta que a interpretação freudiana se baseia no mesmo nível do desconhecimento (o imaginário da percepção) que pensa que as coisas *são* como parecem ser. Tal desconhecimento constitui a "ilusão da consciência", a crença de que alguém se vê (se sabe) como é, identificando-se a formas e objetos visíveis, bem como a idéias que já se possui. Mas "o olhar é elidido" nas ilusões da consciência (83). O real é ignorado. E porque o olhar não é distinto, na sua *função*, da função do olho — que é ver —, sua função não é compreendida. Mas o olhar é tão essencial ao "saber" que Lacan vai chamá-lo de "avesso da consciência... (que é) irremediavelmente delimitada, (como) princípio não só de idealização, mas de *desconhecimento*... como *escotoma*" (82). Tão poderoso e primordial é o olhar na sua *função* de encobrir o vazio que reside na consciência, que Lacan descreve o sujeito humano como apenso ao olhar "numa vacilação essencial" (83). Mais ainda, seu privilégio constitutivo —

$$
\begin{array}{c}
a \\
\downarrow \\
\text{sujeito (do desejo: } \$ \text{)} \\
\downarrow \\
\text{fantasia } (\$ \lozenge a)
\end{array}
$$

— "se atém à sua estrutura mesma" (83).

Mas, antes de tentar definir a estrutura do olhar fazendo uma distinção ente o imaginário e o real, vamos voltar à estrutura ainda mais primordial que Lacan oferece ao distinguir entre a mancha e o olhar. Se a mancha marca *alguma coisa* como existente antes do visto, como um "dado-a-ser-visto", então sua função é "ao mesmo tempo o que o comanda mais secretamente e o que escapa sempre à apreensão dessa forma de visão que se satisfaz consigo mesma imaginando-se como consciência" (75). Embora seja difícil compreender a mancha como uma *função* que funda o olhar, esta função particular do olhar serve de base para o uso posterior, por Lacan, da estrutura topológica do nó borromeano. De fato, o olhar impõe uma materialidade de sentidos libidinais ao próprio sentido, situando as raízes do *cogito* cartesiano no real muito antes que a linguagem segmente o organismo biológico que Lacan chamou de carne. Uma vez a pessoa alienada na linguagem, a experiência de unidade entre o corpo e objetos desejados é perdida para sempre. A única base restante é o gozo funcionando nas três ordens, produzindo gozo do ser, do corpo e do sentido.[10]

À medida que as crianças alinham para si uma unidade "boa o bastante", a partir de palavras, sons, imagens e outras coisas do mundo, elas sentem, gradualmente, que são "seres que são olhados", como diz Merleau-Ponty. Ainda mais radical, Lacan situa os seres humanos no mesmo nível das coisas: "O que nos faz consciência nos institui, do mesmo golpe, como *speculum mundi*" (76). Somos vistos, não videntes; objetos, e não sujeitos de livre-arbítrio. O olhar que nos circunscreve "de saída, faz de nós seres que são olhados, mas sem que isto se nos mostre". Lacan faz uma pergunta pungente: pode haver alguma satisfação "em estar sob este olhar (de julgamento)?" (76).

Se refletirmos sobre a questão de Lacan a partir de diferentes ângulos, talvez possamos avançar na nossa compreensão do que são para ele os objetos primordiais. A teoria feminista do cinema, por exemplo, atribui o olhar ao macho que olha para a mulher e a deseja, situando a mulher na ordem imaginária do objeto que atrai. Mas, em vez de captar que este objeto imaginário é um véu, um substituto para algo mais, as feministas pós-estruturalistas identificam o objeto *visível* do desejo com o objeto invisível, causa-de-desejo. Baseadas neste erro, as feministas consideram que Lacan excluiu as mulheres da ordem simbólica. Nessa conjuntura ideológica, a teoria feminista comete o erro de misturar a ordem simbólica lacaniana com a linguagem e com a voz (três conceitos bem distintos em Lacan). Não há muita distância entre esse erro e a idéia de que Lacan, como são Paulo no Novo Testamento, queria que as mulheres ficassem em silêncio. O conceito lacaniano da não-existência da Mulher essencial acaba por significar que as mulheres não deveriam existir, nem ter voz. No entanto, em lugar nenhum da obra de Lacan se encontram tais ligações teóricas.

O olhar — "o que nos faz consciência"(76) — não pertence ao macho nem à fêmea. O olhar é constituído inicialmente pelo que Jacques-Alain Miller chamou de real pré-simbólico (R_1). A divisão feita por Miller do real em pré-simbólico (R_1) e pós-simbólico (R_2) esclarece o esforço de Lacan para descrever o *Ur*-revestimento do real onde o sujeito é constituído inicialmente como um objeto-causa-de-desejo. Portanto, a propriedade comum a esses objetos pré-especulares é a ausência de alteridade reflexiva, a qual é assumida posteriormente, no estádio do espelho. Isso nos faz notar as descontinuidades na vida consciente. Separando nossas identificações aparentemente unificadas com a linguagem e as imagens, esses objetos do real pré-simbólico tornam perceptivo o próprio *corte*, e este produz um estranho efeito na consciência perceptiva; um redobramento do ser nas formas originais, mas sem alteridade. As formas a partir das quais a consciência se produz inicialmente são perdidas, no nível da memória. Os seres humanos se submetem a essa perda antes de qualquer identificação do mundo com as associações coesas a que chamamos consciência. Lacan chamou a essas associações o nó borromeano:

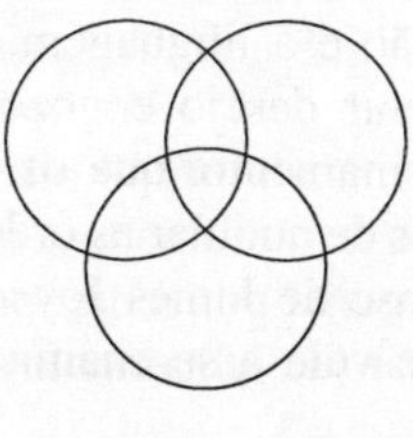

Enlaçados uns aos outros, os elos constituem o que ele chamou de cadeia significante. É o que chamamos de mente. Além disso, as "formas" topológicas que dão feitio a nossas "ilusões" de consciência no imaginário pré-simbólico (simbólico-imaginário) e nossas percepções (real) do mundo são como a "pulsão" que Lacan descreve como não tendo pé ou cabeça discerníveis. Pode-se dizer que a memória é catalisada por efeitos das três ordens. Entretanto, consideramos as lembranças (erroneamente) como uma consciência "natural".

Na teoria lacaniana da voz, não há uma hierarquia onde o macho utilize a linguagem no simbólico para tornar uma fêmea silenciosa no imaginário. Talvez as interpretações feministas errôneas da voz e do olhar surjam de leituras confusas do seminário *Mais ainda* onde Lacan, descreve a fantasia (fálica) masculina de constituir uma lei de todo na qual um é excluído da castração, permitindo, assim, a satisfação desejada. Mas Lacan descreve esta fantasia ($\exists x \overline{\Phi x}$) como uma mentira em que se baseia a masculinidade. Os símbolos lacanianos da sexuação nos dão um sujeito lógico, e não biológico. Assim, uma fêmea biológica, como um macho biológico, pode se imaginar como sendo toda, pode se fantasiar como uma exceção à regra da castração. Ela pode inventar-se em mitos de um clã de mulheres imaculadas e intocadas pelo olhar ou voz masculinos. Mas, paradoxalmente, tais teorias situam essas mulheres numa posição masculina em termos da lógica da sexuação. De fato, a maioria dos sistemas de crenças, não somente as feministas, confunde a anatomia biológica com o gênero. Tal erro se torna compreensível quando se percebe que tomamos o imaginário visível tal como o vemos, como a própria coisa. As fórmulas da sexuação de Lacan demonstram algo novo que vem questionar nossa redução da verdade ao visível. Porque somos definidos como objetos sexuais em relação ao falo e à castração, não há uma relação fixa entre o gênero a que se pertence e o sexo biológico no inconsciente. Nem existe uma fórmula pré-ordenada para uma relação sexual, somente um impasse entre os sexos. O que tomamos por relações reside no mito de uma relação "natural" entre os sexos. Mas no inconsciente, no domínio da fantasia, identificamo-nos não ao gênero, mas ao olhar que nos estruturou inicialmente como um sujeito de desejo, buscando resgatar um gozo perdido.

A voz real, biológica, não é a linguagem, portanto, mas habita a linguagem de maneira a unir desejo e gozo. Lacan formulava, no terceiro período de seu ensinamento, que os objetos pré-especulares *poderiam* servir como meios de nodular as ordens e assim prevenir um surto psicótico, como no caso de James Joyce. Em *Le sinthome*, por exemplo, ele revelou o que veio a se chamar sua segunda teoria da metáfora paterna.[11] Ali ele formula a idéia de que o *sinthome* particular de James Joyce em *Finnegan's Wake* é a voz que funciona como agente nodulador, um meio de atar os registros na ausência de um significante para o Nome-do-Pai que une, necessariamente, dúvida e dialética na linguagem. A voz impede Joyce de experimentar um surto psicótico, ao mesmo tempo em que fragmenta sua linguagem em pedaços de poesia.

Na realidade, ficamos com os objetos causa de desejo como aquilo que institui a consciência como desejo. Embora os *Ur*-objetos que causam desejo sejam em si e por si indivisíveis, absolutos, ainda assim eles funcionam como tampões para o vazio da perda no centro de todo o ser e de todo o saber:

$$\frac{S(\not{A})}{a}$$

Desse modo, o desejo entra na ordem simbólica, nas pulsões parciais que circulam em torno dos objetos parciais, objetos-fetiche que atraem no imaginário. Por que esses objetos de engodo nunca proporcionam a satisfação que lhes é implícita, mas somente titilam, Lacan mostra como os teóricos das relações objetais erram quando tomam o objeto imaginário (seio, mãe, objeto transicional como o cobertor, e assim por diante) pela coisa em si. Antes, quando um objeto é buscado, há um lugar vazio que não pode, em última instância, ser preenchido, causando uma insatisfação definitivamente impossível de se aplacar. Porque o próprio "objeto" já foi constituído na "pulsão" que empurra o sujeito em direção a uma imagem opaca de si, o desejo inconsciente (o alvo) de atingir uma fusão harmoniosa de objeto e satisfação (o objetivo) revela apenas uma falha entre o objetivo e o objeto. Além do mais, a multiplicação heterogênea de objetos desejáveis visados por qualquer das quatro "pulsões" parciais nomeadas por Lacan — oral, anal, escópica e invocante — impede que se reconheça a relação dos objetos desejados com os *Ur*-objetos que deixam sua marca na montagem da pulsão. Porém, num nível, a pulsão funciona por uma relação imaginária entre órgão e objeto de engodo, onde o objeto *a parece* ser a coisa visível, separável dos órgãos que *aparentam* produzi-lo. Assim, o objeto *a* é um semblante. Mas, no real, as pulsões produzem repetições que constituem o gozo como a cola libidinal da consistência. Nesse nível, o olhar e a voz não são linguagem ou significantes. Entretanto, eles entram no registro da linguagem, mas no tempo do desejo e segundo a lógica do gozo. Onde estava uma coisa, outra coisa vem substituí-la, enquanto o gozo impõe a energia da pulsão à linguagem.

Nessa fórmula — 2/1 — *das Ding* (ou gozo primordial) precede a palavra que mata ou adia a possibilidade de satisfação imediata. Deve-se barganhar na linguagem para a satisfação libidinal: A (o Outro) / $\not{S}$ (falta). Na primeira teoria lacaniana do gozo, o objeto *a* representa a diferença entre uma quantidade de linguagem e uma quantidade de libido.[12]

$$\frac{A}{g}\ a$$

No entanto, não se pode realmente "quantificar" o gozo, embora uma parte de *a* seja traduzível em caracteres particulares de objetos-fetiche e em sintomas. Mas uma parte permanece para sempre perdida ou então intraduzível. Alguns críticos pós-estruturalistas rotularam erradamente essa parte perdida descrita por Lacan como platônica, a partir da forma ideal fantasiada das sombras na parede da caverna, exposta por Platão.[13]

Vou utilizar dois exemplos concretos para demonstrar que a teoria lacaniana da perda não é metafórica. Primeiro, vou falar da minha filha e depois vou remetê-los a uma anedota na página 75 do Seminário 11. Quando minha filha tinha nove anos, telefonou para mim em Paris, lá dos Estados Unidos, onde, durante o curto período de minha ausência, ficara na casa da avó. Ela me telefonara para dizer que sentia "angústia" (que rebatizamos de "saudade" no decorrer de nossa conversa). Mas, logo que telefonou, ainda não podia falar sobre seus sentimentos de saudade. Só podia dizer que não conseguia dormir. Gradualmente, à medida que fomos falando sobre outras coisas, ela disse algo que não pertencia ao registro imaginário de sua narrativa. Disse: "Não consigo dormir porque não tenho lugar." Eu respondi, no campo da narrativa: "Mas a vovó tem dois quartos bem em frente à sala onde você está, ou então você pode dormir no sofá, no mesmo quarto da vovó e do vovô." Ela respondeu: "Eu não tenho a minha cama, minha casa, meus amigos, meus bichos e nem o papai por perto." Por "lugar", ela não queria dizer, realmente, um espaço geográfico, ou uma cama de verdade. Referia-se, antes, a um lugar no olhar. Minha filha, ao perder suas referências familiares — a mamãe, a casa etc. — confrontava-se com o vazio real do ser: $S(\not{A})$. A angústia *tem* um objeto, Lacan descobriu: o real positivado do vazio que tem um peso literal, seja na opressão depressiva ou nas dores agudas da angústia.[14] O vazio, pois, não é *nada*.

O exemplo com que vou tentar lhes demonstrar que o vazio lacaniano não é uma forma platônica ideal assume um sentido teórico em termos da banda de Moebius, cujo exterior é contínuo ao interior, embora se intercepte em determinado ponto, fazendo um 8 interior (148). Lacan diz, sobre essa figura do 8: "Esta *imagem* nos permite figurar o desejo como *lugar de junção* do campo da demanda, onde se presentificam as síncopes do inconsciente, com a realidade sexual. Tudo isto depende de uma linha que chamaremos desejo, ligada à pulsão na demanda, e pela qual se presentifica na experiência a incidência sexual"(149). A intersecção da pulsão (demanda expressa na linguagem) e do desejo surgia na demanda de minha filha de um lugar para *ser*, dentro do campo dos olhares familiares. No desejo de se fazer *ver* (*faire voir*) que Lacan equipara à consciência, vê-se como o desejo edipiano é sublimado na pulsão de ser reconhecido, amado. Nesse contexto, o desejo em todas as suas formas pode ser chamado de sexual, na medida em que a realidade do inconsciente é sexual. Mas o que está em jogo aqui é uma sexualização das pulsões, e não uma redução da sexualidade a sensações genitais ou a atos sexuais *per se*. Se o desejo inconsciente como sentido é a própria sexualidade, estamos longe do conceito freudiano da sexualidade como copulação ou estádios desenvolvimentistas. Lacan descreveu a sexualidade como a presença de desejo na experiência. Mas o desejo é evasivo e evanescente, porque os objetos reais que o causam não passam de resíduos metonímicos de libido perdida, cujos traços subtendem a demanda. Logo, toda demanda está ligada ao desejo, e todo desejo ao desejo de ser amado (147).

O elemento faltoso na "chamada" telefônica de minha filha — perda do olhar sobre o qual ela constituía, usualmente, uma imagem de si mesma — não é de todo platônico. Ela se via confrontada, literalmente, com a escuridão da mancha e sentimentos angustiantes de perda. Lacan chama a perspectiva platônica de fantasia de um ser absoluto a quem se imputa a qualidade de ser onividente. "O mundo é *onivoyeur*", diz ele, "mas não é exibicionista — ele não provoca nosso olhar. Quando começa a provocá-lo, então começa também o sentimento de estranheza" (76). E a estranheza está ligada, concretamente, à perda tomada como um efeito no corpo criado pela perda dos objetos com os quais se estava identificado. Tais identificações dão aos indivíduos, literalmente, uma posição no mundo simbólico dos outros. Uma criança "com saudades" não emprega a linguagem no sentido figurativo, metafórico, como diria Derrida. Tanto na minha narrativa sobre a minha filha enfrentando a separação da mãe quanto em Marcel Proust esperando um beijo materno antes de dormir, tais momentos são de confronto com o vazio na própria representação: S(Ⱥ)/*a*. Em geral, temos a ilusão de que as coisas são o que parecem ser, de que o visível é a própria coisa. As palavras de minha filha — "Eu não tenho lugar" — significam que nada, nem a mamãe, por exemplo, falta enquanto as coisas estão em seus lugares familiares. Entretanto, a voz nos possibilita invocar o olhar sobre o qual nos reconstituímos na memória, o olhar de juízo e idealizações que nos dá um lugar em nossas fantasias. Ali estamos suspensos ao olhar que funciona como um marcador de posição no real.

Mas, aqui, encontramos um paradoxo. O *a* nos impede de ver a nós mesmos como somos ao mesmo tempo em que oferece um *semblante* de ser com que as pessoas se identificam narcisicamente. Nas palavras de Lacan:

> O que especifica o campo escópico e engendra a satisfação que lhe é própria é que lá, por razões de estrutura, a queda do sujeito fica sempre despercebida, pois ela se reduz a zero. Na medida em que o olhar, enquanto objeto *a*, pode vir a simbolizar a falta central expressa no fenômeno da castração, e que ele é objeto *a* reduzido, por sua natureza, a uma função punctiforme, evanescente, ele deixa o sujeito na ignorância do que há para além da aparência — essa ignorância tão característica de todo o progresso do pensamento nessa via constituída pela pesquisa filosófica. (77)

O objeto *a* simboliza o fato de que existe um lugar vazio na representação que se manifesta no ser, no saber, no desejar. No real do desejo, o sujeito, como resposta do real, é um objeto tentando tampar seus próprios furos. Talvez se possa sentir a concretude corporal do objeto *a* lacaniano se compreendemos o que é denotado por *a*: a diferença entre a linguagem e a libido. E como esses objetos são todos ligados inicialmente à mãe como objeto primário de gozo — e apenas secundariamente ao pai enquanto linguagem, imagem e *efeito* no real — eles conservam a marca do incesto como uma proibição (ou não) de excessos no gozo.

O primeiro conjunto de cisões ou cortes — separações primárias dos objetos maternos — constitui o que experimentamos como um corpo imaginário. E suas cicatrizes palpáveis dão origem ao objeto *a* como qualquer objeto da fantasia, pelo qual os indivíduos se imaginam como um todo. Lacan chama esse nível de apreensão visual a mancha, ou o ponto psíquico na função escópica onde a esquize entre o olhar e a visão se encontra. Essa esquize nos possibilita acrescentar a pulsão escópica à lista das pulsões. Lacan indica que Freud já havia situado a pulsão escópica em primeiro plano em *Triebe und Triebschicksale* ("A pulsão e suas vicissitudes"), mostrando que essa pulsão não é homóloga às outras.[15] E, com efeito, essa pulsão "é a que elide mais completamente o termo da castração" (78). Em outras palavras, o visível parece adequado a si mesmo. Não apenas o corpo aparenta ser inteiro, mas também o mundo e as coisas nele. Logo, as pessoas se identificam com a ilusão de todo, mais que com a realidade da falta.

Mas, de fato, a figura da "criança queimando" no sonho não é um recorte ou um boneco de papel, e sim uma voz do real que traz o olhar a uma imagem, mostrando o lado temporal da pulsão. Quando um sujeito qualquer, neste caso, o pai do menino, encontra o real traumático, a linguagem e as imagens são descompletadas. Quando um *a* — como a voz da criança no sonho do pai — cai do Outro temporal, traz uma parte dessexualizada de gozo consigo. Esta qualidade orgânica, indivisível do *petit a*, é um núcleo irredutível e intraduzível do ser. Aí a sexualidade dá a mão à morte, não somente em torno do fato da castração (a experiência da falta que se tem com referência ao falo), mas também em relação à separação (ou à experiência do corte). Castração e separação trazem inconsistências às nossas vidas, cortando o gozo. Vemos que as unidades ou aparentes totalidades são apenas consistências lógicas.

O pai no sonho de Freud tentara não ver seu filho como sexual quando este estava vivo, dando assim uma aparente estabilidade à ficção estabelecida na família, onde a criança é "isso", a mamãe "aquilo", o papai "aquilo outro" e por aí afora. Assim, a voz da criança chega como um ferro em brasa, um pedaço de angústia caído do furo do Outro no inconsciente do pai, abrindo um mais-além na imagem do sonho, um vazio que faz com que a imagem conte uma verdade inquietadora: nosso saber se baseia em objetos que não têm base eles mesmos. As ilusões humanas de uma consistência natural da consciência não passam de ilusões, sempre suscetíveis de serem subvertidas. E os sonhos, em particular, demonstram isso.

Os sonhos, como a pintura e a música, abrangem o olhar como a causa interveniente que aponta para algo além do horizonte, uma mancha sobre a qual podemos nos ver sendo vistos. Vou dar um exemplo concreto. Um furacão destruiu o jardim de meu irmão, lindamente cultivado, com cem pinheiros, um riacho de trutas e uma estufa, arrancando todas as árvores. Depois disso, ele só conseguia repetir uma frase com uma voz de autômato: "Podemos ver a estrada." O tom de sua voz, de uma monotonia pouco usual, impunha um efeito estranho à sua linguagem, um tom assombrado, morto, que fendia a fachada de unidade gramatical com algum Outro tipo de saber. Fiquei me perguntando por que o seu afeto e a sua fala não estavam unificados, por que ele não pronunciava alguma versão do tipo "Estou arrasado. O prejuízo financeiro dessa destruição foi enorme. O símbolo do que construímos juntos em nosso casamento se foi etc. etc..." Em vez disso, meu irmão falava, como um morto, apenas essas palavras: "Podemos ver a estrada."

E então compreendi. Ele se sentia espiado pela mancha para além do olhar. Sentia a escuridão do vazio olhando para ele, mostrando-o a si mesmo, desprotegido, "pobre" como qualquer criatura diante da morte. Em outras palavras, não é o mundo que é onividente, exibicionista. O próprio mundo tampouco é pansexual. Mas quando o vazio essencial do mundo se dá a ser visto, experimentamos o sinistro. Encontramos, literalmente, os furos no ser.

No campo dos sonhos, por outro lado, a imagem é caracterizada pelo que ela *mostra*. O impasse do real causa a pulsão na sua visada de se fazer — a si — vista, ouvida, expulsa, agarrada, aniquilada. "Ele (o sonho) mostra... a ausência de horizonte, o fechamento (a moldura) daquilo que é contemplado no estado de vigília e também o caráter de... contraste, de mancha... (Ele mostra) que, em última análise, nossa posição no sonho é como a nossa posição na pulsão: a de alguém que não vê. Segue-se" (45). No capítulo 8 do Seminário 11, a lata de sardinhas que não vê Lacan significa alguma coisa, mesmo assim, porque o situa contra o fundo do mundo, mostrando-lhe o seu *lugar* na história das vidas desesperadas dos pescadores. Apanhado entre o olhar e a visão, Lacan viu-se sendo visto dentro da rede de olhares e significantes para além da *imagem* da lata de sardinha, entre a tela da cena pintada (o quadro) e a mancha (94).

Seu conceito de olhar não é nem uma metáfora nem uma visão idealista, diz Lacan. Antes, o sujeito está sempre *ali (Fort!)* como uma coisa irredutível, um objeto. E a chave da compreensão desse difícil conceito não está em termos de imitação, mas em termos da mascarada. O "engodo" que atua entre o olho e o olhar é visual e verbal. Porém, o que alguém quer ver ou escutar nunca é "isso". Pelo menos, "jamais me olhas de lá de onde te vejo. Inversamente, *o que olho não é jamais o que quero ver*" (100). Não há *relação* (sexual) entre uma pessoa e outra, não há unidade dada por antecipação, nem cláusula de perdão para a imperfeição (ou falta) humana, somente a mascarada que busca denegar a perda e cancelar a dor da angústia produzida pelo vazio. A vida se passa entre a voz e o olhar, gerando decepção, frustração, brigas domésticas, as vozes desincorporadas sussurrando incessantemente na peça de Jean Giraudoux, mesmo depois de *Sodoma* e *Gomorra* queimarem.[16]

NOTAS

1. Jacques Lacan. O Seminário, Livro 20, *Mais, ainda*: Rio de Janeiro: Jorge Zahar, 1989, 2ª ed. rev.

2. Jacques Lacan, "Subversion du sujet et dialectique du désir dans l'inconscient freudien", in *Écrits*, Paris: Seuil, 1966.

3. Em maio de 1993, o matemático Chris Anderson descreveu as associações de sentido implicadas como "assunções implicadas". Pode-se tomar essa definição na área da topologia lacaniana, onde o sentido de *a* entre as ordens em interseção só pode ser suposto.

4. Bruce Fink, "Alienation and Separation: Logical Moments of Lacan's Dialectic of Desire", in *Newsletter of the Freudian Field* 4: 1-2(1990) p.78-119.

5. Marcel V. Howlett, "L'objet". *L'Âne* 36(1988) p.32.

6. Marcel Proust, *Combray*. Nova York: Aplleton-Century-Crofts, 1952.

7. Ellie Ragland. "The Daughter's Dilemma: Psychoanalytical Interpretation and Edith Wharton's *The House of Mirth*", in *Edith Wharton's The House of Mirth: Case Studies in Contemporary Criticism*, org. Shari Benstock. Boston: Bedford of St. Martins Press.

8. Kaja Silverman. *The Acoustic Mirror: The Female Voice in Psychoanalysis and Cinema*. Bloomington: Indiana University Press, 1988, p.100.

9. Jacques-Alain Miller, *Sur André Gide*, Seminário DEA do Departamento de Psicanálise, 1989-90, inédito.

10. Jacques Lacan, "La troisième", apresentado no VII Congresso da EFP em Roma (1974). *Lettres de l'École Freudienne*, 16, 1975, p.178-203.

11. Jacques Lacan, Le Séminaire, Livre XIII, *Le sinthome*, 1975-6. Seminário inédito.

12. Jacques-Alain Miller, "To Interpret the Cause". *Newsletter of the Freudian Field* 3: 1-2 (1989), p.30-50.

13. Platão, *A República*, livro VII.

14. Jacques Lacan, le Séminaire, Livre X, *L'angoisse* (1962-63). Seminário inédito; Jacques-Alain Miller, "Language: Much Ado About What?, in *Lacan and the Subject of Language*, org. Ellie Ragland-Sullivan e Mark Bracher. Nova York: Routledge, 1991, p.21-35.

15. Sigmund Freud, "As pulsões e suas vicissitudes".

16. Jean Giradoux, *Sodome et Gomorrhe*. Paris: Grasset, 1947.

A lâmina de David Lynch

Slavoj Žižek

No capítulo 15 do Seminário 11, Lacan introduz a misteriosa noção da "lâmina": a libido como um órgão sem corpo, a incorpórea e, por essa mesma razão, indestrutível substância vital que persiste para além do circuito de geração e corrupção.[1] Não é por acidente que os comentários sobre essa passagem são raros (para todos os efeitos, inexistentes); o Lacan com quem nos confrontamos nesse trecho não tem muito em comum com a figura usual de Lacan que reina no domínio dos estudos culturais. O Lacan da lâmina é "Outro Lacan", como formulou Jacques-Alain Miller, um Lacan da pulsão, e não do desejo, do real e não do simbólico.

Como devemos abordar essa questão da lâmina? Vamos arriscar um desvio. Se, hoje, o termo "pós-modernismo" é de qualquer utilidade teórica, então a lâmina é uma noção pós-moderna por excelência — a mudança do Lacan do simbólico para o Lacan do real é a mudança do modernismo para o pós-modernismo. Por isso, não é de surpreender que a lâmina seja a preocupação central da pessoa cuja obra condensa o pós-modernismo no cinema, David Lynch. E, para expor tão claramente quanto possível o pós-modernismo de Lynch, vamos arriscar um desvio adicional através daqueles que foram, muito provavelmente, os primeiros pós-modernos *avant la lettre*: os pré-rafaelitas.

1

Na história da Arte, os pré-rafaelitas funcionam como o caso paradoxal da vanguarda fronteiriça, beirando o *kitsch*. Eles foram notados em primeiro lugar como sustentadores de uma revolução antitradicionalista na pintura, rompendo com toda a tradição do Renascimento em diante, só para serem desvalorizados pouco depois — com o avanço do impressionismo na França — como a própria expressão do *kitsch* vitoriano deprimido, pseudo-romântico. Essa baixa cotação durou até os anos 60, isto é, até a emergência do pós-modernismo. Como foi, então, que eles se tornaram "legíveis" só retroativamente, a partir do paradigma pós-moderno?

No tocante a isso, o pintor crucial é William Holman Hunt, em geral rejeitado como sendo o primeiro pré-rafaelita vendido ao sistema, tornando-se um produtor bem pago de quadros religiosos adocicados (*O triunfo dos inocentes* etc.). Entretanto, um olhar mais cuidadoso nos defronta com uma dimensão sinistra, profundamente perturbadora de sua obra: seus quadros geram uma espécie de mal-estar ou a vaga sensação de que, apesar de seu conteúdo "oficial", idílico e elevado, alguma coisa está errada.

Vamos tomar *O pastor mercenário,* aparentemente um simples idílio pastoral que representa um pastor tentado seduzir uma camponesa, e assim negligenciando o cuidado de um rebanho de cordeiros (uma óbvia alegoria da Igreja negligenciando suas ovelhas). Quanto mais observamos o quadro, mais ficamos conscientes de numerosos detalhes que testemunham a intensa relação de Hunt com o prazer, a substância vital, isto é, sua repulsa à sexualidade. O pastor é musculoso, sem graça, bruto e rudemente voluptuoso; o olhar matreiro da moça indica uma exploração sonsa, vulgarmente manipuladora da própria capacidade de atração sexual: vermelhos e verdes muito vívidos marcam toda a tela com um tom repulsivo, como se lidássemos ali com uma natureza túrgida, madura demais, apodrecida. É semelhante a *Isabella e o pote de manjericão*, onde numerosos detalhes desmentem o conteúdo "oficial" trágico-religioso (os cabelos em forma de serpentes, os crânios na borda do jarro etc.). A sexualidade irradiada pela pintura é abafada, "insalubre" e permeada com a decadência da morte, mergulhando-nos no universo de David Lynch, o cineasta.

Toda a "ontologia" de Lynch se baseia na discordância ou contraste entre a realidade, observada de uma distância segura, e a absoluta proximidade do real. Seu procedimento elementar consiste em adiantar-se, de uma tomada instaladora da realidade até uma proximidade perturbadora que torna visível a substância repugnante do prazer, o rastejar e o tremular da vida indestrutível: em suma, a lâmina. Basta lembrar a seqüência da abertura de *Veludo azul*. Depois das tomadas que condensam a idílica cidadezinha norte-americana e o enfarte do pai ao regar o gramado (quando ele cai, o jato de água lembra de maneira macabra um jato forte, surrealista, de urina), a câmera se aproxima da superfície da grama e mostra a vida em explosão, os insetos e besouros que se arrastam, seu zumbido e o devoramento das folhas. Bem no início de *Twin Peaks: Fire Walk With Me*, encontramos a técnica oposta, que produz o mesmo efeito. Primeiro, vemos formas brancas abstratas, protoplasmáticas, flutuando sobre um fundo azul, uma espécie de forma elementar de vida em seus primórdios tremulantes; em seguida, a câmera se afasta lentamente e percebemos que o que víamos era um *close-up* extremo de uma tela de TV.[2] Aí reside a característica fundamental do hiper-realismo pós-moderno: o próprio excesso de proximidade da realidade acarreta a "perda de realidade". Detalhes sinistros se destacam, perturbando o efeito pacificador do quadro geral.[3]

A segunda característica, estreitamente ligada à primeira, está contida na própria designação "pré-rafaelismo": a reafirmação da mostra das coisas como "são realmente", ainda não distorcidas pelas regras da pintura acadêmica estabelecidas em primeiro lugar por Rafael. No entanto, a própria prática dos pré-rafaelitas desmente a ideologia ingênua de um retorno ao modo "natural" de pintar. A primeira coisa que chama a atenção em seus quadros é a característica que nos aparece necessariamente, a nós acostumados à moderna perspectiva realista, como um sinal de inabilidade. As pinturas pré-rafaelitas são um tanto achatadas, sem a "profundidade" do espaço organizado ao longo de linhas de perspectiva que se encontram num ponto infinito; é como se a própria "realidade" que representam não fosse uma realidade "verdadeira", antes algo estruturado como um relevo. Outro aspecto dessa mesma característica é a qualidade "embonecada", mecanicamente composta, artificial, dos indivíduos pintados: de alguma forma, faltalhes a profundeza abissal da personalidade que associamos em geral à noção do "sujeito". A designação "pré-rafaelismo" deve, pois, ser tomada literalmente, como uma indicação da mudança do perspectivismo renascentista para o universo medieval "fechado".

Nos filmes de Lynch, o "achatamento" da realidade representada, responsável pelo cancelamento da abertura infinita de perspectivas, encontra seu correlato preciso no nível do som. Voltemos à seqüência de abertura de *Veludo azul*: sua característica crucial é o ruído sinistro que emerge quando nos aproximamos do real. O ruído é difícil de localizar na realidade. A fim de determinar seu status, fica-se tentado a evocar a cosmologia contemporânea, que fala dos barulhos nas margens do universo; esses barulhos não estão simplesmente no interior do universo, são lembretes ou ecos finais do *Big Bang* que criou o próprio universo. O status ontológico deste ruído é mais interessante do que pode parecer, já que subverte a noção fundamental do universo aberto, infinito que define o espaço da física newtoniana. Ou seja, a moderna noção de universo "aberto" se baseia na hipótese de que cada entidade positiva (ruído, matéria) ocupa algum espaço (vazio); ela depende da diferença entre o espaço preenchido pelo vácuo e pelas entidades positivas. O espaço é aqui concebido fenomenologicamente como algo que existe antes das entidades que o "preenchem". Se destruirmos ou removermos a matéria que ocupa um determinado espaço, este espaço permanece como vácuo. O ruído primordial, o último lembrete do *Big Bang*, ao contrário, é *constitutivo do próprio espaço:* não é um ruído "no" espaço, mas um ruído que mantém o espaço aberto como tal. Logo, se apagássemos este ruído, não teríamos o "espaço vazio" que foi por ele preenchido. O próprio espaço, o receptáculo para cada entidade "intramundo", se desvaneceria. Este ruído, em certo sentido, é o "som do silêncio".

De maneira semelhante, o ruído fundamental nos filmes de Lynch não é causado simplesmente por objetos que são parte da realidade; antes, ele forma o horizonte ontológico ou moldura da realidade mesma, isto é, a textura que mantém coesa a realidade. Se este ruído fosse erradicado, a própria realidade entraria em colapso. Do universo infinito, "aberto", da física cartesiana e newtoniana, voltamos, pois, ao universo "fechado" pré-moderno, cercado, limitado por um "ruído" fundamental.

Encontramos esse mesmo ruído na seqüência do pesadelo de *O homem elefante*. Ele transgride a fronteira que separa o interior do exterior, isto é, a extrema externalidade de uma máquina coincide de modo sinistro com a máxima intimidade do interior corporal, com o ritmo das palpitações cardíacas. Este ruído também aparece depois que a câmera entra no buraco do capuz do homem elefante, que representa o olhar. A inversão da realidade no real corresponde à inversão da visão (sujeito que vê a realidade) em olhar, isto é, ocorre quando entramos no "buraco negro", a fenda na textura da realidade.

2

O que encontramos nesse "buraco negro" é simplesmente o corpo despido de sua pele. Isso quer dizer que Lynch perturba nossa relação fenomenológica mais elementar com o corpo vivo, que se baseia na linha radical de separação entre a superfície da pele e o que está para além dela. Vamos recordar o caráter sinistro, e até mesmo repulsivo, do que encontramos quando tentamos imaginar o que acontece logo abaixo da superfície de um belo corpo nu: músculos, glândulas, veias etc. Em suma, nossa relação com o corpo implica a suspensão do que está abaixo da superfície, e sua suspensão é um efeito da ordem simbólica: pode ocorrer apenas na medida em que a realidade corporal é estruturada pela linguagem. Na ordem simbólica, não estamos realmente nus mesmo quando estamos sem roupas, já que a própria pele funciona como "vestimenta da carne".[4] Essa suspensão exclui o real da substância vital, sua palpitação; uma das definições do real lacaniano é que ele é o corpo esfolado, escalpelado, a palpitação da carne vermelha, viva.

Como, então, Lynch vem perturbar nossa relação fenomenológica mais elementar com a superfície corporal? Por meio da voz, de uma palavra que "mata", que corrói ou rompe a superfície da pele e corta diretamente a carne viva — em suma, por meio de uma palavra cujo status é o do *real*. Essa característica se mostra do modo mais expressivo na versão de Lynch para *Duna*, de Herbert. Basta lembrar os membros da sociedade espacial que, devido ao consumo excessivo de "especiaria", a misteriosa droga em torno da qual gira a história, tornam-se seres distorcidos com cabeças gigantescas, criaturas semelhantes a vermes feitas de carne viva, sem pele, substância vital indestrutível, uma pura encarnação do prazer.

Outro caso de distorção semelhante é o reino corrupto do malvado Barão Harkonnen, onde vemos rostos cuja superfície é distorcida de maneira sinistra: olhos e ouvidos costurados etc. O próprio rosto do Barão é cheio de protuberâncias repulsivas, "brotos de prazer", pelos quais o interior do corpo vem à superfície. A cena única em que o Barão ataca um rapaz de um modo ambíguo, oral-homoerótico, também joga com a ambigüidade da relação entre o interior e a superfície. O Barão o ataca arrancando a tampa de seu coração, de modo que o sangue começa a esguichar. (O que temos aqui é a típica fantasia infantil de Lynch, a noção do corpo humano como um balão, uma forma feita de pele inflada, sem substância por trás.) Os crânios dos criados da comunidade espacial também começam a se fender quando ficam sem a droga: novo caso de superfícies fraturadas, distorcidas. O crucial, aqui, é a correlação entre essas fendas no crânio e a voz distorcida: o criado, na verdade, emite murmúrios ininteligíveis, que se transformam em fala articulada somente por meio de um microfone — ou, em termos lacanianos, passando pelo meio do Outro. Esse atraso — isto é, o fato de que os sons que pronunciamos não são fala num sentido imediato, mas apenas através da intervenção da ordem simbólica externa, semelhante à máquina — fica geralmente escondido, só se tornando visível quando a relação entre a superfície e seu mais-além é rompida.

Em *Twin Peaks*, o anão da Cabana Vermelha fala um inglês incompreensível, distorcido, tornado inteligível somente com a ajuda de legendas que desempenham o papel do microfone, isto é, o meio do

Outro. O que temos aqui é a inversão oculta da crítica de Derrida ao logocentrismo em que a voz funciona como o meio de autotransparência e presença de si ilusórias; a dimensão cruel, superegóica, incompreensível, impenetrável, traumática da voz que é uma espécie do corpo estranho perturbando o equilíbrio de nossas vidas.[5]

A relação com a superfície é também perturbada no caso de Paul — o herói de *Duna* — e sua experiência mística de beber a "água da vida". (O misticismo, é claro, representa o encontro com o real.) Aqui, novamente, o interior consegue invadir a superfície: o sangue sai, não somente dos olhos de Paul, mas também das bocas de sua mãe e sua irmã, que tomam conhecimento de sua provação por uma empatia direta, não-simbólica. (Os conselheiros do governante, os "computadores vivos" capazes de ler os pensamentos dos outros e ver o futuro, também têm estranhas manchas de sangue em torno dos lábios.)

Finalmente, há a voz do próprio Paul Atreid, que tem um impacto físico direto. Elevando sua voz, ele é capaz não só de atrapalhar seu adversário, mas até mesmo de fazer explodir a mais dura pedra. No fim do filme, Paul eleva a voz e grita de volta para a velha sacerdotisa que tentara penetrar direto em sua mente: como diz o próprio Paul, sua palavra pode matar, isto é, sua fala não é somente um ato simbólico, mas pode romper diretamente o real. A desintegração da relação "normal" com a superfície do corpo e seu interior é estritamente correlativa da mudança de status da fala, da emergência de um mundo que opera diretamente no nível do real.

3

Existe uma outra característica crucial nessa última cena. A velha sacerdotisa reage às palavras de Paul de maneira exagerada, quase teatral, de modo que não fica claro se ela está reagindo às palavras reais dele ou à maneira distorcida, amplificada como ela as percebe. Em suma, a relação "normal" entre causa (as palavras de Paul) e efeito (a reação da mulher a elas) é aqui perturbada; é como se houvesse uma hiância que os separa, como se o efeito jamais se adaptasse ou correspondesse à causa que lhe é atribuída. O meio mais comum de se ler essa hiância seria concebê-la como um indício da histeria da mulher: as mulheres não são capazes de perceber claramente causas externas, sempre projetam nelas sua própria visão distorcida. Michel Chion, porém, oferece aqui um verdadeiro lampejo de gênio e propõe uma leitura um tanto diferente desse distúrbio.[6] Fica-se tentado a "ordenar" essa maneira, meio assistemática, de proceder em seu livro sobre Lynch, arrumando-o em três etapas consecutivas.

1) O ponto de partida de Chion é a hiância, ou discordância, entre ação e reação sempre operante nos filmes de Lynch: quando um sujeito — em geral, um homem — se dirige a uma mulher, ou a "eletrocuta" de alguma outra maneira, a reação da mulher é sempre um tanto desproporcional ao "impulso" recebido por ela. O que está em jogo nessa desproporção é uma espécie de curto-circuito entre causa e efeito: sua relação jamais é "pura" ou linear. Nunca podemos estar absolutamente certos quanto e até que ponto o próprio efeito "coloriu" retroativamente sua própria causa. Encontramos aqui a lógica da anamorfose apresentada de modo exemplar em *Ricardo II* de Shakespeare (Segundo Ato, Cena II), nas palavras de Bushby, o fiel servo da rainha:

> Como perspectivas que, corretamente encaradas
> Só mostram confusão; olhadas de viés
> Distinguem forma; então, sua doce majestade
> Ao olhar de viés a partida de meu senhor
> Encontra formas de dor, mais que ele, para chorar;
> As quais, vistas pelo que são, não passam de sombras
> Do que não é.

Em sua resposta a Bushby, a própria rainha localiza seus temores no contexto de causas e efeitos:

> ...o pensamento ainda deriva
> De alguma dor ancestral; mas não o meu.
> Pois nada engendrou o algo da minha dor;
> Ou algo tem o nada que choro;
> Isso, ao contrário, eu possuo
> Mas o que é, ainda não se sabe; o que
> Não posso nomear, esta aflição sem nome, eu sei.[7]

A inadequação entre causa e efeito resulta, assim, da perspectiva anamorfótica do sujeito que distorce o "real" que precede à causa, de modo que seu ato (sua reação a essa causa) nunca é um efeito direto da causa, antes uma conseqüência de sua percepção distorcida desta.

2) O próximo passo de Chion consiste num gesto "louco", digno da mais ousada interpretação freudiana: ele propõe que a matriz fundamental, o caso paradigmático dessa discordância entre ação e reação é a (não) relação sexual entre homem e mulher. Na atividade sexual, os homens "fazem algumas coisas com as mulheres", e a questão a se formular é: *será o prazer da mulher redutível a um efeito, será uma simples conseqüência do que os homens fazem com ela*? Desde os bons velhos tempos da hegemonia marxista, talvez possamos nos lembrar das tentativas vulgares, materialistas, "reducionistas" de explicar a origem da noção de causalidade com base na prática humana, na relação

ativa do homem com seu meio; chegamos à noção da causalidade generalizando a experiência de como, a cada vez que realizamos um certo gesto, o mesmo efeito ocorre na realidade. Chion propõe um reducionismo ainda mais radical: a matriz elementar da relação entre causa e efeito é oferecida pela relação sexual. Em última análise, a hiância irredutível que separa um efeito de sua causa se reduz ao fato de que "não todo o prazer feminino é um efeito da causa masculina". Este "não-todo" deve ser concebido precisamente no sentido da lógica lacaniana do não-todo (*pas-tout*).[8] Isso não implica em absoluto que uma parte do prazer feminino não seja efeito do que o homem faz a uma mulher. Em outras palavras, "não-todo" designa inconsistência, e não incompletude: na reação de uma mulher, sempre há algo de imprevisto. Uma mulher nunca reage como esperado: de repente, ela não reage a algo que, até então, infalivelmente a havia motivado, e no entanto se excita com alguma coisa que um homem faz de passagem, sem querer. A mulher não está inteiramente submetida a um elo causal. Com ele, a ordem linear da causalidade se rompe ou, para citar Nicholas Cage quando, em *Coração selvagem*, de Lynch, ele se surpreende com uma reação inesperada de Laura Dern: "A maneira como sua cabeça trabalha é um mistério particular de Deus."

3) O último passo é, em si mesmo, duplo: uma especificação maior, ou um estreitamento, seguido por uma generalização. Por que é precisamente a mulher que, por meio de sua reação desproporcional ao impulso do homem, quebra a cadeia causal? A característica específica que parece redutível a um elo na cadeia causal, e no entanto a suspende e inverte, é a *depressão feminina* — a propensão suicida da mulher a deslizar para uma letargia permanente. O homem bombardeia a mulher com choques a fim de arrancá-la dessa depressão.

4

No centro de *Veludo azul* (e de toda a obra de Lynch) está o enigma da depressão feminina. Nem é preciso dizer que a fatal Dorothy (Isabella Rosselini) está deprimida, pois as razões para este fato são óbvias: seu filho e seu marido foram seqüestrados pelo cruel Frank (Denis Hopper), que chegou a cortar a orelha do marido e chantageia Dorothy, extorquindo-lhe favores sexuais, como preço para manter a vida dos dois. O elo causal, então, parece claro e nada ambíguo. Frank é a causa de todos os problemas, foi ele quem invadiu a família feliz e provocou o trauma; o gozo masoquista de Dorothy é um simples efeito desse choque inicial: a vítima está tão desnorteada e arrasada pela violência sádica a que foi submetida que se "identifica com o agressor" e passa a imitar seu jogo. Entretanto, uma análise detalhada da cena mais famosa de *Veludo azul* — o jogo sexual sadomasoquista entre Dorothy e Frank, observados por Jeffrey (Kyle MacLachlan) que se esconde num armário — nos obriga a inverter toda a perspectiva. A questão tão crucial que se formula aqui é: *para quem* essa cena é atuada?

A primeira resposta parece óbvia: para Jeffrey. Não é este um caso exemplar de uma criança testemunhando o coito parental? Não está Jeffrey reduzido a um puro olhar presente ao ato de sua própria concepção (a matriz elementar da fantasia)? Essa interpretação pode ser sustentada por duas características peculiares daquilo que Jeffrey vê: Dorothy enfiando veludo azul na boca de Frank, e Frank pondo uma máscara de oxigênio na boca e então respirando pesadamente. Não seriam as duas coisas alucinações visuais baseadas no que uma criança escuta? Ao espionar o coito dos pais, a criança ouve frases surdas e respiração pesada, ofegante: logo, imagina que deve haver alguma coisa na boca do pai (talvez um pedaço do lençol, já que ele está na cama), ou então ele deve estar respirando através de uma máscara.[9]

O que essa leitura omite, porém, é o fato crucial de que o jogo sadomasoquista é totalmente ensaiado e teatral. Ambos — e não apenas Dorothy, que sabe que Jeffrey está espiando, já que foi ela mesma quem o escondeu no armário — atuam (e até exageram na atuação) como se soubessem que estão sendo observados. Jeffrey não é uma testemunha acidental, insuspeitada de um ritual secreto: o ritual é, desde o início, encenado para o seu olhar. Dessa perspectiva, o verdadeiro organizador do jogo parece ser Frank. Seus modos ruidosos, teatrais, às raias do cômico, lembrando a imagem cinematográfica do vilão, testemunham o fato de ele estar tentando desesperadamente fascinar e impressionar o terceiro olhar. Para provar o quê? A chave talvez seja oferecida pela repetição obsessiva das palavras de Frank a Dorothy: "Não olhe para mim!" E por que ela não deveria? Só há uma resposta possível: *porque não há nada para ver*. Não existe ereção a ser vista, pois Frank é impotente.

Lida desse modo, a cena adquire um significado bastante diferente: Frank e Dorothy simulam um ato sexual frenético para esconder do menino a impotência do pai; todos os gritos e palavrões de Frank, sua imitação cômica e espetacular dos gestos do coito, são designados para mascarar seu oposto. Em termos tradicionais, a ênfase muda do voyeurismo para o exibicionismo: o olhar de Jeffrey é um elemento de uma cena exibicionista. Em vez de um filho assistir ao coito dos pais, é o pai quem tenta desesperadamente convencer o filho de sua potência.

Existe, porém, uma terceira leitura possível, centrada em Dorothy. O que tenho em mente, aqui, não são lugares-comuns antifeministas sobre o masoquismo das mulheres, pelos quais estas gozam, secretamente, sendo brutalmente maltratadas etc. Minha idéia, antes, é a seguinte: e se — lembrando que para as mulheres o elo causal linear é suspenso, e até mesmo invertido — *a depressão for o fato original?* E se a depressão vier antes, e toda a atividade subseqüente — isto é, Frank aterrorizando Dorothy etc., longe de ser a causa, for em vez disso uma desesperada tentativa "terapêutica" de evitar que ela escorregue no abismo da depressão absoluta, uma espécie de terapia de "eletrochoque" que busca atrair sua atenção? A brutalidade desse "tratamento" (o seqüestro do marido e do filho; a orelha arrancada do marido; a exigência da participação no jogo sexual sádico) corresponde simplesmente à profundidade de sua depressão; só a rudeza de tais choques é capaz de mantê-la viva, em atividade.

Nesse sentido, podemos dizer que Lynch é um verdadeiro anti-Weininger. Em *Sexo e caráter*, de Otto Weininger, o paradigma do moderno antifeminismo, a mulher se oferece ao homem, procurando atrair e fascinar seu olhar para arrastá-lo da elevação espiritual até a baixeza do deboche sexual. Para Weininger, o "fato original" é a espiritualidade do homem, ao passo que sua fascinação pelas mulheres resulta da Queda; para Lynch, o "fato original" é a depressão da mulher, sua queda no abismo do auto-aniquilamento e da letargia absoluta; enquanto o homem, ao contrário, se propõe à mulher como o objeto do seu olhar. O homem vai "bombardeá-la" com choques a fim de despertar sua atenção e assim sacudi-la de sua apatia — em suma, a fim de reincluí-la ou restabelecê-la na ordem "apropriada" da causalidade.

A tradição de uma mulher assim rígida, letárgica, despertada de sua apatia pelo chamado de um homem estava bem viva no século XIX. Basta lembrar aqui a figura de Kundry, do *Parsifal* de Wagner, que no começo do segundo e do terceiro atos é despertada de um sono catatônico (primeiro pelo rude chamado de Klingsor e em seguida pelos bons cuidados de Gurnemanz). E, na vida "real", consideremos a figura singular de Jane Morris, mulher de William Morris e amante de Dante Gabriel Rosetti. A famosa foto de Jane Morris, de 1865, apresenta uma mulher deprimida, profundamente absorta em seus pensamentos, que parece aguardar o impulso de um homem de sacudi-la de sua letargia; essa foto talvez ofereça melhor abordagem do que Wagner tinha em mente quando criou a figura de Kundry.[10]

O que é de importância crucial é a estrutura formal universal que opera aqui: a relação "normal" entre causa e efeito está invertida. O "efeito" é o fato original, que vem primeiro, e o que aparece como sua causa — os choques que supostamente acarretaram a depressão — é na verdade uma reação a este efeito, uma luta contra a depressão. A lógica, mais uma vez, é a do "não-todo". "Não-toda" depressão resulta das causas que a deslancharam; ao mesmo tempo, porém, não existe nada, nenhum elemento da depressão que não seja motivado por alguma causa externa ativa. Em outras palavras, tudo na depressão é um efeito, tudo menos a depressão como tal, isto é, exceto a *forma* da depressão. O status da depressão, portanto, é estritamente "transcendental": a depressão oferece *a priori* um enquadramento, dentro do qual as causas podem atuar como atuam.[11]

Pode parecer que simplesmente reduzi o preconceito mais comum sobre a depressão feminina, isto é, a noção de uma mulher que só pode ser despertada pelo estímulo de um homem. Existe, porém, um outro modo de se encarar isso. A estrutura elementar da subjetividade não consiste no fato de que não-todo o sujeito é determinado pela cadeia causal? Isso não emerge precisamente na medida em que a relação entre causa e efeito não pode ser explicada?[12] Em outras palavras, o que é essa depressão feminina que suspende o elo causal, o encadeamento causal de nossos atos aos estímulos externos, se não o gesto fundador da subjetividade, o ato primordial de liberdade, do rompimento de nossa inserção no nexo de causas e efeitos.[13] O nome filosófico dessa "depressão" é a negatividade absoluta, isto é, o que Hegel chamava de "a noite do mundo", a reclusão do sujeito em si. Em suma, a mulher, e não o homem, é o sujeito por excelência. E o elo entre a depressão e a explosão da substância vital indestrutível também é claro: a depressão, a reclusão em si mesma, é o ato primordial de retração, de tomada de distância da substância vital indestrutível, que o faz aparecer como uma cintilação repulsiva.

5

Em conclusão, a ênfase deve ser dada à dimensão política inerente a essa noção de gozo, isto é, ao modo como a lâmina, esse núcleo de gozo, funciona como um fator político. Vamos abordar essa dimensão por meio de um dos enigmas da vida cultural da Europa Oriental pós-socialista: por que Milan Kundera, mesmo agora, depois da vitória da democracia, sofre uma espécie de excomunhão na Boêmia? Sua obra raramente é publicada; a mídia passa por ela em silêncio, e todos ficam meio embaraçados em falar dele. A fim de justificar tal tratamento, desencavam-se velhas histórias sobre sua colaboração oculta com o regime comunista, sobre seu modo de se refugiar nos prazeres particulares e evitar a batalha pelo direito *à la* Havel etc. Entretanto, as raízes dessa resistência são mais profundas: Kundera transmite uma mensagem insuportável para a consciência democrática "normalizada".

Numa primeira abordagem, o eixo fundamental que estrutura o universo de seus livros parece ser a oposição entre o *pathos* empolado, pretensioso da ideologia socialista oficial e as ilhas da vida privada cotidiana, suas pequenas alegrias e prazeres, risos e lágrimas, para além do alcance da ideologia. Essas ilhas nos permitem assumir uma distância que torna visível o ritual ideológico em sua pretensão vaidosa e ridícula e em sua grotesca falta de sentido: não vale a pena recalcitrar contra a ideologia oficial com patéticos discursos sobre a liberdade e a democracia. Mais cedo ou mais tarde, isso leva a uma nova versão da "Grande marcha", da obsessão ideológica. Se Kundera for reduzido a essa atitude, será fácil dispensá-lo, confrontando-o com a compreensão "althusseriana" fundamental de Vaclav Havel sobre como a atitude conformista ao máximo é uma distância "apolítica" que, ao mesmo tempo em que obedece em público ao ritual imposto, privadamente cede a uma cínica ironia. Não basta afirmar que o ritual ideológico é mero jogo de aparências que ninguém leva a sério; essa aparência é essencial na sua própria capacidade de aparência, que é o motivo pelo qual é preciso arriscar-se e recusar a participação no ritual público. (Ver o famoso exemplo de Havel, do seu ensaio *The Power of the Powerless*, de um homem comum, um quitandeiro, que naturalmente não acredita no socialismo e no entanto, quando a ocasião assim o requer, decora respeitosamente as vitrines de sua loja com slogans oficiais do Partido etc.)

Logo, é necessário ir mais além, levando em conta o fato de que não há meios de sair, simplesmente, da ideologia. Entregar-se privadamente ao cinismo e obcecar-se pelos prazeres privados são maneiras pelas quais a ideologia totalitária opera na vida cotidiana "não-ideológica"; a vida é determinada pela ideologia, e a ideologia está "presente aí sob o modo de ausência", se é que podemos recorrer a este sintagma da época heróica do estruturalismo. A despolitização da esfera privada nas sociedades socialistas recentes é "compulsiva", marcada pela proibição fundamental da livre discussão política; por este motivo, sempre funciona como uma evitação do que está realmente em jogo. Isso explica a característica que chama a atenção de imediato nos romances de Kundera: a esfera privada despolitizada não é de modo algum o livre domínio dos prazeres inocentes. Sempre existe algo de abafado, claustrofóbico, inautêntico e até mesmo desesperado nessa busca de prazeres, sexuais e outros. Nesse sentido, a lição dos romances de Kundera é exatamente oposta à confiança ingênua na inocente esfera privada: a ideologia socialista totalitária vicia, por dentro, a própria esfera de privacidade em que nos refugiamos.

Isso, porém, está longe de ser tudo. Devemos dar mais um passo, aqui, já que a lição que aprendemos com Kundera é mais ambígua ainda. Apesar do abafamento da esfera privada, permanece o fato de que a situação totalitária dá margem a uma série de fenômenos constatados por inúmeras crônicas da vida cotidiana no Leste socialista. Em reação ao domínio ideológico totalitário, houve não somente uma escapada cínica para a "boa vida" dos prazeres privados, mas também um extraordinário florescimento de amizades autênticas, visitas, jantares, conversações intelectuais apaixonadas em sociedades fechadas: características que em geral fascinavam os visitantes ocidentais. O problema, é claro, é que não há meios de se traçar uma linha bem definida entre os dois lados: eles são as duas faces da mesma moeda, o que é a razão pela qual, com o advento da democracia, *ambos* desaparecem. É um ponto a favor de Kundera o fato de não esconder essa ambigüidade: o espírito da Europa "Central", de autêntica amizade e sociabilidade intelectual, sobreviveu na Boêmia, na Hungria e na Polônia somente como uma forma de resistência à dominação ideológica totalitária.

Talvez ainda mais um passo possa ser dado aqui. A própria subordinação à ordem socialista acarretou um gozo específico, não somente o gozo oferecido por nossa consciência de viver num universo onde não há incertezas, já que o sistema tem (ou alega ter) uma resposta para tudo, mas principalmente um gozo com a própria estupidez do sistema — o deliciar-se com a própria vacuidade dos rituais oficiais e a mesmice das figuras de estilo do discurso ideológico predominante. (Basta lembrar aqui até que ponto alguns sintagmas-chave dos stalinistas se tornaram figuras irônicas de linguagem, até mesmo entre intelectuais do Ocidente: "responsabilidade objetiva" etc. O "stalinismo" nos confronta com o que Lacan designou como a imbecilidade inerente ao significante.) O compositor russo contemporâneo Alfred Schnittke teve sucesso ao expor essa característica em sua ópera *Life with an Idiot*. A ópera conta a história de um homem casado comum (conhecido como "Eu") que, como punição imposta pelo Partido, é forçado a trazer um interno de hospício para viver com sua família. O idiota, Vava, que tem o aspecto de um intelectual normal, barbudo e de óculos, e dispara frases políticas sem sentido o tempo todo, logo mostra seu verdadeiro caráter como intruso obsceno, fazendo sexo primeiro com a mulher de Eu, e depois com o próprio Eu. Na medida em que vivemos num universo de linguagem, estamos condenados a essa imbecilidade; podemos assumir um mínimo de distanciamento dela, tornando-a assim mais suportável, mas jamais nos livramos disso.

A ambigüidade do universo de Kundera, onde a "repressão" socialista cria as condições de autêntica felicidade, talvez seja melhor apresentada no fim de *A insustentável leveza do ser*. A versão cinematográfica, injustamente depreciada, de Philip Kaufmann, recorre a um deslocamento temporal que condensa com sucesso o fim do romance de Kundera. Tarde da noite o herói, um médico dissidente exilado no interior tcheco, volta para casa com sua mulher depois de um baile numa cidadezinha das vizinhanças. A última visão que temos deles é uma tomada da estrada escura iluminada pelos faróis de sua camioneta. A cena é cortada de repente para a Califórnia, duas semanas depois; a amiga do casal, Sabina, que vive ali como escultora, recebe uma carta em que é informada da morte deles num acidente de trânsito quando voltavam para casa de um baile, e comentários de que "eles deviam estar felizes na hora em que morreram". Corta-se então de volta à cena anterior, uma simples continuação da tomada da estrada, do ponto de vista do motorista, estrada onde nosso olhar penetra.

O efeito sublime dessa última tomada resulta de um deslocamento temporal: ele se articula na coexistência entre o conhecimento do espectador de que o herói e sua mulher já estão mortos com o olhar deles à frente, sobre a estrada estranhamente iluminada. O importante não é somente que o aspecto dessa estranha iluminação adquire o significado da morte, mas, principalmente, o fato de que essa última tomada pertence a pessoas que ainda estão vivas, embora saibamos que já estão mortas. Depois da cena na Califórnia que nos informa de sua morte, o herói e a mulher habitam o domínio do "entre duas mortes" — a mesma tomada que era, antes da mudança de cena, uma simples tomada de sujeitos vivos, agora apresenta o olhar dos "mortos vivos".

NOTAS

1. Ver p.197-8. Para uma leitura dessa passagem, ver o cap. 5 de Slavoj Žižek, *Tarrying with the negative*: Durham, Duke University Press, 1993.

2. O mesmo procedimento foi aplicado por Tim Burton na seqüência de créditos de *Batman*: a câmera erra através de funis de metal ásperos, tortuosos, informes, depois volta, aos poucos, e adquire uma distância "normal" de seu objeto, ficando claro que este objeto realmente é o pequenino escudo do Batman.

3. O equivalente dessa atitude de Lynch talvez seja a filosofia de Leibniz: Leibniz era fascinado pelos microscópios, porque lhe confirmavam que o que aparenta, do ponto de vista "normal", cotidiano, ser um objeto inanimado, é na verdade cheio de vida. Só é preciso lançar um olhar mais de perto, isto é, observar o objeto numa absoluta proximidade: sob as lentes do microscópio, percebe-se a movimentação desvairada de inúmeros seres vivos minúsculos. Cf. o cap. 2 de Miran Bozovic, *Der grosse Andere: Gotteskonzepte in der Philosophie der Neuzeit*. Viena e Berlim: Turia und Kant, 1993.

4. A exceção é dada aqui pelo corpo nu de Isabella Rossellini quase ao fim de *Veludo azul*; quando, após o pesadelo sofrido, ela sai de casa e aborda Jeffrey, é como se um corpo pertencente a outro reino, escuro, noturno, infernal, se encontrasse de súbito em nosso universo "normal" de todo dia, fora de seu próprio elemento, como um polvo que veio dar na praia, ou outra criatura marinha: um corpo ferido, exposto, cuja presença material exerce uma pressão quase insuportável sobre nós.

5. Foi *O grande ditador de* Chaplin que testemunhou uma perturbação homóloga na relação entre a voz e a palavra escrita: a palavra falada (as falas do ditador Hynkel) é obscena, incompreensível e absolutamente inadequada à palavra escrita.

6. Ver Michel Chion, *David Lynch*, Cahiers du Cinema, Paris, 1992, especialmente as p.108-17 e 227-8.

7. Para uma leitura mais detalhada dessas linhas de *Ricardo II*, ver o cap. 1 de Slavoj Žižek, *Looking Awry*, Cambridge, MIT Press, 1991.

8. Sobre essa lógica, ver o *Seminário 20* de Lacan.

9. Na análise dos filmes, é crucial, pois, expor a realidade homogênea, contínua, como um produto da "elaboração secundária", isto é, discernir a parte de (realidade) simbólica e a parte de alucinação fantasmática. Basta lembrar de *Esqueceram de mim*. Todo o filme se articula no fato de que a família do menino — seu meio intersubjetivo, seu Outro — e os dois ladrões que o ameaçam quando a família está fora *nunca se encontram*. Os ladrões entram em cena quando o menino se vê só em casa e quando, no fim do filme, a família volta para casa, todos os traços da presença dos ladrões se evaporam de um modo quase mágico, embora, como resultado de seu confronto com o menino, praticamente toda a casa devesse estar em ruínas. O próprio fato de que a existência dos ladrões *não é percebida pelo Outro*, sem dúvida, testemunha que estamos lidando com a fantasia do menino. No momento em que os ladrões entram em cena, mudamos de terreno e pulamos da realidade social para o universo da fantasia onde não há morte nem culpa; no universo das comédias-pastelão silenciosas e dos desenhos animados, onde uma pilha de ferros cai na cabeça de alguém e só causa um pequeno galo; onde uma lata de gasolina explode em nossa cabeça e o único mal que nos causa é algum cabelo queimado. Talvez seja assim que se deva conceber o notório grito de Macaulay Culkin: não como uma expressão de seu medo dos ladrões, mas como uma expressão de seu horror ante a perspectiva de ser lançado (de novo) no seu universo de fantasia.

10. Encontra-se também este tema da mulher sacudida de sua letargia onde normalmente não se iria procurar: em *Aspern Papers*, de Henry James, por exemplo. O narrador força a entrada num decadente *palazzo* veneziano onde moram duas senhoras, uma americana idosa que em sua juventude, há muito tempo, fora a amante do grande poeta americano Aspern, e sua sobrinha, um tanto mais nova. Ele usa todos os estratagemas possíveis para obter o objeto de seu desejo: um maço de cartas de amor, desconhecidas, de Aspern, cuidadosamente guardadas pela velha senhora. O que ele não consegue avaliar, obcecado como está pelo objeto de seu desejo, é o seu próprio impacto na vida do *palazzo* decadente; ele traz consigo um espírito de vivacidade que desperta as duas senhoras de sua letárgica vegetatividade e chega mesmo a estimular, na mais nova, um desejo sexual.

11. A lógica, aqui, é exatamente homóloga àquela articulada por Deleuze a propósito da dualidade freudiana dos princípios do prazer e da realidade e seu "mais-além", a pulsão de morte. (O que é a depressão nas heroínas de Lynch senão uma manifestação da pulsão de morte?) A idéia de Freud não é de que existam fenômenos que não podem ser explicados pelos princípios de prazer e de realidade (é fácil para ele demonstrar, a propósito do próprio exemplo de "prazer na dor" que aparentemente vai contra o princípio do prazer, o ganho narcísico oculto oferecido pela renúncia do prazer), e sim de que, *a fim de explicar o próprio funcionamento dos princípios do prazer e da realidade*, somos

obrigados a postular a dimensão mais fundamental da "pulsão de morte" e da compulsão à repetição que mantêm aberto o espaço onde o princípio do prazer pode exercer suas regras. Cf. Gilles Deleuze, "Coldness and cruelty" in *Masochism*. Nova York: Zone Books, 1991.

12. A "inexplicabilidade" era o que Freud visava com seu conceito de sobredeterminação: uma causa externa contingente pode acarretar conseqüências imprevistas, catastróficas, atiçando o trauma que já desde sempre está vivo sob as cinzas, isto é, "insistindo" no inconsciente.

13. Essa suspensão da causalidade linear é ao mesmo tempo a característica constitutiva da ordem simbólica. Nesse sentido, o caso de Jon Elster é muito instrutivo. Segundo a abordagem sociopsicológica "objetiva", Elster tenta isolar o nível específico de mecanismo localizado entre um método ideográfico simplesmente narrativo ou descritivo e a construção das teorias gerais: "Um mecanismo é um padrão causal específico que pode ser reconhecido depois do evento, mas nunca previsto... É menos que uma teoria, mas muito mais que uma descrição." (Jon Elster, *Political Psychology*, Cambridge, Cambridge University Press, 1993, p.3 e 5.) O ponto crucial negligenciado por Elster é que os "mecanismos" não estão simplesmente no meio, isto é, não ocupam o posto médio na escala comum em cujos extremos encontramos a verdadeira teoria universal com poder prenunciativo e mera descrição. Antes, constituem um domínio separado da causalidade simbólica, cuja eficiência obedece a leis radicalmente diferentes. A especificidade dos "mecanismos" consiste no fato de que a mesma causa pode desencadear efeitos opostos: se as pessoas não podem ter o que gostariam de ter, às vezes preferem simplesmente o que têm ou, ao contrário, preferem o que não podem ter pela própria razão de não o poderem; se as pessoas seguem um certo hábito numa esfera, às vezes tendem a segui-lo também em outras esferas (o "efeito dominó") ou, ao contrário, agem em outras esferas de maneira oposta (o "efeito lotação esgotada") etc. Esse fato de nunca podermos afirmar antecipadamente como as causas que nos determinam irão exercer seu poder causal sobre nós nada tem a ver com a generalidade e a imprevisibilidade insuficientes devido à supercomplexidade. Lidamos aqui com a causalidade simbólica específica na qual o sujeito, de maneira auto-reflexiva, determina que causas irão determiná-lo ou determina as causas do que serão as causas que irão determiná-lo. Sobre essa problemática do lapso entre causa e efeito, ver o seminário inédito de Jacques-Alain Miller, *Cause et consentement* (1987-8).

PARTE V

REPETIÇÃO

A causa real da repetição

Bruce Fink

No Seminário 11, Lacan sustenta que a repetição é um dos quatro conceitos fundamentais da psicanálise. Mas se, como diz Heráclito, "não é possível banhar-se duas vezes no mesmo rio", a repetição parece ser de certo modo mal nomeada, consistindo no retorno, não do mesmo, mas do diferente: o retorno de outra coisa, de uma coisa outra. Assim, de fato, pareceria não haver retorno.

Pois não há duas "coisas" que possam ser idênticas ou exatamente as mesmas. O próprio fato de podermos dizer que o mesmo livro cai na mesma mesa duas vezes significa que o tempo interveio, sendo os dois eventos situados diferentemente, em termos cronológicos, constituindo assim eventos separados envolvendo objetos que podem ser distintos temporalmente.

O que em geral nos permite considerar duas coisas ou eventos como idênticos é o significante. Toda *identificação* — seja na experiência humana, seja no nível teórico — se baseia na tomada de eventos, objetos etc., na ordem simbólica, na atribuição a eles de palavras ou nomes particulares. É porque temos a palavra "azul" como parte de nosso vocabulário que uma analisanda pode se dar conta de que toda a série de namorados que ela teve durante a sua vida se caracterizava por um traço particular: olhos azuis. Um pintor poderia nos dizer que a gama de matizes de azul é muito ampla, e uma cultura que não tivesse um termo que abrangesse um espectro tão grande de nuanças como o faz o termo "azul" poderia não ver qualquer semelhança entre os olhos da série de namorados. Mas o significante "azul", permite à analisanda estabelecer uma identidade: todos os seus namorados tinham olhos azuis — como seu pai, como poderia ser o caso.

Coisas heterogêneas podem ser equacionadas porque um significante abrange todas elas. Nesse nível, a repetição implica, portanto, o "retorno" de alguma coisa que seria diferente da segunda vez, se não fosse o significante. Só podemos nos banhar no mesmo rio duas vezes porque temos uma palavra ou nome para ele: o rio Swanee, por exemplo.

Poderíamos imaginar a analisanda, que identificou todos os seus namorados como partilhando do traço comum de terem os olhos azuis, envolvendo-se com uma nova pessoa e incluindo-a na série através de sua característica de ficar o tempo todo deprimido, ou de ser tatuado, a analisanda fazendo a associação deles com a canção de Joni Mitchell "as canções do *blues são como tatuagens"*. É o significante, na sua polissemia, que permite o estabelecimento de uma série (permitindo, de fato, substituições), uma série metafórica ou metonímica ao longo da qual o desejo pode deslizar, perseguindo incessantemente a diferença.

Diferença. A substituição estabelece uma equivalência entre coisas que não são idênticas. Logo, substituição não é repetição. A substituição implica dialetização, a capacidade de associar um termo ou idéia com outros termos e idéias, extrair relações entre eles e transferir afeto de uns para outros. Portanto, a substituição repousa na diferença, embora ostensivamente estabeleça equivalências. Em linguagem comum, "repetição" se refere a este tipo de "retorno com diferença", e a psicanálise tende a tornar o analisando consciente, cada vez mais, de suas repetitivas escolhas de objetos, relações, situações etc., serializando-as.

Entretanto, a repetição, na sua acepção lacanina, é o retorno daquilo que permanece auto-idêntico, e que só pode ser o objeto *a*. Tão logo nos inscrevamos na ordem significante, estando a diferença no próprio núcleo de significante, é-nos impossível controlar a identidade dos elementos. Só o real pode fazer isso.

Voltemos ao Seminário 11, capítulo 4, "Da rede dos significantes". Lacan anuncia sua discussão, aqui, da repetição como absolutamente nova, e como uma instância onde ele vai nos mostrar todo o seu jogo de uma vez:

> Vejamos então como a *Wiederholen* (a repetição) se introduz. *Wiederholen* tem relação com *Erinnerung*, a rememoração. O sujeito em sua casa, a rememoração da biografia, tudo isso só marcha até um certo limite, que se chama o real. Se eu quisesse forjar diante de vocês uma fórmula spinoziana concernente ao de que se trata, diria — *cogitatio adaequata semper vitat eandem rem.* Um pensamento adequado enquan-

> to pensamento(...) evita sempre (...) a mesma coisa. O real é aqui o que retorna sempre ao mesmo lugar — a esse lugar onde o sujeito, na medida em que ele cogita a *res cogitans*, não o encontra. (51-2)

A repetição envolve algo de que, por mais que se tente, não se consegue lembrar.

O pensamento não consegue encontrá-lo; o que é isso? Isso é o que está excluído da cadeia significante, mas em torno de que a cadeia gira. O analisando dá voltas e mais voltas numa tentativa de articular o que parece estar em questão, mas não consegue localizá-lo, a menos que o analista aponte o caminho. Consideremos o simbolismo do mais/menos (+/-) que Lacan desenvolve no Seminário 2 e no seu posfácio ao "Seminário sobre a carta roubada,"[1] pois este simbolismo descreve o funcionamento do pensamento — pensamento inconsciente — na teoria lacaniana.

No exemplo de Lacan, a cadeia não consegue atingir o número 3 num certo ponto. Ela permite retornos ao 1 e ao 2, mas não ao 3. Obviamente, essa é uma analogia, mas que ajuda a ilustrar a idéia de que o real é o que sempre volta ao mesmo lugar: o número ou letra excluídas. Volta ao mesmo lugar onde o sujeito, na medida em que pensa, a *res cogitans* ou coisa pensante, não o encontra — isto é, não cruza seu caminho, já que ele está radicalmente excluído ali. Logo, a repetição envolve o "impossível de pensar" e o "impossível de dizer".

Autômaton, descrito por Lacan no capítulo 5 do Seminário 11, corresponde ao desdobramento automático no inconsciente da cadeia significante (como o alinhamento dos signos que aparecem na rede α, β, γ, δ). Envolve "o retorno, a volta, a insistência dos signos aos quais nos vemos comandados pelo princípio do prazer" (56). Logo, aquilo a que nos referimos comumente como repetição nada mais é que "insistência dos signos". Isso também corresponde ao nível da estrutura na obra de Lacan.

A *tiquê*, por outro lado, envolve o encontro com o real, que está para além do *autômaton*.

> O real é o que vige sempre por trás do *autômaton* e do qual é evidente, em toda a pesquisa de Freud, que é do que ele cuida.
>
> Lembrem-se do desenvolvimento, tão central para nós, do Homem dos Lobos, para compreender qual é a verdadeira ocupação de Freud à medida que se destaca para ele a função da fantasia. Ele se empenha (...) em interrogar qual é o encontro primeiro, o real, que podemos afirmar haver por trás da fantasia. (56)

O real aqui é o nível de causalidade, o nível daquilo que *interrompe* o funcionamento tranqüilo do *autômaton*, da seriação automática, sujeita à lei regular dos significantes do sujeito no inconsciente. Ao passo que os pensamentos do analisando estão destinados a perder sempre o alvo do real, conseguindo apenas circular ou gravitar em torno dele, a interpretação analítica pode atingir a causa, levando o analisando a um encontro com o real: *tiquê*. O encontro com o real não está situado no nível do pensamento, mas no nível onde a "fala oracular" produz não-senso, aquilo que não pode ser pensamento.

A re-presentação

Em "Além do princípio do prazer", Freud revê sua dupla teoria do princípio do prazer e do princípio de realidade, devido a sua experiência com traumas de guerra, experiências que parecem ser inassimiláveis. Lacan menciona os sonhos nesse contexto, sonhos que, embora supostamente encarnando o desejo do sonhador — e portanto, geralmente associados com o princípio do prazer *autômaton* — introduzem ainda assim a cena traumática sob uma forma velada ou disfarçada. Seu comentário aqui é muito revelador:

> Concluamos que o sistema de realidade, por mais que se desenvolva, deixa prisioneira das redes do princípio do prazer uma parte essencial do que é, no entanto, e muito bem, da ordem do real. (57)

Em primeiro lugar, isso indica que o real lacaniano não pode ser equacionado ao princípio de realidade. Lacan reitera sua equação do processo primário com o inconsciente — o desenvolvimento automático da cadeia significante — e propõe que situemos o inconsciente entre a percepção e a consciência (58):

Percepção	Inconsciente	Consciência
Vorstellung	outra cena/Outro/*Repräsentanz*	princípio da
real	pensamento inconsciente,	realidade
	representante, lugar-tenente	eu
	processo primário/princípio do prazer	

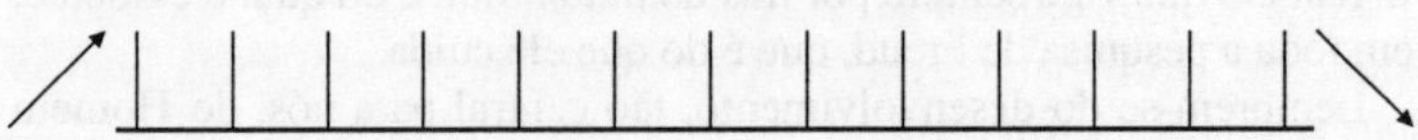

Para chegar à consciência, uma percepção deve atravessar o filtro da ordem simbólica, ou do Outro.

No sonho de Lacan, e que ele conta nesse capítulo, as batidas na porta são envolvidas pelo processo primário constitutivo do sonho, de modo a permitir que Lacan continue dormindo e sonhando. Algo do real aparece — podemos imaginar como se fosse alguém que tivesse uma hora marcada com Lacan. Jane Gallop, por exemplo, que foi a Paris para ver Lacan mas nunca o encontrou, ou o porteiro que estivesse batendo inadvertidamente na porta errada, com uma carta endereçada a outra pessoa.

Ao despertar, ele se reconstitui — como eu — em torno das batidas: reconstrói toda a sua representação do mundo, toda a sua pessoa representacional, em torno das batidas. Em outras palavras, o fim do esquema, a consciência, não é em absoluto uma característica permanente, mas algo que deve ser constantemente reconstruído: o eu.

Falando de um sonho diferente — da "Interpretação dos sonhos", de Freud — Lacan diz:

> Temos que procurar o real além do sonho — no que o sonho revestiu, envelopou, nos escondeu, por trás da falta de representação, da qual lá só existe um lugar-tenente. (61)

Logo, o real não pode ser encontrado clara e simplesmente num sonho — ele é sempre disfarçado, acolchoado ou vestido. Enquanto Lacan parece talvez sugerir, antes daquela sentença, que o real pode ser encontrado diretamente num sonho — pelo menos mais facilmente que em qualquer outro estado, sem dúvida não na atividade consciente — aqui ele deixa claro que não há encontro direto com o real nem mesmo em sonho: a representação do real é faltosa e o que encontramos no sonho é o seu lugar-tenente, seu representante.

O que é representação? Só essa pergunta mereceria todo um livro que estudasse os termos franceses *représentation* e *se représenter*, além do termo alemão que eles em geral traduzem, *Vorstellung*. Aqui a representação parece se referir a uma presença ou imagem. Em inglês, costuma ser traduzida por *idea (idéia)*, mas é claro que uma idéia está no nível do pensamento e, portanto, do significante. *Vorstellung* é aquilo que é representado por significantes; não são os próprios significantes. Parece ser uma presença ou imagem real que jamais pode ser expressa em palavras.

Pode-se ficar tentado a pensar que o faltoso é o "pensamento verdadeiro", mas parece que a *Vorstellung*, aqui, está mais provavelmente no nível do impensável, do inominável, do indizível.

O sonho aqui comentado por Lacan é aquele relatado por Freud onde um pai, cujo filho morreu, vai para o quarto ao lado repousar, deixando um velho vigiando o corpo do filho. O velho adormece e uma vela caída ateia fogo ao corpo. O pai, no quarto ao lado, simultaneamente sonha que o filho está vivo e se dirige a ele, dizendo: "Pai, não vê que estou queimando?"

O real, aqui, como Lacan o descreve, é a morte da criança — tudo o que é implicado para um pai pela morte de um filho. No sonho a criança é representada como viva, e falando ao sonhador. Essa complexa série de elementos toma o lugar dc "referente da verdade", por assim dizer, a morte. O referente, nesse sentido, está sempre ausente ou faltante: não-representado. Ele é, no entanto, indicado por uma espécie de índice: um *representante* desse referente aparece no sonho. Ele é representado, mas nunca apresentado.

Repräsentanz — Simbólico
Vorstellung — Real

É a *Vorstellung* faltosa (faltosa no simbólico, no espaço representacional do sonho, e não algo que falta no real) que leva à repetição. Logo, parece situar-se no mesmo nível do objeto perdido — o objeto que nunca *foi*, como tal, mas que é constituído retroativamente como tendo que ser perdido. Lacan traduz o *Vorstellungsrepräsentanz* de Freud por *représentant de la représentation* ou *tenant-lieu de la représentation*, isto é, como representante da representação ou lugar-tenente da representação. E no Seminário 7, Lacan equaciona a *Vorstellungsrepräsentanz* e o significante. Agora, o significante não *representa* nada na teoria de Lacan — "representa um sujeito para outro significante", não passando este sujeito de uma falta ou fenda —, mas sim cria *ex nihilo*. Em vez de tomar o lugar da coisa que representa, na obra de Lacan o significante cria, matando portanto aquilo que supostamente "representa". Ele substitui ou representa um real que não pode falar por si.

É a natureza não-representacional do real que acarreta a repetição, exigindo que o sujeito volte ao lugar do objeto perdido, da satisfação perdida. Qualquer outra satisfação empalidece comparada com aquela que foi perdida, e o sujeito volta repetidamente ao lugar daquela ausência, na esperança de conseguir a *Coisa real*, porém, não a encontrando sempre.

Deixem-me tentar ilustrar minha interpretação da *Vorstellungsrepräsentanz* com um exemplo do "Além do princípio do prazer". O neto de Freud está brincado com uma bobina, ou "carretel", como foi traduzido na *Standard Edition*, que ele atira em seu berço, para fora de seu campo de visão, pronunciando um fonema e puxando-o de volta enquanto pronuncia outro. Freud interpreta o som feito pela criança como a primeira tentativa de pronunciar as palavras *Fort* e *Da* em alemão — longe e aqui, ou lá e cá, mas o que parece essencial é a simples diferença entre os dois fonemas, isto é, o próprio fato de serem dois.

Lacan nos diz que o que a criança está tentando fazer com essa brincadeira é atingir "aquilo que, essencialmente, não está lá enquanto representado" (63). A criança está visando a uma *Vorstellung* que não está ali, e a oposição binária dos fonemas surge para tomar o lugar daquela *Vorstellung* particular. O que é aquela *Vorstellung*? Ela parece ter a ver com as idas e vindas da mãe da criança (e Freud vê o jogo como uma tentativa de dominar ou controlar as idas e vindas da mãe), mas Lacan frisa que é a constituição da própria criança como sujeito que está em jogo.

Temos aqui, nessa brincadeira, o nascimento do significante (sob a forma de uma oposição entre dois significantes, S_1 e S_2), do sujeito barrado, do objeto *a* etc.

$$\frac{S_1\ (Fort)}{\$} \rightarrow \frac{S_2\ (Da)}{a}$$

A *Vorstellung* faltosa parece ser o sujeito dividido e o objeto perdido — que Lacan iguala aqui: o carretel e ao mesmo tempo o sujeito e o objeto *a* (62). Esses dois *terão sido* cada um dividido e perdido, respectivamente, uma vez que *Da* tenha seguido *Fort*, o real nada mais sendo que um pensamento *a posteriori*.

NOTA

1. Para uma discussão muito mais ampla desse simbolismo, ver meu artigo "The Nature of Unconscious Thought or Why No One Ever Reads the Postface to Lacan's Seminar on "The Purloined Letter", no volume desta mesma série, *Reading Seminars I and II: Lacan's Return to Freud*, Albany: SUNY Press. Ver também os Apêndices I e II de meu livro *Subject, Object and Other; Crucial Concepts of Lacanian Psychoanalysis*. Princeton: Princeton University Press, 1995.

PARTE VI

Descoberta e Prática Psicanalítica

Conferência introdutória no Hospital Sainte-Anne

Jacques-Alain Miller

Quando Françoise Gorog me telefonou, semana passada, para me lembrar da participação neste seminário em Sainte-Anne, eu estava com um paciente que fazia uma descoberta no decorrer de sua análise. Na minha fala de hoje, deixem-me tomar essa descoberta como um ponto de partida para algumas considerações sobre a psicanálise.

Qual a natureza de sua descoberta? Meu paciente notou que todas as pessoas que ele amara, ou, mais exatamente, todas as pessoas por quem ele se sentira atraído sexualmente, tinham a mesma característica. Sua descoberta era a percepção dessa característica e, como ele disse, ocorreu-lhe como um relâmpago: aliás, desde então ele tem visto a vida sob uma nova luz. Sente que, de alguma maneira, tropeçou no segredo de sua vida, bem como descobriu o ponto de obstrução de sua vida amorosa.

Descobertas acontecem no decorrer da análise. Nesse caso, a descoberta aconteceu depois de um longo tempo. Ele já estava comigo há três anos, depois de análises anteriores. Assim, apesar do fato de ter aparecido como um relâmpago, a descoberta era o resultado de seu trabalho. Ela não veio no começo, e portanto somos levados a crer que o trabalho anterior foi necessário para produzi-la.

É muito difícil qualificar a estrutura de semelhante descoberta. Descobertas ocorrem na psicanálise se acreditarmos no que dizem nossos pacientes. Ainda assim, é muito difícil reconstruir, atribuir uma estrutura ou compreender tais descobertas. Qualquer reconstrução de sua estrutura é aberta a questões.

Não há meios de se entender essa questão. A palavra inglesa *realization* não traduz exatamente o francês *réalisation*. A descoberta do paciente era uma percepção e isso implica que ele se tornou consciente de algo que já estava ali; de certa forma, sentiu que tinha finalmente percebido algo que já estava lá. Essa é a coisa estranha: o senso de onitemporalidade (não de eternidade), a sensação de que algo que lhe escapava sempre esteve ali. Ele diz que descobriu alguma coisa, e não podemos dizer que a tenha inventado. Descobrir é remover um véu de algo que já está ali. Não implica criação ou invenção — é experimentado como um desvelamento. Se dizemos que durante a análise as pessoas percebem aquilo que já estava lá, qual o significado dessa percepção?

Tem sido interpretado como o tornar-se consciente de alguma coisa e, quando nos referimos ao inconsciente, parece adequado dizer que algo que se torna consciente era antes inconsciente. Atribuímos ao inconsciente um significado daquilo de que o paciente não se dera conta, assumindo que o que ele não sabia era o conteúdo do inconsciente. Logo, um meio de compreender essa descoberta é distinguir entre os graus de consciência, a estrutura de tal descoberta implicando passagem do saber implícito ao saber explícito. Na verdade, da simples distinção entre saber implícito e explícito, já podemos deduzir uma cisão que pode ser considerada uma cisão no sujeito. E podemos dizer que esta é a verdadeira estrutura do inconsciente, se qualificarmos o inconsciente por sua capacidade de se tornar consciente. Freud foi entendido dessa maneira.

Vamos tomar uma referência que, embora talvez esteja esquecida, está ainda assim muito presente na cultura francesa. Consideremos a reescrita da psicanálise por Jean-Paul Sartre, onde ele identifica a barra que separa o implícito do explícito com o que ele chama de má-fé. Em outras palavras, ele iguala o inconsciente com a má-fé, e por isso quer dizer que, em certo sentido, o inconsciente não é absolutamente inconsciente: é simplesmente algo que é sabido, mas não aceito. É alguma coisa em que não se consente; sabe-se disso, mas age-se como se não se soubesse. Essa é a maneira como Sartre entende o inconsciente; sempre é possível que o inconsciente se torne consciente. De certo modo, existe um fingimento aqui, em que o sujeito se engana. Sartre, em certo sentido, foi o primeiro a oferecer uma filosofia do sujeito cindido; o sujeito cindido pela má-fé.

A idéia de má-fé soa muito mais sensata que o conceito freudiano do inconsciente. Onde Sartre diz má-fé, Freud diz recalque. Qual a diferença entre má-fé e recalque? Podemos ver que há uma diferença, se considerarmos a maneira pela qual se tem acesso ao que está sob a barra. Se o inconsciente é simples má-fé, tem-se acesso ao que está sob a barra pela tentativa de ser honesto. Ou, de um ponto de vista mais heideggeriano, sendo autêntico, porque a autenticidade é o oposto do fingimento e da má-fé. E isso pode ser feito mediante uma decisão pessoal — um ascetismo pessoal.

Mas, de acordo com Freud, não se trata de ser aberto, nem de algo que se possa fazer por si mesmo. O inconsciente não é ascetismo. Precisa-se de um outro. É muito misteriosa a maneira como se precisa de um outro. Se tomarmos o exemplo do próprio Freud, parece que ele fez isso sozinho, mas, de fato, ele o fez em referência a um outro, seu amigo Wilhelm Fliess. Entretanto, o resultado do trabalho e o saber adquirido no processo são de Freud, não de Fliess. O fato de que esse processo ocorra no paciente, não no tolo analista, produz algo muito estranho.

Em Freud, não se trata de ser honesto, trata-se de falar. Quando meu paciente diz que descobriu alguma coisa, não posso dizer que se trate de uma tomada de consciência ou de um *insight*. Tudo o que posso dizer é que ele disse algo — se eu quiser ser assim tão puro — ou que ele o disse de uma maneira nova. E, afinal, a análise é construída sobre uma série de formulações e reformulações da mesma coisa. Não é tão estranho que Lacan projetasse, ou nos apresentasse, ao final da análise, o que ele chamava *le bien dire*. O "bem-dizer" implica que o que se busca numa análise é aprender a dizer a mesma coisa cada vez melhor até se ficar satisfeito com ela. Com efeito, o que chamamos de livre associação não difere de um "diga isso de novo". Cada sessão é um "diga isso de novo".

Vocês vêm estudando o Seminário 11, e nesse texto a função da repetição já está presente no próprio método da psicanálise, nesse "diga de novo, diga melhor; não tenha medo de se repetir tentando dizê-lo um pouco melhor". Dando ênfase a este "diga isso melhor", parecemos estar indicando que o inconsciente não é inteiramente o oposto da consciência. Talvez possamos projetar um outro tipo de antinomia ou esquema.

Talvez acreditemos que o inconsciente seja algo escrito, sendo o objetivo da análise aprender a ler o que está escrito, ler cada vez melhor. Se considerarmos este "dizer isso cada vez melhor" que exigimos do paciente, poderíamos situar a escrita sob a barra e a leitura sobre ela. Leitura é fala.

$$\frac{\text{Leitura}}{\text{Escrita}} \qquad \frac{\text{Fala}}{\text{Escrita}}$$

Vocês falam na análise, e é como se estivessem lendo — lendo um texto cada vez melhor. Isso faria do inconsciente um texto, e a análise não seria uma questão do que se quer dizer, mas uma questão de ler bem.

Em análise, atribuímos uma grande importância aos lapsos da fala. Um lapso é precisamente um momento em que não é o que queremos dizer, mas o que não queremos dizer que triunfa, como se o texto forçasse a entrada na fala, fazendo com que nos equivocássemos. A equivocação também é importante no ato da interpretação: fazer o paciente escutar o que disse, fazendo-o repetir. Cortamos a sessão, ou a encurtamos em certo ponto para fazer com que o paciente escute o que acaba de dizer a despeito do que queria dizer, para fazê-lo avaliar a distância entre o que pretendia dizer e o que de fato disse. Ao fazer isso, estamos tentando mostrar que algo que ele disse pode ser ouvido de outra maneira. Isto é, estamos tentando fazê-lo ler algo mais na sua fala, e isso envolve freqüentemente uma referência à palavra escrita, onde diferentes significados podem ser atribuídos às mesmas letras e seus grupamentos. Isso só pode ser compreensível mediante uma referência constante da palavra falada à palavra escrita. Separar a fala, a leitura e a escrita altera o valor de cada uma delas.

Podemos dizer isso de um terceiro modo. Quando vocês lêem um texto, estão no domínio do sentido e o texto, como tal, é como uma escrita — escrita que é difícil de ler, transcrição de texto apenas parcialmente legível. Esse terceiro esquema opõe sentido e não-senso, e poderíamos dizer que, ao ler um texto, vocês lhe são sentido, mas existem partes dele que não podem ler, partes que permanecem sem sentido. Às vezes, esse não-senso consegue se mostrar.

Essa é a perspectiva que Lacan apesenta em seu prefácio à edição em língua inglesa do Seminário 11. Não é exatamente a visão que ele oferece no próprio livro, que data de 1964; seu prefácio foi escrito em 1976, doze anos depois. É a partir dessa terceira perspectiva que ele apresenta o inconsciente nesse prefácio. Ele diz: "Quando o espaço de um lapso não tem mais qualquer sentido, só então pode-se estar seguro de estar no inconsciente. Sabe-se."

É também dessa terceira perspectiva que ele diz, "Não existe verdade que, ao passar pela consciência, não minta". Como se o que conta como verdade nesse nível (sob a barra) só possa aparecer como mentira na parte superior do esquema. (Isso põe em questão o que chamamos de descoberta em análise. A nova consciência do paciente é a consciência de um sujeito que descobre, e eu tomaria essa sentença como um indicador do problema. A conclusão de Lacan, que aparece entre parênteses nesse prefácio, é que o inconsciente é real. Tentaremos ser mais precisos nessa estranha propriedade do inconsciente.)

Voltando ao paciente que mencionei há pouco, o que foi que ele descobriu? Um traço. Ele nomeou um traço. Como vocês já aprenderam muito sobre o Nome-do-Pai, vamos falar sobre o nome do traço. Como função de nomeação, o traço poderia nos dar uma compreensão da natureza do saber clínico.

Parece-me que em psicanálise o saber clínico é indutivo. O saber clínico aparece primeiro como baseado na indução, não somente para o analista, mas também para o paciente. Baseia-se na repetição, no exame das instâncias de sua vida e na própria constituição do paciente. Das aparências e instâncias o paciente passa para uma generalização universal. De certo modo, o que Freud chama de "elaboração" é somente um tal processo de indução. O paciente desenvolve o que poderíamos apresentar como uma seqüência de palavras, vamos chamá-las de significantes, que parece ser infinita, potencialmente infinita. Sempre existe, na narração da vida de alguém, um forte caráter de contingência. Vocês experimentam suas vidas contando ou articulando aspectos dela: foi assim, mas poderia ter sido diferente. Eu fui alguém, mas poderia ter sido outra pessoa. O que temos, ao fim, é contingência. Esse é o sentido na lógica do "possível". Aconteceu assim, mas poderia ter acontecido de outro jeito. Na sua descoberta, porém, quando o paciente nomeou o traço, ele teve visão da necessidade (escrita sob a barra). Isto é, ele viu de relance que, apesar do fato de que poderia ter sido "assim ou assado", havia algo que era necessariamente daquela maneira. E quando se descobre — quando se percebe de relance a necessidade, na análise —, é, freqüentemente, não vou dizer sempre, um momento gratificante para o paciente. Seja uma necessidade dura ou uma necessidade horrível, o que se sente é uma vitória sobre o inconsciente. Portanto, a escrita e a necessidade podem se situar ao mesmo nível: sob a barra.

$$\frac{\text{Possibilidade}}{\text{Necessidade}} \qquad \frac{\text{Leitura}}{\text{Escrita}}$$

Lacan forneceu um jogo de palavras envolvendo "necessidade" — *ne cesse* (não cessa ou não pára) — e prosseguiu, fornecendo mais um jogo de palavras: *ne cesse pas de s'écrire* (não cessa de se escrever, está sempre sendo escrita). Em francês, essa frase sugere a conexão entre a escrita e a necessidade. Ela dá à análise o sentido da leitura de alguma coisa, alguma coisa que está constantemente sendo escrita no decorrer da vida de alguém.

Outro meio de se esquematizar isso seria pela distinção entre variável e constante. Existem, de fato, muitos meios de esquematizar a diferença que este sentido da descoberta torna necessária. Como podemos compreender e formular a descoberta do traço? Poderíamos dizer que o paciente havia considerado previamente os vários objetos de amor de sua vida como puras variáveis, como x. Muitas pessoas diferentes podem ocupar esse lugar, porque x nada mais é que um furo na linguagem. Mas o que parece ser constante é o traço que vou escrever como um predicado, F(x). O predicado "F" é a constante dessa variável, e poderíamos traduzir sua descoberta da seguinte maneira: todas as pessoas que ele amou, ou melhor, desejou, tinham esse traço. Isso é simples implicação, porque o paciente não pode dizer que baste encontrar esse traço para que ocorra desejo. F(x) é uma fórmula escrita da necessidade constante.

Fiz com que vocês esperassem antes de lhes dizer o traço em questão. Este paciente gostava de mulheres. Este é um traço bastante amplo. Ele desejava mulheres que tinham algo de mortal nelas, algo semelhante a um cadáver, mesmo que fosse algo quase imperceptível. Parecia-lhe que esta era a fórmula que dava um tipo de necessidade às errâncias de sua vida. Na aparência física das mulheres, poderia haver uma ligeira palidez, que lhe era de certo modo atraente. Ou uma espécie de encantadora brancura, o que ele já discutira antes sem nunca evocar sua significação relacionada à morte. Poderia ser a postura corporal delas, alguma espécie de estranha rigidez na maneira de se movimentarem, ou uma lentidão que o fizesse recordar o movimento dos objetos inanimados. Ou então ele tendia "mais para magras", pois descobrira que a magreza estava associada em sua mente à morte. E, às vezes, sentia atração por uma certa qualidade de sujeira ou morte moral, que a mulher representava para ele: amava mulheres um tanto entediadas ou distantes.

Ao fazer essa descoberta, ele se deu conta de como conhecera sua esposa e por que estava se separando dela. Conhecera-a numa festa onde ela estava só. Era a única pessoa a estar só ali. Todos se divertiam, menos ela: era o cadáver da festa. E fora da maior importância para ele a descoberta, ou pelo menos assim pensava, de que ela não tinha qualquer desejo sexual. Ela não fazia demandas, demandas sexuais, e ele estava convencido de que não sentia prazer. Descobriu que era essencial para ele que ela não mostrasse qualquer sinal de gozo. Quando, depois de se submeter à análise, sua mulher começou a demandar dele atividade sexual, quis divorciar-se — ela passara de cadáver a um corpo quente. Assim, descobriu esse traço fixo, e o significado que vinha junto — a morte — e sentiu que sempre procurara amor no cemitério. Essa fórmula, como tal, foi um golpe para ele — um golpe de amor, um golpe insensato de amor.

Por estranho que pareça, assim que se deu conta dessa situação, com a consciência de que fala Lacan no prefácio ao Seminário 11, ele tentou desmenti-la. Como um meio de compreender este fenômeno, Lacan diz: "Não existe verdade que, ao passar para a consciência, não minta." Na mesma sessão, esse paciente fez uma fantasia de encontrar imediatamente uma mulher gorducha, vivaz — uma escolha feita em relação a sua mãe. Sua mãe era o tipo oposto à mulher "cadavérica". Tinha uma personalidade tão viva que ele a descrevia como uma força invasora. Assim, embora procurasse uma figura materna que cuidasse dele, ainda assim buscava mulheres que eram o oposto de sua mãe, o mais longe possível daquela pessoa invasora. Logo, podemos considerar sua escolha de objeto como uma defesa contra o incesto com a mãe.

Nessa descoberta, na medida em que o sujeito imediatamente tentou refutar a própria lei que acabava de descobrir, vocês podem compreender em que sentido o saber obtido da experiência psicanalítica é saber conjectural. Todos os casos anteriores confirmavam a lei que ele havia descoberto, e o paciente de imediato teve essa fantasia, porque estava procurando um exemplo para refutar a lei. Um paciente, nesse sentido, é popperiano. Faz uma conjectura, uma generalização por conjectura a partir de todos os casos anteriores, que sempre constituem uma lista finita. Faz uma generalização, dizendo que elas todas eram assim, e então imediatamente procura um teste negativo dessa generalização. Por que outro motivo seríamos analisados, se não para tornar o futuro diferente do passado? Meu paciente, pois, estava procurando uma lei para em seguida tentar desmenti-la.

Ao longo desse caminho, seguimos o paciente do empírico para o lógico. (A necessidade não existe no nível empírico, apenas no nível lógico.) A fim de provar que descobriu algo de necessário, ele faz um teste que mostra que algo diferente lhe é possível. E isso é exatamente o que esse sujeito de imediato tentou fazer: verificar o impossível. Houvesse ele conseguido verificar que algo mais lhe era impossível, teria demonstrado que o inconsciente é real. Ele teria encontrado o obstáculo fundamental, definitivo, que é a única prova de que há algo real. Lacan afirma que "o real é o impossível". Quando ele diz, no prefácio ao Seminário 11, que o inconsciente é real, a meu ver significa que o inconsciente é sustentado por fórmulas simbólicas que demonstram impossibilidades.

Na psicanálise clínica, estamos sempre tentando conectar saber empírico e estrutura lógica. Enquanto estamos em busca de uma lei, o paciente tenta desmenti-la. Nesse caminho, seguimos o paciente. Com efeito, obtemos essas estruturas lógicas a partir da consideração da linguagem, conectando saber empírico indutivo e estrutura lógica fixa.

É com base nessas estruturas lógicas e em seus efeitos sobre os seres falantes que conceitualizamos as estruturas clínicas, empregando a categoria (-ϕ, menos phi) da castração. Isso não é algo que se obtenha pelo saber empírico; é algo que obtemos a partir da estrutura lógica, lingüística.

Isso está muito presente no caso do meu paciente. Há um sentido em que sua percepção não é uma descoberta, porque ele sempre se recordou de uma cena do tempo em que tinha cinco anos de idade, envolvendo seu pai. Nessa lembrança, ou melhor, nessa lembrança encobridora, ele estava deitado ao sol ao lado do pai. Estavam os dois nus, e o pai dormia; o pênis do menino de cinco anos estava ereto e o do pai não estava. Essa lembrança o acompanhou por toda a vida. Através dessa lembrança encobridora, vemos que ele deve ser aquele que tem desejo sexual. O casal aqui não é o paciente e sua mãe, nem o paciente e muitas mulheres, mas pai e filho. Parece essencial para ele que seu pai castrado seja ao mesmo tempo um pai adormecido. Isso pode nos lembrar o pai adormecido, indefeso em *Hamlet*, que é tão facilmente morto. O pai do paciente morreu cedo, e de fato já estava morto para o paciente, de vez que seu desejo estava morto. O paciente idealizava aquele desejo, mais ainda na medida em que a forma de seu ideal era um pai sem desejo. De certa forma, ele transferiu essa ausência de desejo para seu objeto de amor. O pai não percebe o desejo de seu filho, o que talvez explique a intensidade de sua vida sexual. Com o pai adormecido, o paciente podia se engajar livremente em aventuras sexuais. Talvez pudéssemos entender isso melhor modificando a famosa frase de Freud, "Pai, não vê que estou queimando", e dizer, "Pai, não vê que sou um homem". (Talvez até pudéssemos encontrar algum meio de acrescentar "queimando".) O paciente encarava isso como uma alternativa que sempre o protegia da homossexualidade. Tudo isso também podia ser compreendido como uma defesa contra o incesto com o pai.

O importante é que existe apenas um falo em jogo. O amor pela morte do paciente era uma encarnação do falo — o falo morto. Ele sempre escolhia as mulheres como objetos de amor, já que elas não têm esse órgão. Mas ele precisava reforçar a "castração natural", como se a castração paterna tivesse de duplicar a assim chamada castração natural das mulheres. Poderíamos dizer que ele duplicava a castração do sujeito com Outro-sem-nenhuma-falta, de modo que finalmente sentisse que sua vida amorosa não passara de necrofilia, e que o gozo tinha de ser só para ele.

Existe um outro caso famoso em que aparece essa função, o de André Gide, de quem Lacan fala em seus *Écrits*. No caso de Gide, essa função é empregada diversamente. Para Gide, o desejo também estava ligado à morte, e a morte estava presente em todo o seu ser, à vista de todos. Desde uma idade precoce, ele já era chamado de algo como "defunto Gide". Ele passou pela vida lembrando, de certa forma, a própria morte. Lacan mostra como em sua mulher (a única que ele teve) Gide encontrara um anjo que permanecia virgem e, com isso, encarnava o falo morto. Ela foi a única mulher na vida de Gide e no entanto encarnava o falo morto que ele jamais pôde abordar. Enquanto ela era a única mulher, Gide usava livremente seu órgão fora-da-lei com inumeráveis rapazes que representavam o exato oposto dessa função. Ele teve uma vida homossexual muito ativa. Por um lado, havia a mulher-eunuco, o anjo que ele não podia tocar e que manteve nessa posição por toda a vida e, por outro, uma multiplicidade de jovens aldeões. Gide, diz Lacan, passou a juventude entre a morte e o erotismo masturbatório, o que corresponde a essas duas funções.

Em meu paciente, vemos um sujeito que em certo sentido encontrou outra saída: a masturbação com um cadáver. É como se na sua vida amorosa, sob o encanto do falo morto, ele conseguisse, diferente de Gide, transar com o anjo da morte sob a condição de não haver gozo, de que o anjo da morte não tenha prazer nisso. Nesse sentido, ele não precisava se preocupar com não ser capaz de fazê-la gozar. Ao contrário, conseguiu converter a impotência num tipo de potência e assegurar, deste modo, sua potência.

Vocês devem estar se perguntando qual a estrutura clínica desse paciente. Às vezes, ele é claramente histérico, porque sua mulher não pode mostrar qualquer desejo, ao passo que ele deve mostrar o desejo constantemente e numa variedade de maneiras em sua vida. Ele é, essencialmente, um homem de desejo caprichoso. Mas também poderiam dizer que ele é um neurótico obsessivo, porque se dá grandes trabalhos para matar o desejo no outro. Também poderiam dizer que ele é fundamentalmente um perverso, porque quer que o outro seja castrado, mas não ele. Mas, de fato, não é tanto o outro castrado que ele quer: ele quer um outro sem falta, que nem goze nem sofra. Ele não quer dividir o outro. Assim, talvez possamos dizer que, falando clinicamente, ele é um pintor. Porque ele pinta, e na sua arte consegue representar, como fez Gide, e fixar ou deter o movimento nos seres humanos. Em seus quadros, há um jogo entre o movimento e uma imobilidade que fixa as pessoas representadas por ele em posições estranhas.

À guisa de conclusão, diria que o inconsciente — que Lacan apresentou no começo de seu ensinamento como simbólico (estruturado como uma linguagem) e em outras partes como imaginário, isto é, como um tipo de leitura de sentido — é apresentado no prefácio ao Seminário 11 como real, ou seja, fundado no impossível.

Eu não diria que o inconsciente seja lei escrita. Existem leis, como tentei demonstrar, mas, distintas das leis, temos causas; e a causa, como indicou Jung, está inscrita exatamente onde ocorre o salto para a generalização. A mudança é possível para um sujeito em análise precisamente por causa da diferença entre lei e causa. Mesmo quando o sujeito descobre a lei de seu outro, ele não pára por aí, porque ainda não está certo de ter descoberto a causa. A causa é o que não está escrito, ou talvez o que ainda não foi lido, mas, com efeito, o que não é lido não está escrito.

O término de análise I

Anne Dunand

Em minha primeira palestra aqui vou falar sobre o fim de análise. Tentarei mostrar como Lacan concebia este momento do tratamento na época do Seminário 11.

Na minha segunda palestra, vou discutir as várias transformações na visão de Lacan sobre o final de análise, e seu último ponto de vista, evidente em seu ensinamento e escritos. O próprio fato de o Seminário 11 ter sido publicado em 1973 mostra que o autor ainda considerava válido o que havia designado dez anos antes, e é verdade que, no Seminário 11, Lacan deu os primeiros passos com referência ao final de análise, passos que levaram a sua invenção posterior do "passe" e à formulação dos requisitos dos estádios finais da análise. Se existe algo como o fim do tratamento, se a análise não é interminável, caso se possa atingir um ponto onde ela seja descrita como um processo irreversível, então sua estrutura tem que ser definida, e o que se espera deve ser delineado e especificado.

Gostaria de indicar que a continuidade do Seminário 11 com os escritos posteriores de Lacan pode ser vista no prefácio, escrito em 1976, àquele Seminário. Ali encontra-se a palavra "passe" e suas conexões com a obra de Lacan (IX). O "Ato de fundação da escola", em *Television, a Challenge to the Psychoanalytical Establishment*, foi escrito ao mesmo tempo que o último capítulo do seminário. Em 1967, Lacan escreveu a "Proposição de 9 de outubro sobre o psicanalista da escola". Nesse texto, ainda não disponível em inglês, ele formula suas opiniões sobre a análise. Inventa um procedimento que permite uma espécie de teste ou testemunho. Não vou entrar em detalhes sobre isso hoje, porque prefiro me concentrar primeiramente nas páginas do Seminário 11, onde ele fala de modo mais específico sobre o final da análise. Faz isso no capítulo 1, "A excomunhão", e no capítulo 20, "Em ti mais do que tu". Acho notável que o Seminário 11 esteja carregado e emoldurado, do começo ao fim, com noções do que deve acontecer no fim da análise. Isso indica que o desenrolar da análise não pode ser separado da maneira como um analista tem que se posicionar com relação ao analisando, de acordo com o que deve ser alcançado, isto é, o que deve ser feito com vistas ao seu término. Os próprios conceitos que Lacan considera fundamentais em psicanálise são tomados nesse contexto na sua definição do fim de análise.

Uma coisa a se ter em mente quando se lê o Seminário 11 é que, no outono de 1963, Lacan anunciou que iria dar um seminário sobre "Os Nomes-do-Pai". Ele fez apenas uma conferência sobre este tema em novembro de 1963 (cf. *Television*). Jamais adotou esse título novamente em algum seminário. Em vez disso, alguns meses mais tarde, em janeiro de 1964, começou o seminário *Os quatro conceitos fundamentais da psicanálise*. Sugeriu-se que o Seminário 11 deva ser lido à luz do seminário faltoso sobre "Os Nomes-do-Pai". Nesse meio tempo, Lacan tomara uma posição radical contra a International Psychoanalytical Association (IPA). Foi forçado a deixá-la, ou foi "excomungado", como ele diz. Mas penso que Lacan renunciou à IPA porque é muito claro que ele teria sido mantido como seu membro se concordasse em modificar seu modo de analisar e de ensinar. Penso que este seja um ponto capital, porque mostra que ele não fazia concessões quanto ao seu método de analisar e ensinar, e a principal diferença entre ele e os membros da IPA é que ele não aceitava a identificação com o analista como um meio, nem como um fim, no tratamento analítico.

Existe outra questão importante quanto ao Seminário 11, que é o fato de Lacan se distanciar da posição de Freud. Vemos um exemplo desse desacordo estrutural de Freud quando Lacan frisa que Freud está lidando com o desejo como um objeto (20). Ali, Lacan se refere a uma de suas próprias concepções anteriores do desejo, já que em primeiro lugar formula que o desejo do sujeito é o desejo do Outro. Ele não elimina inteiramente essa visão, mas certamente modula seu sentido. O que um analista tem que promover na análise é o objeto como causa de desejo.

A posição do analista é completamente transformada se ele não mais ocupar o lugar do objeto desejado, mas antes o lugar do objeto que causa desejo. O encontro com o objeto é sempre faltoso, sempre falho, e devemos nos separar do objeto como causa. Enquanto o analista serve como objeto de desejo, ou age como se fosse esse objeto, a transferência só pode ser uma repetição de eventos passados e o fim da análise só pode ser preparado em termos de identificação. Mas se o analista ocupa o lugar do objeto que causa desejo, o objetivo da análise não é mais uma alienação renovada devida à adoção de um objeto ideal; separa-se dos ideais, e leva — via separação — a um distanciamento do objeto. Não vou me estender mais nesse assunto de alienação e separação, porque Éric Laurent está dedicando duas conferências a isso.

No primeiro capítulo do Seminário 11, Lacan se refere a si mesmo como tendo sido objeto de uma negociação. Ele reduz o antagonismo da IPA contra si expondo o problema que está, realmente, em questão: "É questão de saber o que, da psicanálise, se pode, se deve esperar, e o que se deve homologar como freio, senão como impasse" (13). O que podemos perguntar, com relação a essa palavra "impasse" aqui é: "O que deve falhar?" Se o papel do analista (ou seja, de Lacan) é ocupar o lugar de objeto *a*, o que tem de falhar é a manutenção do analista na posição de um ideal. É por isso que Lacan cria uma estrutura para sua escola que elimina tal idealização, e quando ele compara a IPA, explicitamente, à Igreja, denuncia a estrutura religiosa das comunidades psicanalíticas passadas. Suas tentativas de construir outra base para a práxis psicanalítica estão ligadas ao seu desejo de criar um grupo puramente leigo, não somente atraindo pessoas que não são da área médica, como Freud tentara fazer, mas também introduzindo pessoas que não praticam a análise como profissão, não-analistas.

"Se a práxis da psicanálise não pertence ao domínio religioso, poderia ela ser instalada no campo científico?" (14) Lacan responde a essa questão em termos muito elaborados, mas sua principal preocupação é levantar uma outra pergunta: "O que é o desejo do analista?" Essa questão, deixada fora da ciência, é da máxima importância em análise. Foi por causa de seu desejo que Freud conseguiu criar a psicanálise e encontrar o inconciente. E no entanto esse desejo tem que encontrar sua expressão e emprego estritamente na linguagem.

A tensão entre linguagem e objeto se desenvolve nessas primeiras páginas que introduzem os quatro conceitos fundamentais, como o núcleo da transmissão da psicanálise do analista ao analisando. Qual é o desejo do analista, e o que está implicado na transmissão da psicanálise do analista para o analisando? O que a transmissão realmente efetua através da análise de um sujeito, se não a tensão particular entre objeto e linguagem, onde o sujeito tem que tomar uma posição num certo ponto?

A análise didática nada tem a ver com idade, experiência, ou um certo número de casos bem-sucedidos. Lacan afirma que a didática se completa apenas quando emerge um sujeito como o agente de um desejo particular, o desejo do analista. Isso tem que ocorrer no fim do tratamento.

No último capítulo do Seminário 11, encontra-se uma série de perguntas, uma das quais é: como pode o objeto de amor se tornar objeto de desejo? Tal transformação tem que ocorrer durante a análise, porque se está identificado ao objeto de amor, ao passo que o objeto de desejo tem de emergir como tal. Um ponto semelhante é formulado no Seminário 20, e sugiro que no Seminário 11 vejamos algumas das linhas principais do que Lacan irá desenvolver mais tarde.

O que, Lacan pergunta no começo do último capítulo do Seminário 11, é a verdade peculiar que a práxis da psicanálise traz à luz? O psicanalista é um impostor? Como pode o objeto *a* ser o equivalente da procura da verdade na ciência, mas num nível subjetivo, e não universal? Como pode a psicanálise ter a ver com a sexualidade, já que lida com pulsões somente na medida em que estas estão presentes nas palavras ou proposições? Como pode alguém se livrar da transferência? A expressão "liquidação da transferência" tem algum sentido real? Isso significa que, no fim de uma análise, não há mais inconsciente, já que a transferência é a atualização da realidade do inconsciente? (142) Ou é o sujeito-suposto-saber que deve ser liquidado como tal? (256) Existe algum tipo de transferência que não efetue esse fechamento do inconsciente? O que presta da transferência no analista?

Para se ter idéia do que é visado por Lacan, temos que observar que, nesse capítulo, existem duas definições de amor. Uma se refere ao amor narcísico: "como uma miragem especular, o amor é essencialmente uma tapeação". E no final temos outra definição do amor como ilimitado, porque está fora dos limites da lei. Como um fenômeno, o amor, seja narcísico ou não, é sempre experimentado como sem fronteiras. Por isso, a distinção feita por Lacan é difícil de se entender. Mas talvez possamos, através de uma analogia, distinguir dois tipos de satisfação. Em um caso, o sujeito se vê em relação aos seus ideais e consegue satisfazer aquelas imagens ideais. Em análise, o analista é colocado inicialmente no lugar do ideal, e o sujeito ama o analista e a si mesmo, como o eu ideal se relaciona com o ideal de eu. Mas o sujeito não obtém satisfação na análise nesse nível. O analista tem que se situar e regular a transferência de tal maneira que se mantenha a maior distância possível entre o ideal e o objeto *a*. Logo, nenhuma identificação com o analista é possível, e o sujeito experimenta uma falha; não consegue atingir o objeto, presentificando a falta deste. Assim, o amor como narcísico é diluído.

Como exemplo de um objeto, Lacan elege o olhar: é importante observar que ele afirma que o olhar já está lá, assim como afirma que o simbólico já está lá, determinando o sujeito, sujeitando-o aos significantes do Outro. Do mesmo modo, o sujeito também é capturado pelo objeto de um Outro que já está lá, que ele se força a encarnar.

Voltando à visão de Freud sobre a hipnose (em "Psicologia de grupo e análise do ego") como um processo de pôr um objeto brilhante em lugar de um ideal, muito se descobriu sobre o inconsciente. Mas foi somente ao renunciar à hipnose que a análise pôde realmente se aprofundar, ou seja, deixando de colocar o objeto *a* no lugar do ideal do eu, mas separando-se do objeto *a*. Gostaria de enfatizar isso, porque muitas pessoas pensam que suas análises terminaram ao instalarem o objeto *a* no lugar de seu ideal. Elas se apegam a essa representação, o que equivale a pôr um sinal negativo na frente do ideal e agir em conformidade, como se elas mesmas fossem a causa do desejo do analista, até que constatam que essa crença na personificação da causa do desejo não tem substância. Nesse caso, nada mudou realmente: o analista ainda corporifica o objeto *a*, encarnando o objeto do paciente numa hipnose invertida, para permitir a este atuar sua relação com tal objeto. A fantasia não foi em absoluto atravessada.

Atravessar, ou cruzar a fantasia fundamental significa que o objeto *a* tem que estar separado, ou do paciente ou do analista, onde ele está inicialmente alojado de modo temporário. A pulsão se escreve $\$ \lozenge D$, e enquanto Freud a descreve como uma estrutura gramatical, Lacan vai reduzi-la a uma estrutura formal, acuradamente expressa pelo silêncio. Esta é a maneira de Lacan descrever a pulsão, como girando em torno do objeto, sempre falando em seu alvo, mas ainda assim repetindo sua trajetória a fim de obter satisfação.

A fantasia é a única maneira de o sujeito aceder à realidade. Mas a pulsão, encarnada no objeto *a*, é o único acesso extra-analítico a ela. Para esclarecer este ponto, temos que frisar a diferença entre o que é alcançado pela pulsão e o que é alcançado pela fantasia. A fantasia é um meio de obter satisfação de uma situação qualquer, não importa como. A pulsão não é uma construção semelhante, porque é cega e não sabe o que busca. Lacan fala de sua opacidade (258). E, no entanto, uma vez ocorrida a travessia ou o cruzamento do plano de identificação, a fantasia fundamental se transforma em pulsão.

Podemos ver como o final de análise, com o objetivo de se adequar à distinção entre o real e a realidade, deve necessariamente ser um fim sem identificação: o inconsciente pode ser interpretado interminavelmente, pois ele é feito de palavras, palavras, palavras. A pulsão, por outro lado, tem de ser experimentada como um encontro com o real:

mas, em análise, esse encontro não pode ser apenas um lembrete de que uma pulsão existe. Isso tem que ser dito. Tem que ser significado pela interrupção da sessão ou por um sinal de assentimento do analista, criando em conseqüência a questão do sujeito: "E agora? Como posso falar do indizível?" Não se pode identificar com o objeto; pode-se somente espacializá-lo, com significantes em torno da falha. E isso deve ser elaborado, diversas vezes, pois, de acordo com Lacan, isso não é uma miragem ou mera ilusão, mas é a causa de desejo. Este é o único meio de cruzar o plano da identificação. O analista não pode ser absorvido na identificação.

Mas ainda devemos nos lembrar de que o analista apenas sustenta o lugar do objeto *a* como semblante do objeto *a*, moldado no objeto *a*. O objeto *a* não é uma substância — como fica claro no caso do olhar, por exemplo, ou da não-coisa, nada, como objeto —, se trata de uma consistência lógica. O paciente sempre tem uma tendência a pensar que o analista está encarnando a demanda, o que o ajuda a materializar a demanda do Outro e a pulsão, e revestir a demanda com a ilusão de que o que o analista quer é a castração do sujeito. É verdade que o paciente não pode se dar conta do que está se passando até que ele reconheça sua própria castração, ($). Há um ponto difícil nessa operação, onde o sujeito não mais está representado por um significante, mas é um vazio; e onde o analista é tão vazio quanto ele, uma vez que o sujeito se dá conta de que ele nada mais é que lugar-tenente.

Uma experiência da perda de todos os ideais caminha junto com a experiência da perda de todo desejo, já que os termos não sustentam senão um vazio. Entretanto, de um ponto de vista fenomenológico, o desejo é representado pela angústia.

Felizmente, como diria Hume, o hábito suporta o impacto dessa despersonalização, e é ajudado por uma espécie de curiosidade, de uma abordagem de "espere e verá" que vem com o saber que se está atingindo algum tipo de verdade. A pulsão não é reduzida somente a estar viva, mesmo que se torne uma função muito obscura.

Ora, quando o sujeito perde o contato com o desejo, tenta encontrar evidências de desejo no Outro, e compreender isso como o sacrifício exigido de uma vida. Essa passagem — sobre a qual Lacan fala no Seminário 11 ao tomar o exemplo do Holocausto, o horror dos campos de concentração, como a oferenda de um sacrifício a alguma divindade obscura — é imediatamente seguida por uma categorização de três tipos de amor: um (derivado de Spinoza) é o *amor intellectualis dei*, o amor intelectual de Deus, que vê o amor como o desejo de um homem, como sendo a sua essência. Mas é dependente de significantes; os atributos divinos de Deus. Não pode ser esta a saída para a análise, pois não podemos nos satisfazer com uma crença ou referência a uma proposição com base num fato negativo.

O segundo tipo de amor está ligado ao desejo de sacrificar tudo o que é "patológico", isto é, suprimir o objeto e até mesmo matá-lo. Entretanto, Lacan se refere a Kant e Sade para mostrar-nos que isso dá ao objeto, na medida em que animado pelo supereu ou ideal, um resultado que não é ético, mas que simplesmente abrange o corpo das leis morais, destinado para sempre a aniquilar a pulsão; é uma espécie de volteio contra o objeto.

Lacan aponta para uma outra saída: um terceiro tipo de amor que renunciou ao seu objeto. Um amor que porta o que já começara com a metáfora paterna, o primeiro passo da renúncia ao gozo. Só podemos interpretá-lo como um tipo de sacrifício específico, o da maneira anterior de obter prazer ou gozo a partir da relação a que o sujeito se apegava na fantasia. O sujeito pode, então, preparar-se para um outro tipo de alienação, invertendo o S_1 sobre $\$$ anterior em $\$$ sobre S_1, produzindo o significante que o conduziu até então através do beco sem saída da análise.

A isso Lacan chama o saber recém-descoberto, a descoberta e exploração dos limites do desejo e a terra do amor sem limites. É o momento lógico onde a escolha de se tornar um analista pode ser formulada: é também o momento em que surge o problema da transmissão. O que pode um sujeito dizer de tal experiência? Lacan ofereceu um certo número de instrumentos, ou utensílios, para expressá-lo.

Em "Análise terminável e interminável", Freud encara o final da análise de modo pessimista. Sugere que nada há a ser feito para reduzir a duração do processo. Ele dá vários exemplos, sendo um deles o do "Homem dos Lobos", a quem, depois de uma longa paralisação no tratamento, ele dera um ano para terminar; outro exemplo é o de Ferenczi, para quem a análise poderia se tornar irreversível e definitiva se fosse previamente analisada a transferência negativa, provocando-a na própria análise.

No caso do Homem dos Lobos, o estabelecimento de um limite de tempo por Freud provocou subitamente uma série de lembranças, inclusive o famoso sonho que deu seu nome ao Homem dos Lobos. Mas, como observa Freud, embora o paciente melhorasse e ficasse mais apto a enfrentar dificuldades e problemas na sua vida posterior, um fragmento paranóide de neurose foi deixado intacto. Em outras palavras, algo do inconsciente foi revelado, mas um fragmento do real, o núcleo do inconsciente, de fato (o que os lacanianos chamam de objeto *a*), permaneceu perturbadoramente ativo.

Quanto a Ferenczi, Freud afirmou que, com base em sua própria prática e experiência, não era possível trazer para a transferência algo que não estivesse lá e a que o paciente nunca aludisse. Aqui, novamente, podemos avaliar a empresa lacaniana contra esses acasos: encarnando o objeto *a*, o analista traz para a transferência algo bastante estranho à corrente de pensamentos do paciente, seja ela consciente ou inconsciente.

Por fim, Freud nos adverte de que alguma coisa permanece para sempre fora do alcance da análise, o rochedo da castração, como ele o chama. Lacan supera essa objeção formulando-a como uma condição necessária da subjetivação da castração. A recomendação de Freud aos analistas era de que renovassem suas análises a cada cinco anos. A que isso levou, hoje em dia? Ao estabelecimento do analista como um modelo. Lacan aponta esse desvio e explica sua origem na visão de Freud do desejo como um objeto a ser alcançado. A resposta de Lacan a isso é que o analista deve visar a obtenção da diferença absoluta, como diz no último parágrafo do Seminário 11.

É isso que torna tão difícil a transmissão da experiência e da práxis analítica. Como é possível discernir essa diferença, se ela é absoluta, ou seja, desproporcional a qualquer outra experiência? Como se pode descrevê-la ou esboçá-la como um fato a ser contemplado por todos os demais?

O término de análise II

Anne Dunand

Estritamente falando, Lacan não menciona o "passe" no Seminário 11; isso vem mais tarde em sua obra. Porém, como indiquei na minha conferência da semana passada, ele estava ciente da necessidade de criar tal procedimento para sua escola, a École Freudienne de Paris. No Seminário 11, Lacan alude a esta necessidade: "O contexto é urgente." (35) Urgente em termos de redefinição dos objetivos e da práxis da psicanálise, mas também da redescoberta dos conceitos que lhe são indispensáveis.

Lacan nota que existem duas possibilidades diferentes, depois que alguém "obteve a satisfação que marca o final de uma análise" (viii): 1) A necessidade de atender ao pedido urgente de análise de uma outra pessoa; 2) Uma opção por correr "o risco de atestar a verdade mentirosa".

No primeiro caso, Lacan desconecta a oferta de análise da oferta do bom samaritano. Ela não brota da compaixão, mas de uma demanda, que tem de ser devidamente avaliada, de encontrar a verdade. O que se oferece ao analisando é um encontro com "o real, que mostra sua antinomia a toda verossimilhança" (ix), um encontro com aquilo que ele evitou de todas as maneiras até então.

No segundo caso, Lacan se refere a um outro tipo de demanda, que pode parecer absurdo à primeira vista, já que está ligado a um amontoado de mentiras, "a miragem da verdade". (viii)

É a segunda tarefa que me concerne aqui. Não haveria nenhum "Seminário de Lacan em inglês", e nenhum escola, aliás, se ignorássemos a transmissão, se acreditássemos que o que se passa numa análise não fosse transmissível, ou se nos contentássemos com a descoberta da diferença entre sentido e saber, saber adquirido, como Bertrand Russell define (traduzindo *connaissance*) e nos recusássemos a reduzi-lo ao saber por descrição (traduzindo *savoir*).

Também não haveria relatos de casos clínicos, referentes a fases particulares da análise de um indivíduo, onde algo acontece. As pessoas não mudam por lhe terem sido dadas pilhas de explicações ou interpretações; isso apenas se acrescenta ao que elas já sabem, sem acarretar qualquer mudança fundamental. As pessoas mudam sob o impacto do real, que desloca as cadeias de associações que elas construíram em torno desse real. Os casos clínicos são interessantes apenas na medida em que descrevem a mudança que ocorre no sujeito através do seu encontro com o gozo como real.

O que pode ser transmitido se este aspecto da psicanálise for deixado de fora? A psicanálise tem pelo menos um ponto comum com a cultura: se não for transmitida, cessa de existir. Quando Lacan estabeleceu as bases do passe, chamou a força motriz por trás de um tal voto de "entusiasmo". O desejo de experienciar o passe não é puro, como não é puro o desejo do analista. Não tem muito a ver com o desejo científico de descobrir o real escrito com símbolos. No entanto ele tem um certo chamamento científico, particularmente quando encontra suas raízes no voto de mostrar aos outros como a psicanálise funcionou para um indíviduo.

Existe um senso de novidade, inicialmente, e o frescor dessa surpresa pode ser tão excitante quanto a descoberta de um novo gene, ou de uma estrela desconhecida. Algo nos incita a contar ao mundo tais descobertas. Para um indivíduo, a análise apresenta uma riqueza de descobertas, e o mundo não é mais o mesmo depois que elas são reveladas. O indivíduo pode facilmente encontrar-se na posição do pesquisador científico quando tenta acrescentar sua própria pedra ao edifício do saber.

Então por que Lacan situa a psicanálise fora da ciência, e por que, anos mais tarde, declara que o passe foi um fracasso? Por que a maioria das escolas que considera Lacan como seu fundador tem tantas disputas a respeito do passe? Por que este se tornou um ponto tão sensível, dividindo os analistas em grupos irreconciliáveis? Algumas escolas supostamente lacanianas chegaram a descartá-lo por completo, enquanto outras suprimiram sua conseqüência, a nomeação por três anos daqueles que se submetem ao passe ao posto de Analista da Escola, com uma obrigação, durante esse período, de responder por sua experiência.

Vamos olhar mais de perto para ver em que consiste o passe. Como proposto em 1967, ele não requer do analista um relato sobre seus analisandos, como é o caso das outras escolas psicanalíticas. Ao contrário, o analisando é convidado a relatar sua própria análise; ele tem que dar contas das intervenções do analista, do manejo da transferência, dos silêncios, das palavras, e de como isso afetou a relação do analisando com seu inconsciente e com seu gozo. O analisando tem de reconhecer a capacidade de analista ou avaliar suas falhas, de acordo com seu próprio julgamento.

O analisando que quer experienciar o passe relata isso a um "passador" *passeur*, termo que escolhi traduzir em inglês pela expressão *pass-bearer* (portador do passe), porque este sujeito particular foi designado por seu analista para estar no passe naquele momento particular; Lacan diz que ele *é* o passe. Seu papel é carregar a mensagem de que foi incumbido. Ele revela essa mensagem a um grupo de pessoas, o "Cartel do Passe". Mas, de fato, existem dois passadores, que dão relatos conflitantes, ou pelo menos dissemelhantes, já que só podem filtrar o que lhes foi contado conforme seus próprios interesses e estruturas.

O Cartel do Passe, formado por cinco pessoas escolhidas de acordo com certos critérios que não vou detalhar por ora, escuta o relato dos passadores, mas não o do candidato. Optei por traduzir em inglês a palavra *passant* (passante) pelo termo *pass-farer* (viajante do passe), em vez de continuar a usar a palavra "candidato", porque penso ser importante enfatizar não a nomeação como Analista da Escola, mas o fato de que o passante tem que reconstruir o passe como uma espécie de jornada. Isso volta a atenção muito mais para a rememoração dos momentos de sua análise que foram significativos.

Demasiado para um brevíssimo comentário sobre o procedimento do passe.

Vejamos agora as operações que têm que ser realizadas antes do passe:

1) Travessia ou cruzamento da fantasia.
2) Identificação com o sintoma.
3) Destituição do sujeito.

Vou me limitar a essas operações, aqui, mesmo sabendo que elas não esgotam o assunto.

1) *Travessia ou cruzamento da fantasia.* "A verdade do sujeito", afirma Lacan no primeiro capítulo do Seminário 11 (13), "não está nele

mesmo, mas, como a análise o demonstra, num objeto velado por natureza." O sujeito não pode ser identificado senão por seu laço particular com o objeto. A assim chamada travessia da fantasia pode ser a consciência de que tal objeto indispensável existe, necessariamente, pois sua existência determina o sujeito na sua relação com o gozo e com a linguagem. Esse objeto é o único atributo do sujeito a ser reconhecido por este, inconscientemente, como tal, e que determina sua atitude em relação à realidade. Tal objeto é um fator de inércia e faz com que o sujeito interprete ou até antecipe o que quer que lhe aconteça da mesma maneira monótona. É um molde pré-fabricado que dá a todos os eventos a mesma forma.

A fantasia é construída de modo a proteger o sujeito do desejo do Outro, e subseqüentemente rouba dele o que quer que experimente que não se adapte a este molde.

Para dizê-lo simplesmente, a fantasia declara: "Eu sei o que o Outro quer, e posso oferecê-lo." Por exemplo, se tomarmos o artigo de Freud, "Bate-se numa criança", a fantasia, depois de ter sido elaborada, surge gradualmente na mente do sujeito afirmando: "O voto do Outro, seu desejo, no que me diz respeito, é me bater." Isso é reafirmado por Lacan como o barramento do sujeito pela cadeia de significantes, mas o que é deixado fora de tal cadeia é um desejo insatisfeito. O objeto *a* vem representar esse desejo insatisfeito. Ter que se separar do analista, quando o sujeito percebe que este não faz mais que conformar-se a esse padrão, não significa que o sujeito seja privado de tal padrão, mas apenas que ele reconhece que todas as suas lutas para capturar tal objeto são em vão; o objeto é então compreendido como um engodo para manter de pé o desejo, uma falha significante preenchida com uma interpretação errônea por parte do sujeito.

Penso que estamos seguros ao dizer que, na obra de Lacan, "castração" se refere à ausência de inscrição simbólica da relação sexual. Não existe garantia de uma relação sexual com o Outro. O Outro é barrado, ou não existe como tal, e conseqüentemente é um Outro faltoso, desejante. A fantasia é um meio de tamponar essa falta ou falha.

O cruzamento da fantasia pode ser reduzido à descoberta do reconhecimento da falta no Outro. Isso faz o sujeito se dar conta de que o Outro, embora não-existente, requer seu gozo. Este último tem que ser sacrificado como "uma coisa de nada", calculado em termos de tempo e trabalho, e não necessariamente um quilo de carne, ou o sacrifício de uma vida.

2) *Identificação ao sintoma*. Aqui, temos que distinguir cuidadosamente entre sintomas — tais como agorafobia, anorexia e traços sádicos

ou masoquistas — e o sintoma psicanalítico como uma estrutura básica. O sintoma, no segundo sentido, é uma categoria clínica, ao passo que a fantasia é uma categoria transclínica.

A identificação com o sintoma (válida para a obsessão e a histeria, mas não para a perversão ou a psicose), exige que se fique atento para a maneira como sempre se consegue obter a mesma percepção do real, independentemente das formas disfarçadas sob as quais este se apresenta. O sintoma é uma sistemática, como a dúvida sistemática de Descartes; é um método, mais que o cartesiano, porque é inconsciente no início. Prestar atenção ao seu funcionamento, com base no entrelaçamento de um certo tipo de gozo e de certos significantes-mestres significa calcular retroativamente o que se entendeu ou se fez, e ser capaz de antecipar muita coisa, também. Quando se percebe que se é incurável nesse nível, aprende-se a lidar com isso.

Ainda assim, não basta dizer, como um passante a um passador: "Sou um neurótico obsessivo", ou "Sou basicamente uma histérica". É preciso ser capaz de avaliar o efeito disso sobre a percepção e, especialmente no tocante ao papel do analista, como isso pode limitar as possibilidades da ação analítica.

3) *Destituição subjetiva.* Se há necessidade de ser capaz, num certo ponto da análise, de reconhecer a própria relação particular com a castração, é igualmente necessário renunciar ao gozo particular que a castração produz. Provavelmente este é o objetivo mais difícil de alcançar, já que o gozo da castração é uma proteção contra qualquer forma possível de castração. Em análise, o sujeito a princípio tem que ser instituído, assim como o sintoma tem que emergir e a fantasia deve ser construída. No final, o sujeito tem que ocasionar sua própria destituição, e sua castração deriva realmente do fato de que o Outro é barrado (o que Freud descreveu como a castração materna). Isso equivale à destituição do sujeito-suposto-saber, e também vai contra a satisfação gerada pela transferência; priva o sujeito de se ver amável como um eu ideal contemplado pelo ideal do eu.

Mas isso não é o mesmo que a deflação narcísica; vai muito mais além, acarretando uma perda das referências fundamentais. Nesse estádio, os princípios éticos têm que ser reconsiderados, uma vez que eram, até então, simplesmente um outro modo de achar aprovação ou amor como compensação por quaisquer renúncias que o sujeito se tivesse imposto. Quando um sujeito atinge esse limite, ele não pode mais se perguntar qual é o desejo do seu analista, mas que espaço é dado ao seu próprio desejo.

No Seminário 11, Lacan enfatiza que o desejo não é sem fronteiras, pois ele encontra seu limite em algum lugar, mesmo que ultrapasse o limiar do prazer; o princípio do prazer é um princípio de homeostase, limitando a variedade de possibilidades humanas (34-5).

O desejo, como sabem, é indestrutível; o prazer é simplesmente filho da sorte. Como a felicidade, acontece ou não. Por outro lado, "depois de situar o sujeito em relação ao objeto *a*, a experiência da fantasia se torna a pulsão". Podemos nos perguntar como, ao final da análise, o desejo e a pulsão podem gerar a idéia de praticar a análise, já que eles não se misturam; antes, mantêm uma relação antagônica. Objetivam diferentes níveis do bem.

Podemos definir a mistura particular de desejo que emerge depois da análise? Temos um certo número de caminhos a seguir no Seminário 11; o desejo de absoluta diferença, o desejo enquanto relacionado ao desejo do Outro, e o desejo de diferentes psicanalistas de se tornarem o Outro não-barrado (por exemplo, o voto de Abraham de desempenhar o papel da mãe perfeita, e o de Ferenczi, de se tornar pai e filho ao mesmo tempo).

Na medida em que o desejo é enquadrado em palavras, ele se relaciona à pulsão: essa é a estrutura lógica da demanda (156). Ambos se relacionam à linguagem, e a pulsão é uma *konstante Kraft*, uma força constante.

A principal diferença entre essas duas vias da vida humana talvez seja a seguinte: a pulsão obtém satisfação não se preocupando com o recalque; ela despreza o recalque, como diz Freud. O desejo é essencialmente insatisfação fruída. Mas nenhum dos dois se refere ao próprio bem do sujeito. Isso se mantém ainda mais quando consideramos a pulsão, porque o objeto, no que diz respeito à pulsão, "não tem, falando propriamente, nenhuma importância. Ele é totalmente indiferente" (159).

O desejo por um objeto é condicionado pelos atributos do objeto. Entretanto, não se pode dizer que o desejo do analista se refira a algum objeto particular nesse sentido. Devemos, então, considerar o desejo do analista como não tendo objeto? Lacan designou esse desejo como o desejo de obter a absoluta diferença, como dirigido, de fato, à alteridade como tal. Podemos percebê-lo, empregando os termos de Freud, como uma das características do amor analítico, onde o que se busca, em oposição ao caso do amor narcísico, é o amor por alguma coisa desconhecida ou radicalmente outra introdução ao narcisismo (S.E. XIV, 69). Esse amor do desconhecido é radicalmente diverso do amor dirigido ao sujeito-suposto-saber. Ele parte do que é conhecido e foi experimentando para amar o que ainda é desconhecido. É esse tipo de amor que está na origem da ciência. Mas o sujeito do desejo é expelido da ciência, enquanto é o principal protagonista na psicanálise.

Podemos tentar forjar uma espécie de amálgama entre o amor pelo que não sabemos — o desejo pela alteridade, pelo que ainda não é parte do saber — e a pulsão que se pode exercer contornando qualquer tipo de objeto. Podemos soldá-los juntos; essa é a palavra empregada por Freud para descrever a substância de que é feita a pulsão: a "soldagem" de um objeto e uma pulsão ("Três ensaios sobre a teoria da sexualidade", S.E. VII, 125).

Índice remissivo

[illegible] composto
em Times
New Roman, e impresso
por Hamburg Gráfica Edi-
tora, em março de 1998.

Este livro foi composto pela Textos & Formas, em Times New Roman, e impresso por Hamburg Gráfica Editora, em março de 1998.